eye

守望者

——

到灯塔去

歌 德　席 勒
文 学　书 简

Briefwechsel zwischen
Goethe und Schiller

〔德〕歌德 席勒 著　　　　　张荣昌 张玉书 译

南京大学出版社

目　录

1795

1798

1804

1805

1794

1　致歌德

1794 年 6 月 13 日，耶拿

高贵的、尊敬的枢密顾问先生阁下：

简函附页①包含了一批无限敬重您的同人的希望，愿您能给信中所说的杂志撰文，使这份杂志增辉生光。对于阁下文章的地位和价值我们内部看法完全一致。阁下决心参加进来以支持这一事业，这必将对杂志取得圆满成功产生举足轻重的影响。我们欣然接受您答应我们参加合作的附带条件。

这儿，在耶拿，费希特先生、沃尔特曼先生以及洪堡先生已经和我联合起来，共同筹办这份杂志，按照一种必要的惯例，所有收到的稿件应由一个范围较小的委员会来做出评价。因此，如蒙阁下惠允，我们可以不时将收到的稿件中的一篇呈请您评价，我们将不胜感激。您对于我们的事业的关注越大、越具体，刊物在一部分读者中的声望增长得也就越快，而这部分读者对刊物的欢迎与否，对我们是至关重要的。

顺致崇高的敬意。

您最顺从的仆人和最诚挚的敬仰者　弗里德里希·席勒

---

① 即《季节女神》(*Horen*, 1795—1796)合作邀请信。1795 年席勒编文学月刊《季节女神》，由图宾根的科塔书店出版。这封邀请信系席勒、费希特、沃尔特曼和洪堡共同撰写。——译者注(如无特别说明，本书脚注均为译者注。)

1号信附页

《季节女神》合作邀请信

1795年初，一家月刊将以这个名字出版，参加编辑这本刊物的是一批知名的学者。刊物将详细探讨一切可以用审美精神和哲学精神论述的问题，既对哲学研究，也对历史研究和文学作品敞开大门。一切或是只使专业人士感兴趣或是只能满足缺乏教养的大众的愿望的，均不在本刊考虑之列；尤其是涉及宗教和政治方面的内容的文章，本刊概不采纳。我们把它奉献给进行美的教育和培养的世界，奉献给自由探索真理和卓有成效地交流思想的学术界；我们努力通过其内涵去丰富哲学本身，这样，我们就可以同时希望通过这一形式去扩大读者群。

由于存在大量内容相似的杂志，它恐怕难以引人注目，况且，在此类尝试几经失败之后，想赢得信任，更是难上加难。现在这家杂志的出版者获得成功的把握是否更大一些，这最好还是从人们为达到那个目标而采取的方法中去找答案吧。

一方面，只有一种文学刊物的内在价值，才能确保该刊物不断受到读者的欢迎；而另一方面，也只有这种欢迎才能给予刊物创办者以勇气和力量，去努力提高刊物的价值。所以，巨大的困难就是，从某种程度上来说，为了能投入力量，就必须先取得成功，而成功却又只有通过投入才能取得。除非一个有进取精神的人敢于承担必要的风险，以确保获得那未知的成功，否则就会陷入这个两难的境地。

这种内容的杂志的读者众多，但是瓜分这批读者的刊物太多。如果计算一下所有这类刊物的买主，那么就会发现他们足以维持一份最昂贵的刊物。如今这些买主将成为这样一份杂志的读者：这份杂志博采众家之长，而它的售价却又不会超过那些刊物中的任何一个。

每一个成绩斐然的作家都有他自己的读者群，而即便是阅读率最高的作家也只不过是拥有一个比较大的读者群罢了。德意志文化还没有发展到可以使杰出著作到达每个人手中的地步。现在全民族最优秀的作家一同加入一个文学协会，这样，他们也就可以把先前分散的读者聚集起来，于是大家共同参与撰写的这部作品便可使整个读书界都成为它的读者。这样，每个作者都会获得最广泛的读者和订阅人所能给一位作者带来的全部利益。

在图宾根，我们已物色好一位从各方面看均能胜任此项事业的出版商，准备一俟找齐所需数目的编委，便正式出版刊物。每一位收到我们寄出的这份书面通知的作家，也就是受到了加入这一团体的邀请。我们希望，我们已经做了妥善安排，决不让作家在读者面前觉得参加这个团体有失体面。但是由于整个这件事只有在具有了应有数目的编委的条件下才有可能办成，所以我们无法让受邀的作家推迟到刊物出版后才决定是否接受邀请，我们现在就必须知道，我们可以指望得到谁的协助，否则，实施这个计划是难以想象的。一俟聚集到了必要的人数，我们便会立刻把情况通报给创办刊物的每一位合作者。

大家达成了协议，一致同意每月出一期，每期9个中型纸印张。稿酬用金路易支付。① 作者答应，稿件一经刊出，三年内不将其另行公开发表，除非稿件做过大量改动。

---

① 稿酬标准由席勒用手写体亲笔填上，每个印张下限为3个金路易，上限为8个金路易。

虽然不必担心我们约请撰稿的作者会提供和他们自己的身份，和一份这样的刊物不相称的文章，但是出于不难理解的原因，我们还是定了这样的规矩，即未经一定数量的有关成员审阅，任何稿件都不得付印。编辑和委员都不得擅自对稿件进行修改。如有必要做某些改动，那么，不言而喻，我们将请作者自己去修改。只要能确保每期刊物内容具有必要的多样性，来稿将按寄到的先后顺序予以刊印。正是为了这种多样性才必须规定，文章连载不得超过三期，每期不超过 60 页。

来信和来稿均寄给这份月刊的编辑，编辑负责处理作者先生们的来稿，并随时准备必要时向每位投稿者就来稿处理情况做出解释。

自不待言，此件不能做公开发表用。

耶拿枢密顾问、教授　弗里德里希·席勒

1794 年 6 月 13 日，耶拿

2　致席勒

1794 年 6 月 24 日，魏玛

尊敬的阁下：

　　您向我展示了一个双重愉快的前景，使我既看到了您拟议出版的杂志，也看到了我受您邀请参加合作的美好前景。我将欣然地、全心全意地加入这个团体。

　　如果在我还未付印的文稿中有什么适宜于在这样一本刊物上发表的东西，我将乐意告知您；而进一步与正直勇敢如这项事业的创办者这样的人物联系，必定会使我的某些业已停顿下来的工作重新生气勃勃地开展起来。

　　只要好好谈上一次，是不难就审阅来稿、照管内容和形式所应依据的原则达成一致意见的，目的是使这本刊物超群出众，至少使它保持自己的优点若干年。

　　我希望不久能就此面谈一次，我向您和您的受人尊敬的同人们致意。

歌德

3 致歌德

1794 年 8 月 23 日，耶拿

昨天有人给我带来了一个愉快的消息，说是您旅行回来了。我们希望不久后又可以在我们家里见到您，这正是我所热切盼望的。最近和您做的那一番交谈激动了我的全部思想，因为谈话涉及一个若干年来我一直在思考的问题。您的精神的观念（我不得不这样称呼您的思想给我留下的总体印象）点亮了我心中的一盏灯，使我豁然开朗，领悟到了某些我一直拿不准的问题。我有好多抽象观念缺乏对象，缺乏实体，是您引导我获得了寻觅它们的线索。您那观察的目光，它那样平静、纯洁地落在客观事物上，使您永远也不会有堕入歧途的危险。而不论抽象推论，还是随意的、只听从主观意志的想象力，却都很容易误入歧途。在您的正确的直觉中，包含着分析法也难于寻找的全部内容，而且要完整得多。仅仅是因它们作为一个整体内在于您，所以您才不知道您自己的这笔财富。因为可惜，我们只知道我们所分析的东西。所以，您这样的英才很少知道，它们深入了多么远的领域，它们也无须求助于哲学，因为哲学只能向它们学习。哲学只能对给予它的进行分析，但给予本身不是分析家的，而是天才的事情，天才在纯粹理性朦胧却可靠的影响下，按照客观规律，综合着事物。

我久已远远地观察了您的精神的发展过程，并且怀着日益增长的钦佩之情注意到了您给自己规划的道路。您寻找着自然的必然,但您在最艰难的道路上寻找它,任何意志较为薄弱的人都会对之望而却步的。您将自然视作一个整体,以阐释其中的个体;在大自然表现形式的总体中您寻找着解释个体的因由。从简单的组织开始,您拾级而上,向着较为错综复杂的组织攀登,以便最终以遗传学的观点,用整幢自然大厦的材料去建造一切组织中最复杂者,即建造人。您犹如仿照自然的创造再创造着它,切望由此而能进入它的隐藏的机构。这是一个伟大的、真正英雄般的思想,它足以显示,您的精神多么巧妙地将其全部丰富的观念集合在一个美好的统一体里了。您可能从来不曾希望过,您在有生之年能够达到这样一个目标,但是单单走上这样一条道路,这本身也就比走完任何一条别的道路更有价值——而您做的选择,犹如《伊利亚特》中的阿喀琉斯在拂提亚和不死之间所做的选择。假如您生下来就是一个希腊人,哪怕只是个意大利人,假如您在摇篮里就为一个精美的自然和一种理想的艺术所包围,那么您的这条道路便会无限缩短,也许会完全变成多余。您在初次观察事物时就会接受必然的形式,在取得初步经验的同时,您的伟大风格也会成形。如今,由于您生就是个德意志人,由于您的希腊精神已经熔于这种北方的模型之中,所以您没有别的选择,只好要么变成北方艺术家,要么用思维能力去取代您的想象所达不到的现实,从而好比从自己的心中并且是在一条理性的道路上生育出一个希腊来。当您那胜利的、优越于物质的天才从内部发现这个缺陷,并从外部通过了解希腊气质弄清楚了这一点的时候,您已经在生命的那个时期吸收了一种未开化的、北方的气质——在那个时期,心灵受到有缺陷的形象的包围,从外部世界来构建自己的内心世界。现在您不得不按照您的创造精神所创造的较好的模型去修正这旧的、强加于您的想象力的较坏的气质,而这当然不能按别的,只能按主导概念进行。但是精神在反思时不得不选定的这一合乎逻辑的方向却与精神审美的方向不甚协调,而精神又只能凭借这个审美方向进行创造。所以您就多了一项工作,就在您从直觉转入抽象的时候,您不得不又把概念倒转成直觉,把思想化为情感,因为只有通过情感,天才才能进行创作。

　　我大致就是这样来评价您的精神的发展过程的,至于我的评价对不对,这一点您自己最清楚不过了。但是有一点您自己难以知道(因为天才对他自己来说始终是个最大的谜),这就是您的哲学本能与思辨理性最纯净的结果的和谐一致。虽然乍看起来似乎没有比以统一性为出发点的抽象的精神世界以及以多样性为出发点的直觉的精神世界更互相矛盾的了,但是如果前者用纯真的知觉寻找经验,后者用主动的自由的思维能力寻找规律,那么,两者在中途相遇也就完全是可能的了。虽然直觉精神只和个体、思辨精神只和类属①有关,但是如果直觉精神有独创性并在经验中寻找必然的性格,那么它虽然始终制造个体,却是用类属的性格在制造个体;如果思辨精神具有创造性,而且它既超越经验又不丢弃经验,那么它虽然始终只是制造类属,却是用生活的可能性、用业已建立起来的与现实客体的关系在制造类属。

　　不过我发现,我这不是在写信,而是在写一篇论文了——请您原谅,我对这个问题怀有十分浓厚的兴趣;要是您在这面镜子里认不出您的形象来,那么请您也不要因此而躲避它。

　　……

您的忠顺的仆人　弗里德里希·席勒

_____

① 生物学上的术语。

3 号信附页

我们最近的谈话（谈话于 1794 年 7 月 20 日和 22 日在席勒家里进行）："六个星期前我们就艺术和艺术理论进行了一次长时间的深入的交谈，就我们在完全不同的道路上形成的主要观念交换了看法。这些观念之间有意想不到的一致，尤为有趣的是，这种一致性确实是从观点的极大相异中产生的。每个人都能给予对方一些他所缺少的，并从对方那里获得一些自己所没有的。从此这些播种下的观念便在歌德身上扎下了根，现在他觉得需要与我结交并和我一同在那条他迄今一直踽踽独行的道路上继续前进。我高兴地期待着一种将对我十分有益的思想交流……"（席勒致刻尔纳①的信，1794 年 9 月 1 日）——1817 年，歌德在"形态学"中就这一次谈话谈了自己的看法："［1789 年］席勒迁居耶拿，在那儿我也没有见过他的面。与此同时，巴许以极大的热情发起成立了一个自然研究协会，拥有漂亮的标本，重要的仪器。协会定期举行的会议我通常都参加；有一次［1794 年 7 月 20 日］我在会上遇见了席勒，我们俩偶然同时走出来，于是便交谈了起来，他似乎对报告的内容颇感兴趣，却说，用这样一种肢解的方式对待自然是不会打动一个门外汉的心的，虽然这位门外汉本来颇想从事这方面的研究。他的这个看法颇有见地，我听了很觉高兴。

"我答道：也许这种方法会叫行家自己都觉得很不舒服，不过可能还有另外一种方式，即不是单独地、零散地研究自然，而是生动活泼地，从整体到局部地描述自然。他希望搞清楚这个问题，

————————

① 刻尔纳(1756—1831)，教会监理会总监，后任德累斯顿上诉法院顾问，席勒的朋友。

但并不掩饰他的疑虑；他不能承认，这样一种方法会如我所断言的那样从经验中产生。

"我们走到他家门口，谈话吸引我走进屋去；于是，我兴致勃勃地说明植物的蜕变过程，用某些表示特征的笔触当着他的面画了一棵象征性的植物。他专心致志地倾听、观看着这一切，表现出很强的理解力；但是当我讲完话时，他摇摇头说：'这不是经验，这是一种理念①。'我一愣，颇有些不悦，因为这下我们的分歧点就十分清楚了。我又想起了《优雅和庄重》中的论断，旧日的嫌隙禁不住又要从心头泛起，但是我控制住自己，答道：'我不胜荣幸，我居然有理念，连自己都不知道，甚至用眼睛看见了我的理念。'

"席勒比我更老练、更有礼貌，也是为了他正准备出版的《季节女神》，他想吸引我，不想推开我。他以一位有教养的康德哲学的信徒的身份做了回答；当有时我那顽固的实在论引起强烈的异议时，便会展开激烈的争论，然后争论又停息下来；两个人当中没有一个人可以认为自己是胜利者，两个人都认为自己是不可战胜的。类似下面这样一些话叫我听了很不是滋味：'怎么可能会有符合一种理念的经验呢？因为理念的特性恰恰就在于，一种经验从来也不会和一种理念一致。'每逢我说是经验他却认为是理念时，就必须找到能在两个人之间起沟通、调解作用的因素！然而，第一步毕竟已经迈出了。席勒的吸引力是大的，他紧紧抓住所有向他接近的人；我支持他的计划并答应将我的某些旧稿拿出来交给《季节女神》刊用。他的夫人从我幼年时代起便始终为我所爱

---

① 康德认为，理念（die Idee，一译观念）是总括性的理性概念，是最高级的统一的思想，是对行为和思想的指导观念，在经验世界里没有一个对象能完全符合它。

戴和尊敬,她为长久的谅解做出了她自己的一份贡献;双方的朋友都为之感到高兴,就这样,通过这场客体和主体之间的最大的,也许从未完全平息过的竞赛,我们确立了一个联盟,这个联盟从未中止过,对我们和别人都曾起过某些良好的影响。"

4 致席勒

1794 年 8 月 27 日，埃特斯堡

我这个礼拜过生日，没有哪件礼物比您的来信更令我感到愉快。您在来信中用友好的笔触总结了我走过的人生道路，并热情洋溢地鼓励我不懈努力、勤勉耕耘。

纯粹的享受和真正的利用只能是相互的，我很高兴有机会向您解释：您的谈话向我提供了什么，从那几天起我是怎样也在期待着一个时代的到来，我是多么满意于未受任何特别的激励便已经在我的道路上往前行进，如今，经过那样一次意外会晤之后，似乎我们将一起继续沿着这条道路走下去。反映在您的全部著作和您的所作所为中的真诚的、十分罕见的严肃态度，我向来是很知道珍视的，如今我可以提出要求，我要通过您本人来了解您的精神历程，尤其是最近几年的情况。既然我们相互弄清楚了我们目前已达到的境界，那么我们就更可以不间断地共同工作了。

我的追求，我的探索，这一切我都将愉快地告诉您。由于我深深感觉到，我的事业远远超过人的力量和人生长度的限度，所以我想将某些东西存放在您那里。这样，我不仅可以保存它，而且可以发扬它。

您的关注对我的益处有多大，这一点您不久自己就会看出来。进一步认识以后，您会发现，我身上有一种模糊不清和踌躇不决的特性，虽然我立刻就非常清楚地意识到了它，但我控制不

了它。然而这类现象更多是我们的禀性使然，而我们却乐意受它驾驭，只要它并不过分专横。

我希望不久去您府上度过一些时光，届时我们便可以就某些问题进行深谈了。

......

歌德

5 致席勒

1794 年 8 月 30 日，魏玛

信中附页我只可以寄给一位能指望从他那里得到支持的友人。我又读了一遍此文，边读边觉得自己就像那个要把大洋里的水汲入小坑里去的男孩。不过请您允许我今后多寄这样的即兴小文，它们会刺激、活跃谈话，给谈话规定方向。

歌德

5 号信附页

（下面这篇歌德的论文把 1794 年 7 月 20 日和 22 日与席勒进行的谈话记录了下来。）

"美是有自由的完美境界，这个观念在多大程度上能应用到有机体上？"

一个有机体生物的外表是那样多面，内部是那样多样，以至人们挑选什么样的角度去观察它也不为过，造成多少自在的器官也不为过，以便分析它，而不至于杀死它。我试着说明这个观点：美是可以自由应用到有机体的完美境界的。

所有生物的个体都有这样的特点：它们都可以自由活动，维持其生存，传宗接代。从这个意义上说，一切有生命的都可以称为完美的。这一回我立刻转过来谈谈所谓更完美的动物。

如果这只动物的四肢长成这样，以至这只动物只能以一种很受局限的方式来表示它的存在，那么我们就会觉得它是丑陋的；因为既然有机体局限在一个目标上，那么这一个或另一个肢体便会获得优势，这样，随意使用其余肢体的能力势必会受到阻碍。

在观察这只动物的时候，我的注意力便集中在那些优于其余肢体的部位上，而这个生物由于长得不和谐，所以也就不能给我以和谐的印象。所以，鼹鼠虽完美，但丑陋，因为它的形体只允许它做少量的、有限的行动，某些部位的畸形发展使它显得奇形怪状。

所以，一只动物单是为了满足必要的有限的需要，它就必须

具有完美的组织；但是如果除了满足需要以外它还有充裕的力量
和能力去做随意的、在一定程度上是无意义的行动，那么，它也会
从外表上给我们以美的印象。

所以，如果我说，这只动物是美的，那么，我想用某种比例的
数字或尺寸来证明这一论断，这将是白费心思。其实我这句话
的意思只不过就是：在这只动物身上，肢体都处于这样一种比例
中，以至没有一个肢体会妨碍另一个肢体的活动，不仅不妨碍，通
过各肢体的一种完美的平衡，必要性和需要反倒被隐藏起来，使
我完全看不见。结果，这只动物似乎只是自由随意地在行动，在
活动。大家不妨想想一匹马，我们看见它自由自在地运用它的肢
体驰骋着。

如果我们现在进而观察人，我们便会发现他终于几乎摆脱了
动物性的桎梏，他的四肢处于一种柔和的从属与平列的相互关系
之中，而且比任何一种动物的肢体都更听从意志的支配，不但适
合于从事各种日常事务方面的劳动，而且也善于表达思想。我在
这里只略提一笔手势语言，它在有教养的人身上受到压制，可是
按我的意见，它和文字语言一样，使人处于动物之上。

为了用这种方法提高对美丽的人的理解，必须对无数种情况
进行考察，当然，还得走一大段路，关于人性完善的自由这一崇高
的概念才能在感性上也达到顶点。

在这里我还必须说明一点。如果一只动物给我们以这样的
印象，我们就说它是美的：它可以随意使用它的肢体；一俟它确实
随意使用了它的肢体，美的观念便立刻和可爱、舒适、轻松、美好
等感觉交织在一起。所以，人们看到，安谧总是和力量，懒散总是
和能力联系在一起的。

如果观察一个身体或这个身体的一个肢体时,表现力量这个想法与存在联系过分紧密,那么,美的守护神似乎会立刻从我们身边逃遁开去,所以古希腊人把他们的狮子都塑造成极其平静和淡漠的样子,以便即使观看狮子塑像也能诱发出我们的美感来。

所以,我是想说:我们说一个完美的有机体是美的,如果我们在看见它时会想到,**只要它愿意,它就能用多种多样的方式自由使用它的全部肢体**,所以最高的美感是和信任及希望的感觉联系在一起的。

我觉得,用这种方法对动物和人的形态做的一种试验一定会提供美好的见解,表现出有趣的情况来。

尤其是,正如上面已经提到的,我们总是以为只能用数字和尺寸来表示比例概念,如今这个概念将用更富有才智的公式来拟定,而且我们可以指望,这种富有才智的公式最后将和最伟大的艺术家的方法相汇。这些艺术家的作品留下来给了我们,而且同时会把不时活生生地在我们中间出现的那些美的天然产品包括进去。

因此,观察人们怎样既能创造性格,又不致离开美的领域,怎样既能特别显现出节制和限定,而又不会损害自由,这将是一件极其有趣的事情。

这种处理方式必须具有解剖学、生理学方面的基础知识,这样,它就可以和别的处理方式有所区别,而且作为一种准备工作,对未来的自然和艺术之友真正有所裨益;不过,很难设想会有什么合适的形式可以表现一个如此多姿多态、神奇美妙的整体。

6 致歌德

1794 年 8 月 31 日，耶拿

我去魏森费尔斯(Weissenfels)会晤了德累斯顿友人刻尔纳，返回时便收到了您的倒数第二封信①。读完后，我感到分外高兴。因为我从您的来信中看出，在我对您的性格的看法上，我和您自己的感觉是吻合的。我还看出，我开诚布公，倾吐肺腑之言，没有使您感到不快。我们相识虽晚，却在我心中唤起了某些美好的希望，这再次向我证明，人最好是静候机缘，不要操之过急。尽管我过去曾经强烈地渴望与您建立一种更亲近的关系，比最热心的读者和他的作家之间可能建立起的关系还亲近，但我现在充分理解到，您和我所走过的道路迥然不同，不早不晚，只有现在相会，我们才会有收获。但是现在我还可以指望，不管剩下的道路有多么漫长，我们将共同在这条道路上前进，并且将会获益更多，因为一次长途旅行中的最后的旅伴总是最能互诉衷曲的。

您不要期望从我身上得到大量的思想财富；这正是我将会从您身上找到的。我需要和追求的是，由少量中做出很多来。您一旦进一步了解到我缺乏人们称为已获知认识的东西，那么您也许就会觉得，在某些剧本里，我的做法可能是成功的。因为我的思想的圈子比较小，所以我可以更快地跑完一圈，可以多跑几圈，所

---

① 即 1794 年 8 月 27 日歌德致席勒的信。8 月 30 日歌德又有一信给席勒，故席勒称 27 日的是"倒数第二封信"。

以我也就可以更好地使用我手头不多的资源，通过形式去制造一种内容所缺少的多样性。您力求简化您那博大精深的观念世界，我则是要用相当有限的手段使其多样化。您得统治整个王国，我则仅仅掌管一个成员有点多的概念的家庭，我衷心希望将这个家庭扩展为一个小小的世界。

您的精神在很大程度上有直觉的效果，您的全部思维能力似乎一致同意将您的想象力当作其共同代表。从根本上来说，人一旦成功地把他的直观普遍化并把他的感觉化为定律，这就是他所能达到的最高境界了。这正是您所追求的，您在多大的程度上已经达到这个目标了啊！我的知性本来就更多地具有象征的效果，于是，我就像一个合成物，在概念和直观之间，在规律和感觉之间，在技巧和天才之间飘移。正是这一点，在抽象思考和文学创作领域，尤其是在早年，赋予我一种相当笨拙的形象；因为通常在我理应进行哲学思索的时候，诗人的我便仓促上阵，而当我想从事文学创作的时候，哲学精神便又捷足先登。即便现在，想象力妨碍我的抽象思维、冷静的理智妨碍我的文学创作的事，还时有发生。如果我能控制这两股力，控制到可以自由地给每一股力规定出范围来，那么，等待着我的将是一个美好的命运；但是很遗憾，就在我开始正确了解并运用我的精神力量之后，我的身体却有被一场疾病摧垮的危险。在我内部完成一场宏大的、普遍的精神革命，我恐怕很难有这个时间了，但是我将做我力所能及的事，如果大厦终于倾毁，我也多半已经将有保存价值的东西从大火中抢救出来了。

您要我谈谈我自己的情况，所以我就冒昧陈词。我怀着信任向您做了这番表白，我可以希望，您会宽厚地接受我这番表白。

您的文章①立刻把我们就这个问题所进行的谈话引到最丰富的轨道上，今天我不谈这篇文章的细节。我自己的用一种不同的方法所做的研究使我得出了一个与这大体吻合的结论，在信中的几个附件②里，您也许会发现，有些思想与您的是一致的。……

您的　席勒

---

① 歌德于 8 月 30 日致席勒的短笺里附有一篇文章。此文于 1952 年在魏玛歌德席勒档案馆里被发现，于 1953 年发表在《歌德年鉴》上（第 14/15 卷，1952/1953）。

② 指席勒的文章《表现出来的自由与美一致》《艺术中的美》，分别收在席勒 1793 年 2 月 23 日和 2 月 28 日致刻尔纳的信里。

7　致歌德

1794 年 9 月 7 日，耶拿

我愉快地接受您要我到魏玛去的友好邀请，但有个郑重其事的请求，即希望您在遵守家庭作息制度方面不要对我寄任何厚望，因为很遗憾，我得的痉挛病，往往会迫使我睡整整一上午的觉，夜里痉挛发作，使我通宵不得安宁，而且我身体向来不好，即使白天也不定什么时候会犯起病来。所以在您府上请您不必予以我关注，让我独自一人，这样，我就可以摆脱让别人受我健康状况掣肘的尴尬处境。可以使其他任何人都感到心情愉快的安排，于我却是最危险的，因为我在一定的时间只能做某件事，可是我确信，这样的事情我是办不到的。

请您原谅，我不得不提前向您解释这些，为的是在您府上能住上一些日子。我只请求得到可以在您府上生病这一讨人厌的自由。

收到您的邀请的时候，我就已经想好，请您到舍下小住数日。我的妻子带着孩子到鲁道尔施塔特（Rudolstadt）去住三个礼拜，以避免传染上天花。洪堡先生已给他的小孩接种疫苗了。我单身一人，所以可以给您腾出一个舒适的寓所来。除了洪堡以外，我很少见到别人，形而上学很久没踏进我的门槛了。

……

由于您曾读过我论崇高的那个片段，所以我在信里附上该文的开头部分①,从中您大概会找到一些对用审美方式表达激情起某种支配作用的观点。几篇早年的论述审美对象的拙文,在您面前我觉得实在拿不出手来;几篇后期撰写的,尚未付印,我将随身带来。本周的《文学总汇报》(*General Literary Gazette*)上,将有我的一篇评介马蒂松②诗的文章,您也许会感兴趣。目前诗歌评论中无政府状态始终占据统治地位,完全缺乏客观审美法则,艺术批评家只要想提出理由支持他的论断,便会使自己陷入极大的窘境,因为没有一部现成的他可以援引的法典。他要诚实,那么他就必须要么完全保持沉默,要么同时既当立法者又当执法官(而这样的角色人们并不总是乐于扮演)。在那篇评论中我采取了后一立场,这样做对不对、是否成功,我很想听听您的看法。

　　我刚才收到这篇评论,特随信附上。

席勒

---

① 即席勒的《论崇高:几个康德思想之进一步阐述》一文的前半部分;最早于1793 年发表在《新塔利亚》杂志第三期上。

② 马蒂松(Matthison,1761—1831),德国诗人。

8　致席勒

1794 年 9 月 10 日，魏玛

感谢您答应前来。您将会得到充分的自由，起居饮食方面一切由您自便。劳您告知您抵达的日期，我好做准备。

也许冯·洪堡先生会来看我，也许我会和您一道回去。到底怎样，到时候我们听老天爷的安排吧。您有《夏理斯》①，那就请把此书带来。

几张刚从那不勒斯寄来的漂亮的风景明信片可以在谈这个题材时为我们助兴。

祝您身体健康，请您代我向您家里的人问候。

歌德

才收到几本《伊菲盖妮娅》②的译著样书，现附上一本。

---

① 《夏理斯》(*Charis*)是德国作家拉姆多尔(Ramdohr，1752—1822)的一部美学著作。
② 《伊菲盖妮娅》(*Iphigenia*)，歌德的诗剧。

9　致歌德

1794 年 9 月 12 日,耶拿

您让我定一个 14 日以后的日期。那么,如果您允许的话,我就于星期日午后抵达您府上,因为我想尽可能少失去点您将给我带来的愉快。您的邀请使洪堡先生感到非常高兴,他将陪同我前往,以便和您一道度过几个小时。

拉姆多尔几天前来过这里,大概也拜访过您的吧。他对我说,他现在正在写一本论爱情的书,他要证明,只有在希腊人那儿才有过纯洁的爱情。他的美学观点相当深入,因为他在论述时借助了情欲。

收到英文版《伊菲盖妮娅》,我感到非常高兴。据我判断,这件异国的衣裳它穿上很合身,人们将会清楚地看到两门语言之间极大的相似之处。

弗里德里希·雅各比①也想参加《季节女神》编辑工作,这可以扩大我们的圈子,是一件好事。我觉得他是一个非常有趣的人,虽然我必须承认,我对他的作品未敢苟同。

《夏理斯》这里到处都没有,但是迈蒙②的一篇论美的概念的

---

① 雅各比(Frederick Jacobi,1743—1819),德国唯心主义哲学家,歌德青年时代的朋友。
② 迈蒙(Maimon,1754—1800),德国哲学家、作家。

文章值得一读，我将把它带来。

　　我妻子要我向您致以亲切的问候。我将把英文版《伊菲盖妮娅》寄给她，她会很高兴的。

席勒

10　致歌德

1794 年 9 月 29 日，耶拿

　　我又回到这里了，但是我的心还一直在魏玛。我还得费些时间才能把您在我心中激起的全部思想理清楚，但是我希望，我将一个也不让它们丢失掉。我的意图本来就是充分利用这十四天，在我接受能力许可的范围内，从您那里尽可能多吸收一些；时间将会证明，播下的这批种子会在我身上抽芽结果。

　　……

席勒

11 致席勒

1794 年 10 月 1 日，魏玛

我杰出的朋友，从我们十四天的交谈中，我们知道了：我们在原则上是一致的，我们的感觉、思想和活动部分一致，部分则有相通之处；从中两个人都将受益匪浅。为《季节女神》我已在继续思考并已着手工作，我尤其是在考虑，我们用什么办法才能把某些东西推到读者手里。……

祝您身体健康，不要完全忘记我的饮食疗法的建议。我希望不久能给您寄点东西去，并希望能激起您的创作热情，就某些题材写一写。

歌德

12　致席勒①

[草稿。1794 年 10 月 8 日至 19 日之间，魏玛]②

您的来信更加坚定了我们的交谈给我留下的信念，即我们对一些重大题材有着相同的兴趣，我们殊途同归，在这些问题上会谈得拢的。

您来信的绝大部分不仅包含了我的思想和观点，而且以某种方式将其发展了，我自己则是很难做到这一点的。对我们从事研究的两种方法的描述，对双重危险的警告，一幅肖像的例子，以及随后的说明，那样鞭辟入里，简直连用语和措辞我都深表赞同；一个理想形象不必和任何东西有相似之处这个想法对我大有裨益；发现既会减少或抵消对象的美又会阻碍观察的因素这个尝试，我觉得非常明智。但是如果您现在就提出这种不明确的异端邪说来，说规定性和美不一致，还说自由和规定性不是美的必不可少的条件，而是我们在美上找到乐趣的必不可少的条件，那么，我还得等您来给我解开这个谜：我是否就能从两句话的字里行间大致猜着您想走的道路。

您就让我待在我这一边，继续在我的领域里探索和研究吧，您就让我一如既往地从雕塑和绘画出发，以便可以问一问，艺术

---

① 1794 年 9 月，席勒和歌德商定开展"审美教育通信"，打算将它在《时序》上发表；1794 年 10 月 8 日，席勒致信歌德，揭开了"审美教育通信"的序幕。此信已丢失，歌德的这封信是对席勒 10 月 8 日信的答复。

② 方括号内内容为译者所加，后同。

家该怎么办才能让观众在单独尽了多方努力之后最后终于看见整体并喊道：这真美！

既然我们俩都承认，我们还不知道，起码还不是清楚和明确地知道我们方才所谈的内容的实质，而是正在寻找它；既然我们不想互相教导，而是一个想帮助另外一个，想提醒他，假如他不幸如同惯常的那样，立论失之偏颇的话，那么您就让我把完美无缺的艺术品从眼前移走，您就让我们先试试，我们怎样培养优秀艺术家，让我们盼望在这些艺术家中会出现一个自我完成的天才；您就让我们跟踪他，看他是怎样没有意识到自我地进行创作的，最美的艺术品，恰如一件美丽的天然产品，是怎样似乎最后只是通过一个难以描绘的奇迹产生的。

您就让我在做解释的时候使用艺术这两个字眼，即使我只把它理解为造型艺术，尤其是雕塑和绘画，有些用语适用于艺术，有些用语显得粗俗，这是不言而喻的。还有一点我要提醒您注意，这几乎是显而易见的：这里谈不上说出什么新的、未知的或者未曾听说过的事情来，而是按我们心目中的模样对熟识的、早已在从事着的活动加以描述。

既然我们只愿意培养优秀的艺术家，那么我们就是假定我们的学生们有一种适度的天资：一种能看清对象的眼力，一种适宜于爱它们的情感，一种手的机械的冲动，要将眼睛看到的，直接用随便哪一种材料再现出来。于是我们就要问：我们想怎样培养这些学生，以便使他们具备一定的能力，可以在今后受到超过我们期望的培养？

列奥纳多·达·芬奇用这样奇特的话作为他那篇论造型艺术的文章的开头：如果一个弟子掌握了透视画法和解剖学，那么他就可以拜师学艺了。

请您让我按照同样的方法假定，我们的弟子已经会将他们所见到的大体仿制出来，然后我们再把他们分到各个班级，看我们可以教给他们些什么；让我们严加管教，不要搀扶任何人过一个坎子，而是让他自己迈过去。毫无准备就被匆忙推上艺术殿堂的艺术家，就像突然交上好运而飘飘然的人，他手足无措，往往只会白白糟蹋了奉献给他的财富……

13 致歌德

1794 年 10 月 28 日,耶拿

您和我的想法一致并且对这些想法的阐述表示满意,这使我不胜欣喜,对我走我已经选定的道路是一个很必要的鼓舞。虽然可以(或自称可以)在纯粹理性领域里将表现自己的事物相当牢固地放立在内在的、客观的基础上,而且自身就包含着真理的标准,但是这样一种哲学现在还没有,并且我的哲学与这相去甚远。然而主要内容终于建立在感觉标志的基础上了,所以它只需要一种主观认可,而这一主观认可却只有公正的人的规定①才能赋予它。在这方面迈耶②的评论对我是重要和宝贵的,对我遭到赫尔德尔③的反对是一种安慰,看来赫尔德尔是不会原谅我信奉康德哲学的。我也不指望这门新哲学的对手们会宽容它,虽然对任何一个别的还不太令人信服的体系,人们通常都愿意采取宽容的态度;因为康德哲学在主要点上自己就毫不宽容并且太过于严肃,所以它无法与其他任何一个体系达成妥协。但是在我看来,这给它增添了光彩,因为这证明了,它和任意性多么格格不入。所以一门这样的哲学也不是只摇一摇脑袋便能对付过去的。它在敞

---

① 这里的规定(Bestimmung)是指精神有了特定的目标和方向。
② 迈耶(Meyer,1760—1832),瑞士画家、考古学家,1792 年任魏玛美术学校校长,直至 1802 年结婚前一直寄居歌德家中。
③ 赫尔德尔(Herder,1744—1803),德国文学家、哲学家,狂飙突进运动的思想领导者。

开、明确、可以理解的研究领域里建立起它的体系,从不寻找阴影,不给个人感情留下任何余地;但是,由于它这样对待它的左邻右舍,所以它也要求自己受到同样的对待,而如果它只注重论据的话,这也是可以原谅的。想到没有任何一部人的和神的作品会受到变化规律的宽宥,这变化的法则也会像破坏任何一门别的哲学那样破坏这门哲学的形式,我丝毫也不觉得害怕;而这门哲学的根基却不必担心会遭此命运,因为只要有理性,人们就总是默认理性并基本上按理性处世行事。

我们的朋友费希特的哲学可能就不是这么回事了。他自己的追随者中间就有强大的对手,他们跃跃欲试,马上就要大声宣布,一切都可以归结为一种主观的斯宾诺莎主义。他派了一个他在大学里教书的老朋友,一个名叫魏斯洪①的到这里来,可能是想通过此人来陈述他自己的王国吧。根据我所听到的有关情况来判断,此人是个优秀的哲学人才,可是自以为已经把他的体系砸开了一个缺口,并且就要著文攻击他了。按照费希特口头发表的意见,他的书里还没有谈到这个问题,自我也通过他的意象进行创造,一切现实只存在于自我之中。世界在他看来只是一个球,自我抛出这个球并且在反思时又接住这个球!由此说来,他果真已经推出了他的神祇,一如我们最近所期待的。

我们大家都非常感谢您寄来了悲歌,里面洋溢着一股温暖、一份柔情和一种真正的浓郁的诗意。在当今文坛,这种诗意使人感到神清气爽。这是真正的诗圣显灵。我遗憾地发现,一些小的特色丢掉了,不过我可以理解,您这是不得已割爱了。对一些地

---

① 　魏斯洪(Weisshuhn,1759—1795),耶拿编外哲学讲师。

方我有怀疑，寄回的时候我会写明的。

既然您要我告诉您，我还希望您为头几期写点什么，那么我就提醒您记住，您曾有过改编薄伽丘①的《诚实的执政官》这则故事的想法。本来我自己就重描写轻探究，这次我更是这样认为，因为《季节女神》的头三期可能对哲学探讨得太多了，缺乏文学性作品。假如情况不是这样的话，我倒要提醒您记住那篇论风景画的文章了。按现在的安排，《季节女神》第三期必须在1月初寄出。我若可以指望，第一期刊出您的悲歌和第一封长信，第二期刊出第二封长信以及您本周内大约会寄来的文字，第三期再刊出一封长信以及您改写自薄伽丘的故事，那么，这三期每期的质量就都有保证了。

您那有关讽刺短诗方面的友好建议，对年鉴很有裨益。至于该用什么方法使它们不致被分割开来，这还有待商榷。也许可以出几个分册，每册自成一体。

迈耶教授又到魏玛了，听到这个消息我很高兴，请您尽快介绍我们认识。也许他会下决心到这里来做一次小小的考察旅行，为了使这次考察旅行对艺术家来说并非完全漫无目的，我将给他看一位德意志雕塑家的一尊胸像②。这尊胸像，我可以这样说，是不必害怕真正的艺术批评家的挑剔眼光的。也许迈耶先生会决定，今冬就为《季节女神》撰写点什么。

一俟我完成我的书简（您只读过这些书简中的第三部分），并且再完成一篇论质朴的短文，我就要着手写作《马尔他的骑士们》

---

① 原出处为薄伽丘的《十日谈》。
② 即雕塑家丹内克尔(1758—1841)制作的席勒胸像。

(*Maltese Knights*)①；但是书简和短文可能就要占去今年余下的全部时间。所以我无法答应在公爵夫人生日之际献上这个剧本，不过到冬季结束时我想大概就可以完成。我讲话的口吻，就像一个健康的、精力充沛的人，一个完全可以支配自己的时间的人；但在实行我的计划的时候，那个非我是会来提醒我的。

席 勒

---

① 席勒计划为魏玛剧院写的悲剧，未完成。

14 致席勒

1794 年 10 月 28 日，魏玛

现将您的信寄回，谢谢。如果说我头一次只是作为观察者读了它们，并从中找到了许多与我的思想方法几乎可以说是完全一致的地方的话，那么，我第二次读它们便是从实用角度出发，并做了认真的考察，看看我是否会发现某种可以使作为行动者的我离经叛道的东西；但是即使在这一方面我也只感到自己增强了信心，受到了鼓舞，所以就让我们充分享受这种和谐一致。

附上我的第一封书札，外加几件小玩意儿。第二封书札即将结束，小说①年底可望完稿，届时第三封书札大概能完成。

附上迈蒙的信和文章，您会感兴趣的。您别把它转手交给别人。也许不久我就和迈蒙一同去看望您。祝您健康。

歌德

---

① 即歌德根据薄伽丘原著改编的短篇小说《诚实的执政官》，详见上一封信。

15　致歌德

1794 年 12 月 9 日，耶拿

　　怀着真正的发自内心的喜悦，我一口气读完了《威廉·迈斯特》(*Wilhelm Meister*)的第一部，我感谢它使我得到一种长期以来除了从您那儿以外从未得到过的享受。我大概会感到十分懊丧，假如我不得不把您在谈到您这部天才杰作时所使用的怀疑口吻归咎于别的原因，而不是归咎于您的精神每时每刻向您自身提出的崇高要求的话。因为我在那里连稍许与美妙的整体不和谐的因素都没发现。今天我不想做详细评论。《季节女神》及其预告，还有邮寄事宜，很分散我的精力，所以我踏实不下来，无法去从事那样的工作。如果我可以把这些印张在这里再保留一些时日，那么我就可以腾出更多的时间，就可以试试，看我能不能对故事的进一步展开和性格的发展做些预言。洪堡先生读了也觉得神清气爽，和我一样，也觉得您的精神充溢着男子的青春活力、静穆的力量和丰富的创造力。这一影响肯定会扩大开来。作品言简而意赅，当中的一切那样质朴无华、美妙动人、浑然一体。我承认，起初我曾担心，由于从着手写作到最后完稿之间隔着很长一段时间，所以作品也许会显得前后有些不一致，哪怕仅就年龄而言，这也是在所难免的。但是连丝毫这样的痕迹也看不出来。作品中那些富有诗意的段落，在静静流淌的全文中闪烁起一点点星光，产生了极好的效果，振奋并充实了情感。关于人物的美好的性格特征今天我还不想说什么。同样,我也不想谈论那生动的、刻画得丰满的大自然,它在全部描写中占支配地位,没有哪部作品您描写自然会不成功的。对于用戏剧艺术忠实再现恋人及其行动,我很有资格做出判断,因为我对这两方面的情况很熟悉,熟悉的程度超出我有理由希望的。经商辩护词写得好极了,具有深远的意义。但除此以外,您还能用某种荣誉来维护主人公的意向,这当然绝对不是形式对内容取得的最微不足道的胜利。然而我不想深入探讨作品的中心内容,因为我此刻做不到这一点。

......

席勒

1795

16 致歌德

1795 年 1 月 2 日，耶拿

我衷心祝愿您新年快乐，也为逝去的一年向您表示衷心的感谢。由于有了您的友谊，过去的一年对我来说比以往的任何一年都更富有意义，令我难以忘怀。

过去的这一年是在勤勉中结束的，为了在您来之前能完成点什么，最近这几天我不自量力写了点东西。现在我这篇文章已经写完，您来时可以拿给您看了。

我衷心感谢您的那封长信，它如今还在我这儿；由于此信的后续部分还未完成，所以我不能单独把它发出去。

……

我未曾征得迈耶教授的专门同意便把他的文章①的一部分发了出去，准备刊登在头一期上，我希望他能原谅我。当时不可能把经我加工后的稿子再给他过目，因为我必须就在那同一个邮政日把它发出去。不过我相信，我可以预先向他保证，他会对此感到满意的，因为我的改动仅仅局限于形式。这篇文章给我带来了很大的愉快，它会成为《季节女神》的一件珍品。这真是极为罕见的事，一个像迈耶这样的人，竟有机会去研究意大利艺术，或者说，一个有这样机会的人竟会恰恰就是迈耶。

---

① 指迈耶的《未来艺术史之我见》一文，该文发表在 1795 年《季节女神》第十二期上。

您正在撰文评论克洛卜施托克①的颂歌，这颂歌我没读过。要是您手头还有，就请您把它带来。这书名就预示着会产生这样一部作品。

您将会把《威廉·迈斯特》的续篇也一同带来，对此我感到无比高兴。现在我可以好好品味它一番了，因为我热切盼望读到一种富有特色的描写。

希望您还能读几个《浮士德》片段给我们听一听。冯·卡尔普夫人②知道一些这方面的情况，最近勾起了我这方面的极大兴趣，我真不知道，现在整个文学界还有什么比这更使我感到愉快的。

……

我希望近日内见到您本人，或获悉您抵达这里的时间。祝您诸事遂心。

席勒

---

① 克洛卜施托克（Klopstock，1724—1803），德国诗人，狂飙突进运动先驱者之一。
② von Kalb（1761—1843），席勒的女友。

17　致席勒

1795 年 1 月 3 日，魏玛

祝您新年快乐。让我们像在过去的一年里所做的那样，怀着对我们所热爱和从事着的事业的共同关心度过这新的一年。如果志同道合者不相往来，社会和社交会成什么样子？我高兴地期待着，我们之间的相互影响和信任将与日俱增。

兹呈上小说的第一卷①。还有一本是给洪堡的。但愿这第二部会和第一部一样给您带来愉快。第三部的手稿我随身带来。

那几篇鬼怪故事我会按时交稿的。对您的创作我满怀着期待。迈耶向您问好。我们可能 11 号星期天来。这期间您还会听到我的消息。祝您身体健康。

歌德

---

① 即《威廉·迈斯特》的第一卷《威廉·迈斯特的求学年代》，1795 年于柏林出版。

18 致歌德

1795 年 1 月 7 日,耶拿

收到您寄来的这本小说,请您接受我衷心的感谢。我找不到更好的方式,只好用一种内心的甘美舒适,用一种精神上和身体上的舒畅的感觉,来表达我在读这部作品时内心的感受,而我越往下读,这种感受便越强烈。我可以保证,所有的读者准保大体会有同样的感受。

我觉得这种安适的感觉来自贯穿全书的那种明白晓畅、酣畅淋漓的风度,它没留下一丁点儿会使情感不满足、不平静的因由,它激起了情感的波澜,足以激发并维持人们心中对幸福生活的向往。在还没读过我热切期待着的第三部之前,我暂不向您一一详细叙述我的看法。

我无法向您表述,从这样一部作品出发窥视哲学的本质时,我内心往往感到多么为难。那儿的一切是那样明朗,那样生动,那样和谐一致,通达人情地真实,而这里的一切却是这样严酷,这样的僵硬和抽象,这样极其不自然,因为全部自然只是综合,全部哲学就是反题。虽然我可以向自己证明,我在我的思辨过程中,在自然和分析的概念相一致的情况下尽量忠实于自然,也许我对自然的忠实,超出了我们的康德派哲学家许可和认为可能的程度,但是我依然清楚地感觉到了生活和推理之间的极大距离,并且不禁要在一个如此抑郁的时刻,把我在一个欢乐的时刻里必定只会看作事情的自然特性的东西,解释为我性格上的一个缺陷。然而可以肯定的是,诗人是唯一的真正的人,而最优秀的哲学家和他相比只不过是一幅漫画罢了。

不消说,我渴望知道,您对我的美的形而上学有什么看法。正如美自身从整个人的内心产生一样,我对美的这种分析产生自我的整个人性,所以我极想知道,我的这种分析和您的分析将怎样协调一致。

您的到来将会是我汲取精神和情感的一个源泉。尤其是,我也渴望和您一道欣赏某些文学作品。

您曾答应过我,有机会时让我听听您写的讽刺短诗。如果这件事能在您此次逗留耶拿期间实现,那我可真是喜上加喜了,因为我什么时候能去魏玛,现在还很难说。

请代我向迈耶致以衷心的问候。我们全家高兴地期待着二位的到来。

您最真诚的敬仰者和朋友　席勒

刚才正要搁笔,即收到备受欢迎的《威廉·迈斯特》的续篇。多谢!

19　致席勒

1795 年 2 月 18 日，魏玛

　　最近您曾告诉过我，您打算不久到我们这儿来。不管骤然变冷的天气是否会，如我所担心的，阻止您出门远行，我还是要在这里提一个建议。

　　你们可以两个人都住在我家里，或者如果尊夫人愿意在别处下榻，那么我就希望，您仍然住原来那个房间。一切悉听尊便，你们两位我都热烈欢迎。

　　我们的最近一次谈话在我心中激起了新的勇气，鼓舞了我，我已经把第五部和第六部①的写作提纲拟好。拿别人对照自己比拿自己对照自己强多了。

　　您知道 1771 年康德对优美感和崇高感所做的研究吗？②假如书名上根本没有"优美"和"崇高"这两个词，小册子里面也少出现一些，倒也不失为一篇相当优美的文字。文中充满了对人的无限亲切的评语，人们看到他的原则已经在萌芽。您想必是知道这篇文章的。

　　……

歌德

---

① 即《威廉·迈斯特》第一卷《威康·迈斯特的求学年代》的第五部和第六部。
② 康德的《论优美感和崇高感》初版于 1764 年，1771 年出版的是翻印本。

20　致歌德

1795 年 2 月 19 日,耶拿

坏极的天气又夺走了我的全部勇气,我又足不出户,被拴在家里了。只要我的健康情况有所好转,我是非常愿意接受您的邀请的,哪怕只见您几个小时的面也好。我衷心渴望这次会晤,我妻子非常高兴地期待着对您的这次访问,她不断催促我,使我不得安宁。

最近我在回信中把《威廉·迈斯特》给我留下的印象如实向您做了叙述。

刻尔纳几天前在给我的信中以无限满意的心情谈到这一点,而他的判断是可以信得过的。我从未见过一个艺术批评家如此敏锐,他很少让一部诗作中的次要部分分散了自己对其主要内容的注意力。他在《威廉·迈斯特》中找到了《少年维特的烦恼》中的全部力量,只不过这股力量已经让一种男性的精神所驯服,并且已经净化为一件完美无缺的艺术品的宁静和优雅。

您在来信中谈到康德的那篇短文,我记得在聆听朗诵此文时曾有过同样的感受。论述只着眼于人类学方面,在有关美的基本原则方面人们从中学不到任何东西。但是作为物理学以及崇高和优美的自然史,它含有丰富的材料。对于这样一个严肃的主题,我觉得文笔似乎太轻松、太华丽了点;一位康德信徒犯下的一个奇怪而又很可以理解的错误。

赫尔德尔给我们送来了一篇措辞讲究、论述精彩的文章①，文中阐述了自己的命运这样一个普通的概念。这类题材是非常符合我们的需要的，因为它们具有某种神秘的色彩，一经处理便和某一个普遍的真理联系在一起了。

既然刚才谈到了命运，那么我得告诉您，这几天我也对我的命运做出了某个决定。我的同乡们看得起我，想聘我到图宾根去执教，那儿的人们现在似乎很热衷于改革。但是由于我不适合当大学教师，所以我宁可在这儿——耶拿，也不愿意到别的什么地方过清闲的日子。我喜欢待在耶拿，可以的话也愿意在这里生活、在这里死去。所以我拒绝了这个建议，而且也不以为这是什么壮举，因为单单我的爱好本身就对整件事情起到了决定性的作用，所以我根本没有必要去想到我对我们的善良的公爵所欠下的情分，公爵的情谊我会永远铭记在心的。只要我还多少能摇动笔杆，我想，我就可以不必为我的生计操什么心，所以我就听凭天命吧，好在老天爷还从来没有亏待过我。

冯·洪堡先生还没从拜罗伊特(Bayreuth)来到这儿，也没在来信中写明抵达这里的确切时间。

......

席勒

---

① 指赫尔德尔的《论自己的命运》一文，该文 1795 年发表在《季节女神》第三期上。

21 致歌德

1795 年 2 月 22 日，耶拿

这里按您的要求把《威廉·迈斯特》第四部寄还给您。有几处感到不妥的，我已在书页边上画出，您马上会看出这是什么意思的。如果您看不出是什么意思，这也无伤大雅。

对赠钱这个情节，我有一条比较重要的意见要说。威廉从男爵的手中得到并接受了伯爵夫人的这笔赠款，我觉得——洪堡也有这种感觉——从他和伯爵夫人之间的这种敏感的关系来看，伯爵夫人是不会经由一位外人之手向他提供这笔赠款的，而且他也不会接受的。我在上下文中寻找过某种能挽救她和他的细腻感情的途径，并认为，如果这笔赠款作为所花费用的补偿给他并在这个名义下为他所接受，那么这种细腻的感情便可以受到珍重。您自己决定吧。照现在这样，读者会愣住，会不知所措，不知道该怎样挽救主人公的细腻情感。

此外，通读第二遍时，描写的无限真实和对哈姆雷特情节的成功展开又一次让我感受到了喜悦。就后者而言，我希望，这段故事不要这么一口气连贯讲述出来，而是，如果可以的话，不妨在中间打断它，插入几个重要的情节。我这样希望，仅仅是出于对整体联结的考虑，也是为了保持形式的多样性，其余章节都是充分维护了这种多样性的。哈姆雷特这个情节在威廉和塞尔洛初次会面时又蜻蜓点水般点了一下，随后在奥蕾莉恩（Aurelia）的房间里又点了一下。不过,这些都是细枝末节,本来是根本不会引起读者注意的,倘若不是您自己通过前面所写的全部内容让读者对丰富多样的情节产生期望的话。

刻尔纳昨天给我来信,明确地嘱咐我为《威廉·迈斯特》给他带来的极大愉快向您表示感谢。他禁不住想把其中的某些段落谱成曲,他通过我向您提出这个想法。一段谱成曼陀铃曲,另一段谱成钢琴曲。

我还得敦请您记得我们的《季节女神》第三期。科塔①敦促我早一点把稿件给他寄去,并且提出,至迟不得超过本月10号,他必须在这以前收齐稿件。这就是说必须在3号把稿件从这里寄出。您以为,届时您的执政官②能完稿吗?不过您别因我这一提醒就打乱了您的安排,您完全有选择的自由,可以把它发表在第三期或第四期上,因为这两期中有一期将不刊登您的文稿。

我们都热烈向您问好,请代我向迈耶问候。

席勒

---

① 科塔(Cotta,1764—1832),斯图加特和图宾根的书商兼出版商。
② 即13号、14号信中提及的歌德根据薄伽丘的故事改编的小说。

22　致席勒

1795 年 2 月 25 日，魏玛

　　您对我的作品提出的善意、细致的批评使我重新提起了兴趣，拥有了勇气，把第四部再次通读一遍。您的指点我完全明白，那些建议我接纳了，其余的不足之处我也希望可以加以补救，并且希望乘此机会对全书再做一些润色。但由于这项工作我必须马上着手进行，所以第三期您就把我免了吧，好在执政官将会十分优雅地出现在第四期上。

歌德

23 致歌德

1795 年 3 月 1 日,耶拿

现暂给您寄上四份《季节女神》,请您把其中的一份转呈公爵。其余的随后寄到。

雅各比的批评丝毫也没使我觉得奇怪;因为您对于自然生动而真实的描述必然会伤害他这样的人的情感,正如您这样的人必然会引起他这种感觉一样。雅各比属于那种在诗人的描述中只寻找诗人的思想的人,他们把理想看得高于现实;争论的都是基本原则问题,互相了解是完全不可能的。

只要一个人向我流露出,他关切文学描述中的某种东西甚于关切内在的必然性和真实性,那么我便认为他没有指望了。如果他能向您证明,您的描写中的不道德成分不是客体的自然流露,您处理那客体的方式只是从您的主体沿袭而来,那么您当然对此负有责任,但是之所以负有责任,并非因为您在道德问题的公开讨论中,而是因为您在审美问题的公开讨论中犯有错误。可是我倒想看看,他想怎样证明这一点。

……

席勒

24　致歌德

1795 年 3 月 25 日，耶拿

我今天又收到一封信，图宾根向我旧议重提，还补充了一条，说是可以免除一切公职，我可以享有按照我自己的意愿向学生授课的充分自由，云云。尽管我还没有很快就改变我的初衷，而且也不会轻易改变，但是这件事使我对未来做了一番认真的考虑，使我确信有必要对因病势加重而不能从事写作这一情况做一些安排。于是，我写信给枢密顾问福格特先生①，请他设法代我向我们的主人谋求一个担保，保证在出现那种最坏的情况时，把我的薪俸翻一番。如果我得到这个保证，那么我希望，我将尽可能晚或者永远也不去使用它；不过我确实为前途感到不安，我暂时能要求的就是这些。

因为您也许会听人讲起这件事，可能一下子不明白事情的根由，所以我这才用三言两语给您报个信。

下星期天我们等候您的光临。热烈欢迎您。

席勒

---

① 福格特（Voigt，1743—1819），魏玛枢密顾问兼国务部长。

25 致席勒

1795 年 5 月 12 日，魏玛

收到您寄来的悲歌时，我的心境按通常意义来说正巧很悲哀，这就是说心境很坏。除了某些精神食粮，我在耶拿也享受到了温暖、自由的空气。在耶拿度过了这段美好的生活之后，我在这里便受到了寒冷气候的很不友好的接待。让穿堂风吹了几个钟头，就发起烧来，右半边脑袋疼痛不已，左半边脑袋同时也不听使唤。现在我已恢复健康，可以没有痛苦、相当满意地在我的书斋里清理欠下的文债了。

那些悲歌没多少要改动的了，把第二首和第十六首删掉就行，因为它们那残缺不全的样子会引人注目的，假如我们不加进一些比较正统的东西去取代有伤风化的文字的话，而我则觉得自己全然不适宜从事此项工作。……

迈耶很勤奋。迄今为止他已创作了一些优秀作品；我觉得，他的文思仿佛越来越敏捷了。

劳驾您马上告诉我您的健康情况。是否有什么新的稿件寄到？……

歌德

26　致歌德

1795 年 5 月 15 日，耶拿

我前天才获悉，您身体不好，我向您表示真诚的同情。像您这样，平时很少得病，那么，一旦有了病，一定会觉得难以忍受的。现在的气候对我没有好影响，这是极平常的事，以至我都不愿去谈论它了。

我要舍弃整整第二首悲歌当然是很不情愿的。我本以为，即使这首悲歌有明显的不完善之处，这对读者也没有什么损害，因为人们很容易以为这是有意持审慎态度。不过话说回来，人们完全可以为一家期刊的审慎做出这一牺牲，因为您几年以后做一本悲歌的特辑时便可将现在删掉的全部内容重新恢复旧貌。我希望星期一早晨能得到全部悲歌或者一个印张的悲歌，以便将其寄出。至于我的文章①，我希望最终将把它完成，如果这期间不发生什么意外的话。

没有什么别的文章寄到，第七期还完全掌握在全能的上帝的手中呢。

……

席勒

---

① 指《审美教育书简》第 17 封至第 27 封信，这一部分书信发表在 1795 年《季节女神》第六期上。

27 致席勒

1795 年 5 月 17 日，魏玛

我最尊敬的，兹呈上全部悲歌。那两首删去了。第六首里做了记号的地方我未曾改动。人们看不懂它，也许确实如此；可是我们可以做注释，不仅给一位古罗马作家，而且也可以给别的国家的作家做注。

沃尔夫①的《伊利亚特》序我读过了，这篇序相当有意思，可是我并不欣赏：立意可能是好的，所做的努力值得称道，只不过，这些先生何苦为了掩饰他们的弱点，动辄对审美教育王国里最丰饶的花园恣意蹂躏，将其变成可厌的防御工事呢？说到底，这一堆大杂烩里，主观色彩比人们想象的还多。我感到高兴，不久就可以和您讨论这个问题。我已经想好，将来一定要赠给这些朋友一封扎扎实实的书札。

冯·洪堡先生昨日来访，使我们不胜欣喜。代我向他热烈问候。

祝您身体健康。其余的悲歌随后就到，还有我，但愿也能不久就到。

歌德

---

① 沃尔夫(Wolf，1759—1824)，哈勒古典语言学教授。

28 致歌德

1795 年 6 月 15 日,耶拿

《威廉·迈斯特》第五部我怀着极大的陶醉和一种独一无二的感受读完了。即使在《威廉·迈斯特》全书中也没有其他任何东西这样让我激动不已,使我情不自禁被裹进他的感情的旋涡。读完时我才心气平和地沉思起来。如果我考虑到,您善于用多么简单的手段来扣人心弦,那么,我只有越发感到惊讶。即使就个别细节而言,书中也不乏一些十分精彩的段落。迈斯特为其改行从事戏剧对维尔纳(Werner)所做的辩护,这改行本身,塞尔洛,提台词的人,菲丽妮(Philine),剧院里的狂欢之夜等,都处理得极其成功。您十分巧妙地利用了那个无名幽灵的出现,这方面我就没什么要说的了。整个儿这个主意属于我所知道的最成功的主意之一,您善于最大限度地汲取其中的好处。末了,自然是人人都希望在宴席上见到这个怪影,但是由于您自己在提醒人们注意这个情况,所以人们可以理解,怪影没出现想必是有充分理由的了。对这个怪影般的人物人们做了许多猜测,不知会是小说里众多人物中的哪一个。我们这儿多数人十分愿意看到,玛丽安妮(Marianna)是那个怪影,或者至少和这有关联。我们也倾向于认为在迈斯特的卧室里把他紧紧抱在怀里的那个女妖与那个怪影是同一个人。不过在那个怪影出现的时候我也想到了迷娘(Mignon),她在当天晚上似乎大出风头,备受青睐。从这个例子中可以看出，您多么会保守您的秘密。

对这第五部我只有一点要提请您注意，这就是，有时我觉得，您专门涉及戏剧活动的部分占的篇幅太大，显得和全书的自由、宽阔的思想不协调。有时显得仿佛您是在为演员而写，而其实呢，您只不过是想写演员罢了。您丝丝入扣地描写这个文学样式的某些细枝末节，您十分注重那些对演员和剧院经理虽然至关重要，但对读者无关紧要的个别细小的艺术长处，就会使人产生一种错觉，以为您这样描写似乎怀有一种特殊目的。即使人家不以为有一个这样的目的，他也一定会责怪您过分沉湎于这些题材。如果您能将作品的这部分内容适当加以压缩，那么，这对全书一定会有好处的。

……

我希望，现在您已经康复。愿上天赐福于您的事业，依然为您珍藏充裕的美好时光，一如您写作《威廉·迈斯特》时那样。

我殷切期待着年鉴上的文章和您答应同我进行的晤谈。我家里一切均好。全家问候您。

席勒

29 致席勒

1795 年 6 月 18 日，魏玛

您对小说的第五部表示满意，这使我感到非常高兴，增强了我完成我面临的任务的信心。我很高兴，那些奇特和有趣的秘密产生了一定的效果，我在铺叙故事方面，按您的评价来看，是成功的。我尤感欣喜地采纳了您就理论-实践方面的空泛议论所做的建议，对一些段落做了删改。虽然我已经将初稿压缩了近三分之一，但原来的叙事方式的痕迹永远无法完全摆脱。

……

我想把在卡尔斯巴特(Karlsbad)的四个星期用来修改我在自然科学方面的研究成果；我想试试，看能不能就我已经做过和下一步必须做的事情列出一个提纲，然后把许多零星的实验和观察结果放在同一个框架内。祝您和全家身体健康，代向洪堡夫妇问好。

歌德

30 致歌德

1795 年 6 月 19 日，耶拿

兹寄上迈耶的手稿①和我最诚挚的问候。我这么快就可以拿到迈耶的稿子，这使我感到十分欣慰。如果他只是还要些时间写《曼泰格纳》（Mantegna）的续篇，那么，我也许可以给他这个时间，因为我可以指望得到友人费希特的一篇文章，稿源多半是不会有问题的。下星期一我就可以比较确切地知道，我对此事有多大的把握。

您认为我对小说第五部提出的看法值得您重视，这使我感到高兴，并给了我新的勇气。我感觉到，我既对这部具有您的精神的作品怀有爱恋之情，也因它让别人产生感想而怀有嫉妒之心，我和不懂得它的价值的人是不会成为好朋友的。

席勒

---

① 即迈耶所作《近代造型艺术史话》一文，此文发表在 1795 年《季节女神》第九
期上。信中提到的曼泰格纳(1431—1506)系意大利画家。

31　致歌德

1795 年 7 月 6 日,耶拿

今天忙于发送《季节女神》,所以我只得抽空草草涂上几笔,祝贺您,如我所希望的,顺利到达卡尔斯巴特。我感到高兴,我可以从您不在的三十天里减掉四天。

从费希特①那儿我收到了一封信,信中他虽然竭力向我证明我对他不公正,却尽量不同我绝交。尽管怀着抑制不住的敏感,但他很善于控制自己,尽量做出通情达理的样子。他责怪我完全误解了他的文章的意思,这是一件不言而喻的事情。可是我指责他对他的对象的概念混乱不清,这一点他却几乎不能原谅我。一俟文章完全写好,他就要把文章寄我一读,并指望我届时会收回我那仓促做出的判断。情况就是这样,我必须承认,在这个紧要关头他的表现还是很好的。您回来后应该读一读他的那封长信。

枢密官许茨②的女儿确实已死,他自己的身体还可以,除此以外,这里就没有什么别的新闻好告诉您的了。

几天前沃尔特曼访问我时,向我担保,《水星》(*Mercury*)上那篇《论造型艺术风格》的作者不是费希特,而是某个叫费尔诺

---

① 1795 年 6 月 23 日,席勒致信费希特,拒绝在《季节女神》上刊用费希特的《论哲学中的精神和字义》,6 月 27 日费希特回信。这一场讨论的结果,便是席勒的论文《论美的,特别是在陈述哲学真理方面的必要限度》,该文发表在 1795 年《季节女神》第九期上。

② 许茨(Schütz,1747—1832),耶拿雄辩学教授,《文学总汇报》出版者。

(Fernow)的人(一位年轻画家,在这里上过大学,现在也写诗,曾和巴格森①一同旅行过一段时间)。这是巴格森自己讲的,他还说那篇文章是所有论述这个题目的文章中最高超的一篇。所以我希望,您将真心诚意向那个奥斯曼施泰特的伟大自我②赔礼道歉,至少不要把这个罪名加在他的头上。

沃尔特曼告诉我,他已经开始一部长篇小说的写作,我觉得这和他平素在史学方面的积极性实在不甚合拍。

洪堡那儿还没有什么消息。我衷心希望,卡尔斯巴特疗养对您的健康以及对您带去的工作会有所裨益。如有机会将第五部的余下部分给我寄来,您会给我带来很大的愉快。

遵照您的嘱咐给您寄上两份《季节女神》。

席勒

---

① 巴格森(Baggesen,1764—1820),德国血统的丹麦诗人。
② 奥斯曼施泰特的伟大自我(Ego in Osmanstadt)即费希特,当时费希特正在奥斯曼施泰特度假。

32　致歌德

1795 年 8 月 17 日[耶拿]

我按字面意义理解您最近的允诺,估计在明天,星期二,准保会在这里见到您:这就是我将迈斯特这么久地留在自己身边并且也没对此给您写过片言只语的原因。我一直热切盼望着能和您当面谈谈这第五部,因为人们在一封信中往往想不周全,要讨论这类问题对话是必不可少的。我觉得,除了您揭示人与圣者悄悄交往的这种方式以外,您找不到可以把握这个题材的更好的方式了。这种关系是敏感的、微妙的,您让它经历的发展过程和事物的本性是极其一致的。

通过经历罪孽从笼统的宗教向基督教过渡,这是个很高明的想法。全书的指导思想压根儿就很杰出,只是,我怕是,有点勾画得太不明显了。我也不想向您担保某些读者不会觉得故事仿佛停滞不前。如果某些情节紧凑一些,一些内容压缩一些,几个主要思想能进一步加以扩展的话,那么这倒也许还不错呢。您力图通过避免使用宗教崇拜之类的平常术语去涤净您的题材,并且仿佛又力图使这题材显得清白正当,这一点我不是没有注意到;但是有几处我还是画线标了出来,因为我担心,一个信基督教的人可能会指责那几处处理得太"轻率"。

对您所说过和暗示过的,就简短地说上这么几句。但这个题目具有这样一种特性,它会使人受到引诱,也去谈论没有说过的话。这本书虽然还没写完，我并不知道后面的故事，但是我觉得，大叔这个人物及其完全的理性似乎会导致一场危机。如果是这样，那么我就觉得题材处理得太快了，因为我认为，对基督教和基督教的宗教狂热的本质还说得太少；能成就一个心地善良的人的这一宗教的那种东西，或者不如说，这一宗教中能造成一个心地善良的人的那种东西，还点得不够。我发现基督教里明显具有趋近最崇高和最高贵的情感天性，而我之所以觉得生活中各种宗教现象如此可厌和乏味，仅仅是因为它们对这种崇高情感做了不恰当的描述。如果人们坚持基督教的这种不同于所有一神论宗教的独有的特征，那么，这种特征不是别的，就在于废除法则或废除康德的绝对命令，基督教声称用一种自由爱好将它们取而代之。这就是用其纯粹的形式表现美德或圣灵的化身，在这个意义上这是唯一的美育宗教；这也正是我认为这种宗教在女性身上还可以找到它的某种还过得去的表现形式的原因。不过，我不想在一封信里对这个棘手的问题再多说什么了，我只补充说明一点，即我倒是很想听一听这根心弦的声音。

您有关讽刺短诗的愿望，应该及时得到满足。悲歌里的印刷错误也使我感到非常恼火，我立即在文学报上登了更正启事：不过，那都是抄写员的错，不是排字工人的错，所以将来比较容易避免。

如能完成您答应在余下的几个月里给《季节女神》的约稿，您将会使我感到莫大的愉快，这里我再次重申我对《浮士德》的请求。哪怕只是一场，两三页也好。童话①会使我感到非常高兴，它

———————————

① 指歌德写的一篇童话。

可以作为今年《流亡者论坛》的压轴文章。

这个礼拜里我虽然身体没见好，却有兴致写了几首诗，它们将扩充我的诗集。

我妻子想知道，您最近别在第六部包装纸上的别针①，是否象征内心的谴责。

祝您身体健康。我盼望不久后见到您和我们的朋友迈耶。

席勒

---

① 系歌德从卡尔斯巴特带回来赠给席勒妻子的别针。

33 致席勒

1795 年 8 月 18 日,魏玛

赞美诗①随后寄到,虽然时间仓促,心绪懒散,我还是尽量做了一番润色。故事的结尾以及向童话的转折部分我尽快寄出,但我不认为,这会占一个印张。对这篇童话本身我满怀信心;它使我得到消遣,所以对别人大概也会有一些趣味。

您认为,我和我的第七[第六]部成功地克服了艰难险阻,您的这一评价对我具有重要意义,您对这一题材所发表的其他意见使我感到非常高兴,使我深受鼓舞。由于第六部里的女友只把大叔的出现中合她意的占为己有,由于我在第八部里才让最纯洁意义上的基督教在下一代人身上出现,由于我也完全同意您在文章中所论述的观点,所以最后您会发觉原来没有丢失任何本质的东西,尤其是如果我们再深谈一次这个话题的话。

当然,我敛声匿迹,也许由于我想避免任何一种形式的教条,还想完全掩盖我的意图,所以就有些削弱了对广大读者的影响;在这种情况下是很难固守中间道路的。

祝您身体健康;迈耶热烈问候您。……

歌德

---

① 即歌德的诗《阿波罗诞辰颂歌,仿希腊风格》,该诗发表于 1795 年《季节女神》第九期上。

34 致歌德

1795 年 8 月 29 日，耶拿

这篇童话相当绚丽多彩，相当有趣，我觉得，"各种力量互相帮助和互相拒斥"这一您一度提及的思想，得到了很好的体现。我的妻子读了它感到分外高兴；她觉得它有股伏尔泰的味道，我不得不同意她的看法。此外，通过这种处理方式，您自己就承担了一切都是象征的这一义务。人们不禁要在每个人物身上寻找一种含义。四个国王亮相亮得好极了，化作桥的蛇是一个很迷人的形象。美丽的百合花和它的狮子狗很有特性。看得出来，整篇童话是一种非常欢乐的心绪的产物。不过，我倒是希望前半部和后半部最好不要分开，因为这两部分相辅相成，而读者并不总是记得住他已读过的内容。如果您对分开出还是集中出并不在乎，那么我想在下一期上就将它刊出；幸好我有办法安排第九期，童话若在第十期上一次出齐，它会更加受人欢迎的。

随信附上的这首讽刺短诗缺结尾，烦请您尽快把它寄回给我。

我的健康状况还没有多大起色。我担心，由于文学创作使我情绪十分激动，我将不得不为此受到惩罚。进行哲学论述，半个人就够了，另一半可以休息；但是缪斯要吸尽一个人的膏血。

热烈祝贺您生日愉快。

席勒

35 致歌德

1795 年 8 月 31 日，耶拿

今天只有两句话，感谢您从伊尔梅瑙（Ilmenau）带来的纪念品。今天是《季节女神》发行日，这一天我总是有许多信件要写，因为我想趁发邮包的机会把信件也一同发了。

……

我与冯·洪堡先生的信是和《季节女神》的邮包一道于前天给您寄到魏玛去的，您大概没收到，因为那是一个大邮包。不过，有几个问题我很想尽快获悉您的意见。

一是我曾向您建议将这篇童话在第十期上一次性发表。读者一直对中断不满意，而现在我们必须使读者保持良好的情绪。第九期我另有安排，所以大可不必为此而一定要将它分两期刊出，如果您也并不这样希望的话。

二是第 101 首讽刺短诗缺最后半行：

　　——落英缤纷向园丁预示，

　　芬芳的果实。

您可以尽快就这两点给我一个答复吗？

愿您在您现在所处的安静而忙碌的环境中诸事顺心并记住我们的爱慕之情。冯·卡尔普夫人几天来一直在这儿，她还将在这儿待几天。我的妻子热烈问候您。

席勒

36 致席勒

1795 年 9 月 3 日，伊尔梅瑙

收到您来信时，正好有人去魏玛，所以顺便请人从这片宁静的群山给您捎去我的衷心的问候，这里天气一直很好。

第 101 首讽刺短诗的最后半行可能是：

芬芳的果实挂满秋天的枝头。

童话我希望分开发表，因为引起好奇心恰恰是这样一部作品的一个主要目的。

我祝《季节女神》兴旺发达，愿读者的兴趣和爱好与日俱增。

代我向冯·卡尔普夫人和尊夫人问候。

星期天晚上我将回到魏玛，希望不久后会见到您。

歌德

37 致席勒

1795 年 9 月 7 日,魏玛

我刚从伊尔梅瑙回来,便愉快地收到了《季节女神》邮包以及您和冯·洪堡先生的来信,我只写几句话,作为我第一时间的问候。

兹寄上这首讽刺短诗,因为您大概没有这首诗的抄本吧。

雅各比的文章①相当有特色。我这个凡人没觉得他的路易、李尔王和俄狄浦斯有任何可取之处;但是文章的第二部分有许多妙论,撇开他的思维方式不谈,单就他对思维方式做的解释而言,他的论述倒不难理解。

我的童话很受欢迎,这使我感到高兴,使我受到鼓舞。凡尔内(Ferney)老人②的一百个妖怪中只要有一个在其中出没,我就感到满意了。童话出齐后,我想就童话的意图是否成功听听您的想法。

童话的后半部分和小说第六部的结尾,这就是我最近的写作计划了。童话您什么时候要?

愿您在经过这么长时间的间歇后再次涉足文学会使您身心更加愉快。希望您能好好休息一些时日!

请您代我问候您亲爱的夫人,继续爱着我吧。

歌德

---

① 雅各比的《一位孤独思想家内心的偶然流露》一文发表在 1795 年《季节女神》第八期上。此文前半部分论述路易十四、李尔王和俄狄浦斯王;后半部分论述宗教问题。

② 指伏尔泰。

38 致歌德

1795 年 9 月 9 日,耶拿

我们祝贺您回到魏玛。为什么我不可以与您分享这些小小的变化呢？它们可以增进身心健康。

童话只能发表在《季节女神》第十期上了,因为我在等待您做出决定的期间不得不随意找了我的一篇文章寄出,填补第九期的空缺。而且第十期上也更需要这篇童话,因为除此以外我还没有物色到别的佳作。如果您还是希望分开发表,那么结尾就续登在第十一期上。不过只要能设法避免,我向来不赞成分开发表,因为这很难叫读者在看到一部作品的全貌后再去做出判断。

《威廉·迈斯特》第六部完稿后,您还得想着为《季节女神》写点什么,刊登在今后几期的某一期上。现在我们必须全力以赴,因为我从多处,也从科塔的来信中获悉,我们对能否在明年保住现有的订户完全没有把握。

我尽我所能,为第九期做了最大的努力。我把我所有大大小小的、年鉴上并不一定需要的诗都在这一期上刊登了出来,所以这一期上有十七篇文章,人们会目瞪口呆的。目录我随信给您附上。

您不在的这段时间里,我交替着写了几篇散文、几首诗歌。

一篇已经着手写作的论素朴的文章①似乎会成功；题材至少是展开了，我看到了一些十分幸运的征象。

我希望，我们不久将再次见到您。我妻子问候您。

席勒

---

① 即《论素朴的诗和感伤的诗》，该文发表在 1795 年《季节女神》第十一期和第十二期上。

39 致歌德

1795 年 10 月 2 日，耶拿

我们那位朋友①向您顺致敬意，我从他那儿听说，您一头钻进书斋，埋头写您的长篇小说，因为翁格尔②催稿了。我衷心祝福您这项工作取得成功。我热切盼望看到完整的第三部分。

后天我们又要见到您了，我高兴地期待着这次会晤，这也是我盼望已久的事。

洪堡今冬不来这儿了，这使我感到很不愉快。

劳驾，把刊有对您的抨击的著名反驳的《时代案卷》(*Archives of the Time*)③以及那期据说登有对我的褒扬文字的新月刊给我带来。这两样我这里都见不着。

这里有一大批诗等着您来读。

我愉快地获悉，您打算为我们的《季节女神》物色新稿件④，我很看好这份稿件。

童话给我们带来了很大的愉快，会普遍受到欢迎的。

席勒

---

① 即迈耶，他曾于 1795 年 10 月 2 日在赴意大利旅途中拜访过席勒。

② 翁格尔(Unger，1753—1804)，柏林书商。

③ 歌德于 1795 年在《季节女神》第五期上发表《文学过激共和主义》一文，柏林作家耶尼施在 1795 年 3 月号的《时代案卷》杂志上著文反驳，声称虽然莱辛、维兰德、赫尔德尔、席勒和歌德有功绩，但是德国仍然缺乏优秀的散文作品。

④ 指克奈伯尔(Knebelian)译的古罗马诗人普罗佩尔茨的悲歌。

40　致席勒

1795 年 10 月 3 日,魏玛

　　这段时间以来,我一直想再次见到您,可我的这个希望总是遭到破灭。我希望明天到您那儿去,以聆听您在此期间所做的工作。

　　我的童话,按您的判断,是成功的,这使我感到非常高兴,我希望能和您谈谈整个这个文学形式,还想做几次尝试。

　　我的小说第六部结尾星期一寄出,这一卷不久就可出版。下一部将顺利展开,而且大部分已经写好。

　　您要的期刊我让人去查找一下,尽可能将它们带去。

　　克奈伯尔①的悲歌很成功,从多方面来看都是好的、有益的。也许我会带几首去。

歌德

---

① 克奈伯尔(1744—1834),普鲁士军官,歌德的朋友,后来在魏玛任康士坦丁王子的私人教师。克奈伯尔所译的古罗马诗人普罗佩尔茨(约公元前 50 年—公元前 5 年)的悲歌刊登在 1796 年《季节女神》第一、三、九和十一期上。

41 致席勒

1795 年 10 月 10 日，魏玛

昨天不得不匆匆离您而去，我是很想留下不走的，所以一路上心头一直萦绕着一种怅惘失落的情绪。在这么短的时间里提出了那么多的主题，而没有就一个主题深谈，许多问题触及了，却很少有什么结果。

在我的归途上我主要是对您的诗进行了思索；这些诗有其特殊的优点，我想说，它们正是我一度期望于您的。您天生具有的直观形象和抽象概念的这一奇特结合在这里是完全平衡的，所以其余的诗人的好品质在这里也表现得淋漓尽致。待它们印好后我将愉快地再次拜读，自己尽情享受，还要与别人分享其中的快乐。那首致读者的抑扬格八行联句小诗作为本年度《季节女神》的压轴之作将是十分相宜和优雅的。

我已经立即开展了对斯达尔夫人的研究①，工作量比我原先想象的要大；但我还是愿意完成这项工作，因为篇幅不大，全书至多不过五十五页我那样的稿纸。第一部二十一页您不久就会拿到。我将撰写一篇小序，向出版者说明我在翻译时的一些处理方式。我使她的话接近了我们的观念，同时做了尝试，按照我们德国人的方式对法国人的那种模糊不清的概念做了比较精确的解

---

① 斯达尔夫人(1766—1817)，法国女作家；歌德翻译了她的理论著作《论文学》，译文发表在 1796 年《季节女神》第二期上。

释，免得您再去做小的修正。细细读来您会发现很多好的段落，但是由于她既片面又聪颖、诚实，所以她自身无法一致起来；不过她的文章您可以很好地利用。我希望，您会努力，在审编时尽可能保持头脑清醒和殷勤有礼的态度，将来好把作品给她寄去，由此开一个头，把《季节女神》之舞也引到那边经过彻底改造的法国去。

歌德

1795 年 10 月 6 日，魏玛

以上是我几天前口授的，现在我再次向您道别，我明天早晨才动身①。斯达尔夫人的作品您不久就会收到，一半或全部；这位善良的夫人与自身一致和不一致的部分！

······

---

① 歌德于 1795 年 10 月 11 日动身去埃森纳赫(Eisenach)。

42　致歌德

1795 年 10 月 16 日，耶拿

　　假如我能预料到，您在埃森纳赫待的时日比较长久，那么，我也就不会拖延这么久才给您写信了。知道您离发生冲突的美因河畔还远，我心里实在感到高兴。几位大人物的批评可能会使您感到不快。想到您这样投身于世界，我却坐在我这几扇纸做的窗户板之间，面前也只放着纸张，而我们却居然能彼此熟悉，相互了解，我往往感到奇怪。

　　读到您的魏玛来信，我感到非常高兴。每每有了一个小时的勇气和信心，我就会在十个小时里畏葸不前，不知道我该怎样看我自己。这时，一个旁观者对我本人的这样一种看法，便颇能使我感到慰藉。前不久赫尔德尔也就我的诗给我写来了许多令人欣喜的话。

　　从某种经验中我懂得，只有思想的高度精确才能使人达到一种轻松自如的境界。否则，我认为会适得其反，恐怕会变得死板和僵硬。现在我确实感到高兴，我没有气馁，走上了一条我往往认为会导致诗意想象能力毁灭的道路。不过，这项活动确实非常费劲，因为如果说哲学家可以把他的想象能力，诗人可以把他的抽象能力暂时搁下的话，我却必须在从事这类创作的时候始终同时鼓足这两股力，而且只有通过我内心的一种持久的激动，我才能将这两种不同质的元素保存在一种溶液内。

　　我热切盼望着读到斯达尔夫人的书稿。如果篇幅允许，我赞成立即将全文在同一期上刊出。我将在此后的一期上发表我对此文的评论。在此期间读者已经对此做出了自己的评价，就会以更浓厚的兴趣来听我的意见了。况且，即使我下星期一收到译文，我也来不及写我的评论了，因为第十一期即将付印，所剩的时间不多了。赫尔德尔也给第十一期寄来了一篇论典雅的文章，在此文中他试图恢复这些被滥用的人物形象的本来面目。他答应给第十二期再写一篇文章。我希望能及时完成论素朴的论文，好在第十一期上刊出。这篇论文只有几个印张的篇幅，我自己认为，是写得很通俗的。这一期也不乏应景小诗。这里给您寄上我的几篇滑稽故事。在法兰克福，您只要透过窗户看看街上，就能明白《大地的瓜分》（"The Partition of the Earth"）写的是什么了，那里的人与诗中的人物太像了。如果您喜欢这首诗，那就请您把它读给公爵听听。

　　在另外一首诗里①我取笑了矛盾律；哲学总是显得可笑，如果它想凭借自己的手段去扩展知识并给世界立法，而不承认自己对经验的依赖的话。

　　您不久就要着手写《威廉·迈斯特》，我很高兴。到时候我将不失时机地拜读全书，如有可能，我愿意按一种综合法尝试一种新的评论方式，假如我这个别出心裁的现在还不能加以精确说明

---

① 即席勒的《哲学家们的行为》一诗，也发表在 1795 年《季节女神》第十一期上。

的方式能成立的话。

　　我的妻子和我此刻正在此地的岳母向您致以热烈的问候。她们曾向我询问过您的行止，但我觉得不必告诉她们。您一旦得到有关我们那位意大利漫游者①的消息，请您把有关情况告知我。祝您身体健康。

席 勒

---

① 即迈耶。

43 致歌德

1795 年 10 月 19 日，耶拿

欢迎您回到魏玛。知道您又近在咫尺，我非常高兴。最近八天您不能待在这里，这使我感到非常遗憾。遇上这风和日丽的天气，我的健康有显著好转，今天又乘车出去兜了兜风，这对我的身体很有益处。当然，这一来也就好几天什么事也没干。

我热烈期待着斯达尔夫人①。

上星期五我往埃森纳赫给您写过一信，我的这封信您大概还没收到，很可能在信到达那儿以前您便已经动身离去了。

……

我祝您的长篇小说一切顺利。我丝毫也不怀疑，现在您若能不间断地专心致力于小说的写作，从全局来说，就是最有利的。如果您比预定付印的期限提前几个月完成这最后一卷，那么，我认为，我们将获益匪浅。您得结清一大笔账目。小事就很容易被遗忘。

如果您在您的纸堆里找到去年我从耶拿返回后为揭开美学通讯序幕而写给您的那封信，那么就烦请您将该信寄给我。我现在想将这封信派点用场。我的妻子和岳母向您问好，我岳母将在这里待几个星期。

席勒

---

① 这里指歌德所译的斯达尔夫人的《论文学》。

44　致歌德

1795 年 10 月 24 日,耶拿

　　我让给您送这封信的快车把一份文学报副刊的校样给赫尔
德尔寄去了,那期副刊上登了一篇哈勒的沃尔夫①对《季节女神》
第九期上那篇赫尔德尔的论文极其粗暴的、侮辱性的攻击文章。
我觉得,赫尔德尔完全有必要在什么刊物上对此做出回应,您一
定也会这样认为的。但是您会发现,对这个市侩没有别的办法,
只好把他讽刺挖苦一番。

　　如果您在来这里之前能读一读这篇攻击文章并和赫尔德尔
交换一下看法,我会很高兴的,这样我们也许就可以共同做出某
个决定。

　　也许我明天能见到您,我会很高兴见到您的,因为我们又可
以畅谈一番了。

　　我把我这篇论素朴的论文压了一个邮件日,以便您明天或后
天来时好念给您听。

席勒

---

① 参见 27 号信脚注。

45 致歌德

1795 年 11 月 20 日,耶拿

我们为您遭受的失去深深感到悲痛①。而您可以感到宽慰的是,他早早地去了,没有遭受很大痛苦。假如现在我的小男孩再遭遇意外,那我会很难承受这样的打击的。

五六天来我的健康状况相当不错,便充分利用了这段好时光,以推进我的论文的写作②。

施莱格尔③最近给我来信并给《季节女神》寄来了一些文稿。他十分喜爱那篇童话;洪堡兄弟也很喜欢它。也许您有闲暇,1月里就推出新作? 假如我至迟在 1 月的头几天里能拿到它,那么我还可以在第一期上将它刊出。这将会使我感到无比欣喜,因为我们必须打响这第一炮,而我手头还没有现成的叙事性作品。

我们为《威廉·迈斯特》的新发表的部分向您表示衷心的感谢,我已经收集好了相关的各种评论。大家都觉得这第六部本身非常有趣,真且美,但人们觉得它阻滞了情节的发展。当然,这种

---

① 大概是指歌德儿子的早夭。
② 即席勒的《论素朴的诗和感伤的诗》。
③ 施莱格尔(Schlegel,1767—1845),德国浪漫主义文学理论家、翻译家。

评论不是从美学角度出发的,因为初读时,特别是初读一篇小说时,人们极想知道情节怎样展开,结局如何,很少从审美角度对整体进行思考。

这最后部分您愿意再推迟一年发表吗?

……

席勒

46　致席勒

1795 年 11 月 21 日,魏玛

今天我收到克奈伯尔的二十一首普罗佩尔茨悲歌①,我将仔细审阅一遍,并把我发现的问题告诉译者,由于他付出了许多辛苦,所以不征得他的同意就不做什么改动了。

我希望,您建议科塔立即支付这部文稿的稿酬,将来登出后的印张数是不难计算出来的。我虽然在这方面没有什么直接的理由,但是这样做可以显得殷勤有礼,可以鼓舞大家加强合作,有助于传播《季节女神》的良好声誉。既然一个书商必须经常预支稿酬,那么他这回总也可以在收到稿子时付一下稿酬吧。克奈伯尔希望这些悲歌分三次刊出,我也以为这样安排比较合适,这样就可以把明年头三期的《季节女神》装潢起来了。我会设法让它们及时到您手里的。

……

在整理我逐步编纂起来的科学论文的过程中,我发现这项工作相当必要,不可回避。我想对文艺批评家、记者、期刊收藏家和简明教材撰写者们直言不讳,在一篇前言或后记中向读者毫无保留地直抒胸臆。

譬如,我同利希滕贝格②保持通信关系,讨论那些大家都知道

---

①　即克奈伯尔所译古罗马诗人普罗佩尔茨的悲歌。

②　利希滕贝格(Lichtenborg,1742—1799),哥廷根数学和物理学教授。

的光学问题,而且和他的关系还算可以,可是在他的新版埃尔克斯莱本①简明教材中,他对我的试验竟只字不提,要知道他们正是为了更新知识才重版一本简明教材的,况且那些先生一向眼疾手快,习惯于把什么都记在他们的行距很宽的书上,您对此有何看法? 可以用许多种方式,对我这样的文章提上一笔,可是现在这位机智幽默的人竟连一种方式也想不起来了。

此时此刻,我丝毫没有审美的和感伤的情绪,您有什么想法? 这部可怜的长篇小说会怎么样呢? 我需要时间,尽量挤出时间来,潮落时可以希望不久又会潮涨的。

我收到您的亲切的来信,感谢您的关心,对您的关心我深信不疑。遇到这种情况人们不知道是自然地沉浸在悲痛中好,还是借助文化的力量尽力控制自己好。如果人们决心采取后一种态度,一如我一向所做的那样,那么人们由此只是得到片刻的慰藉,我已经发现,人的天性会通过别的危机一再战胜这些危机的。

我的小说的第六部在这里也给人以良好的印象;诚然,可怜的读者在读这类作品时从来不知道他该怎么看,因为他没想到,如果不是人们善于愚弄他的思考能力、他的感觉以及他的求知欲的话,他是根本不会拿起这些书来读的。

对我的童话的这些评价于我十分宝贵,今后我也将怀着更大的信心创作这种类型的文学作品。

小说最后一卷无论如何也来不及在米迦勒节②前出版;在制订您最近谈及的计划时,最好还是把这个因素考虑进去。

新的童话难以在 12 月写完;况且我还没有以这样或那样的

---

① 埃尔克斯莱本(Erxleben,1744—1777),哥廷根物理学教授。
② 米迦勒节(Michaelmas),9 月 29 日,宗教节日。

方式为解释第一篇发表一些东西,也就不好马上转到那一篇上去。如果我还能在 12 月写出这类短小精悍的作品来,我也就可以用这样的方式跨入新的一年,这将是我的一大赏心乐事。

祝您健康!愿我们能够长久地享有我们的以及我们两家人之间的友谊。新年期间希望能再次去探望您。

歌德

47　致歌德

1795 年 11 月 23 日，耶拿

　　我急切盼望看到克奈伯尔的文稿，我并不怀疑，我们的一部分比较优秀的读者将会为此而感谢我们。不过，我们这样做大部分读者会不喜欢的，这一点我事先就可以料定：人们只能用《洛伦茨·施塔克先生》①这类作品去赢得这部分读者的支持。您无法想象人们对这部作品怎样普遍地感兴趣。还没有一部作品引起过这么多的议论。

　　……

　　您对施托尔贝格②、利希滕贝格及其同伴们的不满把我也感染了，假如您愿意揭一揭他们的老底的话，我会由衷地感到满意的。不过，这早已司空见惯，这种情况从来没有改变过，将来也永远不会改变的。请您相信，如果您写了一部长篇小说、一出喜剧，那么，您就必须永远写长篇小说、写喜剧。人家就不再期望您写什么别的，不再承认您的什么别的作品了——如果著名的牛顿先生是以一部喜剧初露头角的，那么不仅是他的光学，就连他的天文学也都会受到冷遇。如果您开个玩笑，用我们的福格特③教授或者一位雄辩家的名字将您的光学上的发现公之于世，您一定

---

① 《洛伦茨·施塔克先生》是柏林作家、剧院经理恩格尔（Engel，1741—1802）所著的长篇小说，发表在 1795 年至 1796 年的《季节女神》上。
② 施托尔贝格（Stolbergs，1750—1819），欧丁市长、诗人。
③ 福格特（Voigt，1758—1823），耶拿数学教授，1795 年任耶拿大学副校长。

会经历奇迹的。这帮市侩对此如此冷酷无情，其原因肯定不在于这新事物本身，而是在于发现这一新事物的人。

施托尔贝格的那部作品①我希望能仔细拜读一下。如果您下个邮政日能将它给我邮来，我会非常欢迎的。在这个人身上，傲慢和无能高度结合，所以我无法同情他。那个傻里傻气的人，柏林的那个耶尼施②，什么都得插一手，也读了《季节女神》上的文艺批评，一时激情勃发，写了一篇关于我和我的创作特色的文章，是一篇驳斥那些控告的辩护词。这篇文章原定在根茨③的月刊上发表，幸好洪堡从他那儿得到了该文的手稿，及时阻止了该文的付印。但是我不敢担保，他就不会将这篇文章在别的什么刊物上发表。这完全是我个人的不幸，面对着人多势众的敌人，还得担惊受怕提防着一位朋友的愚昧，不得不手忙脚乱地将少数几个想为我说话的人的嘴巴封住。

明年八九月份我将能提交一篇详细评价您的《威廉·迈斯特》的文章，届时，我想，我会做出中肯的评价来的；最后那部分可能会在1796年米迦勒节或1797年复活节出版。读者们期待着在1797年复活节看到全文，届时您也许可以完成第四部分的一些章节以飨读者吧。

昨天我终于从阿亨霍尔茨④那儿收到了一篇题为《索比斯基》(Sobiesky)的佳作，必须争取在《季节女神》的最后一期上将其刊出。当然，假如您可以给第二年度的第一期写点什么，我会非常

---

① 指施托尔贝格所著的《柏拉图谈话录》一书。
② 耶尼施(Jenisch，1762—1804)，柏林传教士兼作家。
③ 根茨(Genz，1764—1832)，政论作者、政治家，1795—1803年在柏林出版《新德意志月刊》。
④ 阿亨霍尔茨(Arehenholz，1743—1812)，汉堡历史学家。

感激的。也许您有雅兴,在这一期上拉开战争的序幕。

您将从赫尔德尔那儿收到我的一篇论感伤诗人的论文①,关于这篇文章您迄今未曾听说过,我请您全文通读一遍。我敢肯定您会感到满意,我在这方面可写不出更精彩的文章来了。我相信,对大部分德意志诗人的这一最后的审判将在岁末收到良好的效果,将使我们的批评家们好好开动一下脑筋。我的语调是坦率的、坚定的,虽然,正如我所希望的,应有的宽容比比皆是。当然,我也被撞了那么几下,很少有人在这场交火中没有受到伤害。对独创性以及版权(涉及悲歌的)我也不吝笔墨,还把维兰德擦伤了一点皮。我没有别的办法,由于人家(包括维兰德)从来没有想过按捺住对我的错误的批评,而是常常毫不留情地将批评意见统统告诉我,所以现在,既然我偶然玩起这种美好的游戏来,我也不会隐瞒我的观点。

顺祝安好。假如我们过了新年又能在一起共同度过一段时光的话,我会感到高兴。

席勒

---

① 即席勒的《论素朴的诗和感伤的诗》。

48　致席勒

1795 年 11 月 29 日，魏玛

在此我怀着谢意将您的论文①寄回给您。由于这一理论如此善意地对待我本人，所以我赞同这些原则，觉得这些结论正确，这便是再自然也不过的事了。但是假如我自己起初没有对您的意见进行过论战的话，那么我是会对此抱更大的怀疑的。因为您并非不知道，我由于过分偏爱古代诗歌，对近代诗歌往往不公正。按照您的理论，我可以先实现自我一致，因为我不再需要去责备一种不可抗拒的内在动力在某种条件下迫使我创作出来的作品，而对自己、对自己的同时代人并非完全不满意，这却是一种很舒适的感觉。

这几天我又着手写那部长篇小说了，我有种种理由要坚持写下去。读者读完头几部后有权利提出要求，而这些要求，就其内容和形式来说，确实是很高的。不到清账还债的时候，人们是难得弄清楚欠了人家多少债的。不过，我倒是挺有信心的。关键是要利用好时间，不要错过时机。祝您身体健康。

歌德

---

①　即席勒的《论素朴的诗和感伤的诗》。

49　致席勒

1795 年 12 月 9 日,魏玛

……

在此也附上我的悲歌①;我希望,您会对此感到满意。临交稿前我还对全文仔细校勘润色过一遍;然而一如修改自己创作的文字难得成功,修改译文也从来就是吃力不讨好的事。如您还发现有什么问题,就请您及时告诉我。最好是,这几首新作能一道刊出。它们加在一起不超过一个半印张,其余的随后寄到。

下个季度的稿件组织得怎样了? 有关新的预订您听说什么了吗?

如果论感伤诗人的论文您已经拿回,那么我还想再读一遍;对结尾我还有些顾虑,如果心灵向人发出警告,那么人们至少不应该隐瞒自己的看法。由于全文如此博大,所以仔细一想我便觉得结尾写得过于偏狭、过于尖刻,其锋芒恰恰落在我和一位挚友之间,所以我确实感到有点担忧。余言容面谈。就此搁笔。

歌德

---

① 即克奈伯尔译的古罗马诗人普罗佩尔茨的悲歌,歌德对译文做了最后润色。

50 致歌德

1795 年 12 月 13 日，耶拿

我曾把我那篇论感伤诗人的文章复制了两份，该文三个星期前就已付印，但是您不必为结尾担心。您只读过当时完稿的那个文本，而这个文本后来还加了八页，专门论述牧歌，《季节女神》第十二期上的这篇便以此为结尾。真正的结尾要在新的一年的第一期上才刊出。所以这一期您和维兰德的文章还可以收入，我想，等全文写完以后，总体印象和客观效果应该避免任何个人关系的色彩。

这里我把悲歌连同我做的注释一起寄回。这些注释我努力做得精确一些，因为人们对译文比对著作要求更严，每字每句含糊不得，况且福斯①的严正主义者们正盯着我们呢。因为这一分册八天后才发稿，所以如果您愿意看看我的注释的话，还有时间纠正小毛病。

此外我对译文极其满意。译文完全把原作的精神传达出来了，除了几处略显生硬以外，译文极其流畅、自然。

这笔款上次未能及时寄出。新年时我将为普罗佩尔茨寄出二十个金路易。

席勒

---

① 福斯(1751—1826)，诗人、作家，欧丁大学校长，后任耶拿大学校长。

51 致歌德

1795 年 12 月 23 日,耶拿

这些悲歌我衷心感谢。我不认为,现在还有什么把柄会落在那些吹毛求疵的评论家手中,他们从攻击小小的差错入手,以达到诋毁整体的美好思想的目的。

……

您也见到配有贝克尔①先生文字说明的赛弗尔多夫庄园(Seifersdorfer)的漂亮画册②了吗?因为您十分爱好艺术和感伤的作品,所以我才向您推荐这部作品。除了拉克尼茨③的作品以外,《季节女神》有机会也应该将这部作品提上一笔。

关于狄德罗的《修女》(*La Religieuse*),赫尔德尔让我来转告您:他也认为,此文不是已经翻译过来,便是将和狄德罗的其他小说一道于明年复活节出版。看样子,我们这个计划靠不住了。

愿上天现在多多赐福于您,让您心情愉快,让您写完这部长篇小说。我怀着无比急切的心情想看到故事的进展,高兴地期待着对全书做一番认真的研究。

《大地的瓜分》这首小诗似乎获得了成功,这也有您的一份功劳,因为我已经从许多人那儿听说,大家都把这首诗记在您的名

---

① 贝克尔(Becker,1753—1813),德累斯顿古希腊罗马美术馆馆长。
② 贝克尔出版的画集。
③ 拉克尼茨(Racknitz,1744—1818),德累斯顿内廷总监,艺术评论家。

下了。相反,《文学过激共和主义》则让别人记在了我的账上。

关于即将发表的由许茨约稿的那篇评论《季节女神》的文章,我昨天听说,文章果真已经写就,最近几个星期之内我们会见到这篇文章。我是否还能读到这篇文章的手稿,对此我有怀疑,因为近来我和许茨一直没什么交往。可是他委托年轻的施莱格尔撰文评论刊物的诗歌部分①,还有各种文学注释,而根据他今天给我的来信所说,施莱格尔已经把文章给许茨寄去了。如果许茨不擅自插手,那么我可以期望得到一篇好文章。

关于科塔我没再听到过什么消息,《缪斯年鉴》也还没寄到。

祝您圣诞节诸事如意。希望您能来我们这儿过圣诞节! 祝您身体健康。

席勒

---

① 该文发表在 1796 年 1 月的《文学总汇报》上。

52 致席勒

1795 年 12 月 26 日,魏玛

几件作品,如随信附上的,您不会没听说过吧? 也许您还没有读过。那本戏剧年历请尽快给我寄回。

有了一百首讽刺短诗,人们也许就可以坦然地向读者和同行自荐了吧,这里随信附上十二首。

《季节女神》诗作评价落在一位新一代的人物①的手中,这是一件大好事,和老一代我们永远也不会取得一致意见。也许我将在您那儿读到这篇评论,因为如有可能,我将于 1 月 3 日离开这儿。

人们混淆我们的作品,我感到不胜荣幸;这表明,我们正日益摆脱窠臼,逐渐渗入共同的精神财富。这样就可以考虑,如果我们用一只手牵着对方,用另一只手伸向大自然允许我们达到的远方,那么我们就能跨越巨大的鸿沟,有所作为。

我感谢您注释童话的那篇文章;诚然,我们还得稍等片刻。但是,我希望会出现转机,那时我就可以在注释中任意加进一些讽刺性文字。愿上帝保佑沃尔特曼的悲剧创作成功! 我将立刻让它演出。大家都想写,都在写,我们在剧院里可就遭了罪了。

赛弗尔多夫庄园的画册我见过,您大概也认识住在那庄园里

---

① 指施莱格尔。

的特鲁德(Trude)夫人，就是她这样装饰那庄园的。维兰德1794年夏天在那儿受到款待，如果他愿意把他所讲的受款待的经过写下来的话，本身就是一篇优美的故事。

我们约好在复活节后的第三个星期日会晤科塔，我确实已经忘记定下的这个日期了。

顺祝安好；我将摆脱种种牵制我，使我精神涣散的琐碎事务，以便可以再次在您身边度过一些美好的时光。

歌德

53 致歌德

1795 年 12 月 29 日,耶拿

讽刺短诗这个主意妙极了,必须付诸实践。您今天寄给我的那几首,尤其是其中的诸神和诸女神,令我感到十分赏心悦目。这样的题目有利于奇思妙想的产生。但是我想,如果我们凑满一百首,那么我们也得对各部作品——加以评价,我们将会找到多么丰富的材料!只要我们不是完全姑息自己,我们就能对圣洁的和不圣洁的进行抨击。施托尔贝格及其同伴,拉克尼茨,拉姆多尔,形而上学世界,连同他们的自我和非自我,朋友尼科莱①,我们的死敌,莱比锡美学小客店②,蒂默尔③,做他的司厩吏的格兴④,等等,他们什么样的材料不向我们提供呀!

……

沃尔特曼的悲剧很糟,实在不能利用。一件没有特色、不能令人信服、没有任何人情味的作品。轻歌剧还过得去,虽然只是相对悲剧而言还过得去。

---

① 尼科莱(Nicolai,1733—1811),柏林书商、作家。
② 指在莱比锡出版的杂志《美科学和自由艺术丛书》。
③ 蒂默尔(Thümmel,1738—1817),哥达作家。
④ 格兴(Göschen,1752—1828),莱比锡书商、作家,《美科学和自由艺术丛书》主编。

有个叫勃兰迪斯（Brandis）的枢密官出版了一本植物学①，不知您读了没有？该书对您的论变态的论文表示出很大的敬意。但可笑的是，由于书前有您的名字，而您又写过长篇小说和悲剧，所以不得不向人做一番说明。"一个新的证据，"这位好朋友趁机写道，"证明了诗人的才智对认识科学真理也是大有裨益的。"

我高兴地期待着您不久后到来。我们又可以做一番倾心长谈了。您大概也会把您手头的那件"活儿"，那部长篇小说，一起带来的吧？到那时我们就"没有一天不写警句诗"②。

您谈到剧院演出费用上涨。您没有想过，试着把泰伦斯③的一出戏剧重新搬上舞台？《兄弟》三十年前就由某个名叫罗曼努斯（Romanus）的成功地改编过了，起码按莱辛的评价是改编成功的④。这确实值得一试。近来我又较多地读起古拉丁语作家来了，我先是信手拿起泰伦斯的来读。我还顺手将《兄弟》译给我妻子看，既然我们对此表现出了巨大兴趣，那么我们就有理由希望它会取得普遍良好的效果。这个剧本具有一种美好的真实和自

---

① 即《植物学或有机体的规律》，英国植物学家艾拉斯姆·达尔文著，德译本1795年在汉诺威出版。在译者勃兰迪斯（1762—1846，医生、教授）的一条注里有这样一段话："值得注意的是，我们的第一批德国诗人之一，枢密顾问歌德先生，在德国首先对每一种植物抽芽的特性发表过与我们这儿这位英国植物学家几乎完全一致的看法。所有本书中阐述的类比法给这种看法打上一种真实的印记，我们不能不对这种看法表示赞成。因此，我们越发深信，文学甚至可以使科学领域里的真实感日臻完美。"
② 原文为拉丁文"*nulla dies sine Epigrammate*"。
③ 泰伦斯（Terence，约公元前190年—公元前159年），古罗马喜剧作家，现存《婆母》《宦官》《兄弟》等六部喜剧。
④ 请参看莱辛《汉堡剧评》第70篇和第96篇。

然的特性，有浓郁的生活气息、鲜明的性格以及一种令人愉快的幽默。

　　就此搁笔。我妻子衷心问候您。

席勒

54 致席勒

1795 年 12 月 30 日，魏玛

讽刺短诗受到您的重视和欢迎，我感到非常高兴，我完全认为，我们必须继续扩大战果。《夏理斯》①和《约翰》②放在一起将会产生何等美好的效果！我们只需将这些小诗收进集子，最后仔细筛选。我们自己可以把那些蠢家伙说的话写成双行押韵诗，这样，我们便可以安然无恙地躲到讽刺形式的后面去了。

这篇评论《季节女神》的文章正在成为一件真正的奇闻，我们的竞争对手也在虎视眈眈呢，不管它结果如何，肯定又会有一番争执。

勃兰迪斯在他的《论生命力》（Lebenskraft）一书中对我的植物变态理论说了些什么，我还记得，不过不是您引的那一段；可能是他在翻译《达尔文植物学》的过程中又回想起我的植物变态理论来了，因为达尔文也不幸先前曾是个知名的诗人（按英国人对这个词的理解）。

……

我渴望再次见到您，并且能在安静的宫殿里写作，这四个星期以来，我的生活是个大杂烩，琐琐碎碎之间夹杂着闲散安逸，所以我那部小说恰似一只正在编织的袜子，在慢慢编织的过程中

---

① 参见 8 号信脚注。
② 即《约翰游记》，莱比锡作家格兴著。

变脏了。不过，它已在头脑中酝酿成熟，这是件大好事。

　　我收到迈耶的一封罗马来信，他已平安抵达那儿，现在当然是近水楼台了；可是他愤愤地抱怨其他伙伴也坐在那儿想要得月，咿咿呀呀冲他胡吹乱奏。德国逃脱不掉的，假如它去罗马，到处就会有陈词滥调伴随着它，如同茶壶伴随着英国人那样。他希望不久后能给《季节女神》寄点自己以及希尔特①写的东西来。顺祝安好，愿您保持对我的友爱。

歌德

---

① 希尔特(Hirt，1759—1837)，罗马艺术评论家，后任柏林枢密顾问。

1796

55　致席勒

1796 年 2 月 4 日，魏玛

　　第一批讽刺短诗的副本终于抄写完毕，我会立刻将其寄出，之所以要寄，是因为本月 14 日前我不能到耶拿来。这些讽刺短诗放在一起看起来会很有意思的，如果其中有一首真正的上乘之作，那就很不错了。您将会看到，我那最后的几首完全没有诗意，因为它们不是以直观形象为基础的，凭我这样的性格也只能这样了。

　　也许不久后我就会把我的小说的第七部给您寄去，等第八部写好，我们对全部内容深入细致地讨论过后，对这一部还要做些什么加工润色，自然也就清楚了。

　　前几天我收到了从哥廷根寄来的塞利尼①论各门艺术的技巧的著作。书写得很好，前言和作品本身都对这位神奇的人物做了很好的说明。所以我立刻又着手翻译他的自传，不过，译起来仍感困难不小。我只想动手译几个有趣的段落，然后再看下一步该怎么迈。……

　　新的这一期《季节女神》怎么会这么久还没到？

　　新歌剧②的初次演出获得了成功，我们受到了观众的欢迎；歌剧给人的总的印象确实相当优美动人。音乐并不深刻，但悦耳动

---

① 塞利尼（Cellini，1500—1571），意大利金匠、雕塑家，歌德曾译过他的自传。
② 指 1796 年 2 月 2 日在魏玛上演的歌剧《新阿卡狄亚人》。

听,服装和舞台布景效果良好。我将尽早把剧本给您寄去,好让您看看,德国戏剧正在经历一个何等奇特和完全德国式的进程。祝您健康,代我问候尊夫人。

歌德

56　致席勒

1796 年 2 月 12 日，魏玛

　　但愿您不急需那已允诺的悲歌！因为我不知道，我该怎样如期交稿。为此我已经和克奈伯尔磋商了八天，抄本又改得不像样子，必须再誊写一遍。如果能再推迟八天交稿，那就完全没问题了。

　　……

　　由于我还没有为第三期准备好新的稿子，所以我在我的旧纸堆里翻阅了一下，并找到了一些奇特的东西，但大多是抒发个人情怀和倾诉瞬间感受之作，恐怕不宜使用。为了至少表示一下我的良好愿望，现给您寄上一篇很具主观色彩的瑞士游记①。您看是否能用，如果再编上一篇激情满腔的童话，也许还可以一用。那些地方人们涉足、描写过上百次了，人们就再涉足一次，再读一遍这些描写吧。告诉我您对此有什么想法，不言而喻，一切涉及个人的文字必须删除。

　　祝您健康！我殷切期待着与您相会的时刻的到来。

　　……

歌德

---

① 即歌德的《瑞士来信》，发表在 1796 年《季节女神》第八期上。

57　致歌德

1796 年 4 月 21 日，耶拿

收到您及时寄来的塞利尼，在此谨致衷心的谢忱。这里把详细开列并附有头衔称呼的《哀格蒙特》①人名目录寄回。

我们已于昨天平安到达这里，但是我的半颗心还一直在魏玛。在那里的逗留对我的身心产生了多么良好的影响，这一点我已经直接感受到了，今后它一定会在行动和效果中得到证明的。祝您健康。我妻子热烈问候您。星期一晚上，就在我们还陶醉于《哀格蒙特》的演出之中的时候，我们将再次见面。

席勒

---

① *Egmont*，歌德的悲剧。

58 致席勒

1796 年 6 月 10 日，魏玛

平安到达魏玛后，我便立刻投身于勤奋写作之中，塞利尼，我希望还有这部长篇小说，不久都将会证明这一点。劳您不久就把第七部寄回给我。这里附寄上已允诺的警句诗①共三十首！可惜在这三十首里也是恨比爱强烈一倍。一旦您编排完毕，就立即把全部警句诗给我寄来。届时，某些尚未完成的警句诗必定可以完稿，而同时又有了撰写新作的机会。

《危险人物》("The Dangerous Man")这一首，是我按照您的主意写的，也许您可以进行修改。在审阅其余各首时，一般来说，我的指导思想是，不管忍受多大痛苦我们也要当心刑事纠纷，别坐到被告席上去。

那首牧歌②，另外还有一首什么诗，不久也将寄到。现在我在家里安享清闲，欣赏业已完成的这大量作业。诸事顺利，我再次向您致谢。祝您健康，下次来信谈谈您以及家里亲人们的情况。

歌德

---

① 即前面几封信里提到的讽刺短诗。
② 即歌德的《阿莱克西斯和多拉》，发表在 1797 年席勒出版的《缪斯年鉴》上。

59　致歌德

1796 年 6 月 11 日,耶拿

读了昨天送达的讽刺短诗我们很高兴,尽管恨占了压倒性优势,但是爱的部分亲切感人。我愿意恳求缪斯,也赐我一篇佳作,以便为此助兴。暂且请您友好地接待我的《塞雷斯》①,把它当作今年的第一件有诗意的礼品,您觉得有什么不妥之处,就请您及时提醒我。

我希望能在下星期五将这些讽刺短诗的副本给您寄去。我也很赞成我们不要触及任何刑事问题,尽可能不离开愉快幽默的领域。缪斯不是死刑执行官嘛! 不过我们也不会给那些先生赠送任何礼物的。

刻尔纳来信写道,维克托里亚(Victorie)②是用八个金路易买来的,您愿要可以转让给您。他一家人衷心问候您。

席勒

赫尔德尔昨天给我来信,非常友好,也给我寄来了《人性》③。他答应要给《季节女神》和《缪斯年鉴》供稿。

---

① 即席勒的诗《塞雷斯的悲叹》,也发表在 1797 年的《缪斯年鉴》上。
② 指歌德在德累斯顿获得的一尊雕像。
③ *Humanität*,这里指《发扬人性通信集》第七卷和第八卷,赫尔德尔著,1796 年出版。

60　致席勒

1796 年 6 月 14 日，魏玛

随信给您，我最好的朋友，附上一大包邮件。这一期上的塞利尼自传缩短了五张手稿纸，我想删去这部分内容，其中包括另一次法国之行，由于他这一回没找到工作，就又返回罗马。我将只从中摘译一小段，这样，下一期便可刊出他在恩格斯堡（Engelsburg）遭监禁的故事。这段情节叙述过于周详，我也要进行删节，大体又是删成十四五张手稿纸。

牧歌①和讽刺诗②也同时附上。印件的样张③也一并寄回。

那首诗④写得很好，现实和比喻，想象力和感觉，预示和解释交织在一起，我希望不久能得到这首诗。

大号字体我很喜欢；如果您能找到一个校对人员，让他在付印前不仅将错的，而且将印坏的、印出行的、印得不一样的字母剔除，如果开印时在黑色染料和其他技术工作方面多下功夫，那么和前一期《缪斯年鉴》相比，这一期不会有明显的大的差别的。如果您不久后也能就纸张和其他问题做出决定，随后开印，那就再好不过了。我会尽快完成我那几篇短文。塞利尼中那首描写他被监禁的诗由您和施莱格尔先生去判断，看它是否值得一译。

---

① 即《阿莱克西斯和多拉》。
② 即歌德的讽刺诗《边区诗神和欢乐神》。
③ 指席勒出版的 1797 年《缪斯年鉴》的印张。
④ 指席勒的《塞雷斯的悲叹》。

那首十四行诗我已在最近寄出，或许您可以把它刊登在标出的地方，塞利尼一并寄到，请您阅读时不吝笔墨、多加润色，我只通读过一遍译文。

那些铜版画我将立刻去设法买到。我得先知道，它们是谁制作的，值多少钱，然后我再写信给您。

小说第七部我还要再通读一遍，希望能于星期四寄去。只欠一个外部的推动力，第八部眼看就可以完稿，然后我们就可以松一口气。我收到一封迈耶的来信，对罗马当前的恐惧和混乱做了淋漓尽致的描绘，他自己大概就要到那不勒斯去了。

请您代我向刻尔纳致以衷心的谢意，感谢他为维克托里亚出了不少力。

赫尔德尔的两卷新作我也怀着浓厚的兴趣拜读过了。我觉得第七卷，观点、思想、文笔都相当出色，第八卷，也有许多精彩论述，却使人感到不痛快，作者在写它时想必心情也并不愉快吧。某种保留，某种谨慎，犹豫不定，不理不睬，吝于褒贬，使他对德国文学所做的论述显得极其贫乏。这可能也要归因于我一时的心绪，可是我总觉得，如果人们谈论文章，好比谈论行为举止，不带着一种亲切同情，不带着某种偏袒一方的热情，那么这些话也就不值得一说了。对事物的兴致、喜好、关心是唯一真实的东西，它又产生真实性，其他一切则不过是浮华藻饰而已。

歌德

61　致席勒

1796 年 6 月 18 日，魏玛

……可惜我现在一刻也不可以分心，小说进展得十分顺利，如果这样继续下去，八天以后您就可以收到第八部，我们就算结束了一个特殊情况下的特殊时期了。

……

歌德

我几乎忘记告诉您了：里希特①正在此地②。他将和克奈伯尔一道去看望您，您一定会喜欢他的。

---

① 里希特（Richter，1763—1825），又名让·保尔，德国作家。
② 里希特的魏玛之行的诱因是冯·卡尔普夫人的几封信，信中对他表现出了狂热的爱。"我寄给您的不再是朵孤单的钦佩之花，而是一个永不枯萎的花环，是维兰德和赫尔德尔满怀欣喜和尊敬为您扎成的花环。"歌德和席勒起先也对让·保尔寄予希望，尽管不是在"实际的"，而是在理论的层面上。6 月 17 日和 23 日，里希特在歌德家做客；他觉得歌德像一座火山，"外部为积雪所覆盖，内部充满已熔化的物质"。6 月 25 日，里希特和席勒会晤。让·保尔觉得他"强硬而有力，有棱有角，充满敏锐的洞察力，但是没有爱"；而席勒则一如自己所预料的，觉得里希特"陌生得犹如一个从月球上掉下来的人，怀着一片好心，衷心喜爱看到自身以外的事物，不过就是不用人们看事物的那个器官去看"。

62 致歌德

1796 年 6 月 18 日，耶拿

……

读第二遍时牧歌①深深打动了我的心，其深切程度甚至甚于读头一遍时。它肯定是您创作的最美好的作品之一，它充溢着一股质朴的气息，蕴含着无比深沉的情感。期待着的船员使情节变得紧凑起来，这样，两个恋人的活动场所就变得十分狭窄，情况就变得十分紧迫而且影响很大，以至这一瞬间确实含有整个一生的容量。很难想象会有第二种情况，可以如此纯洁、如此幸运地折下这朵诗人之花。您把这和嫉妒加以鲜明对照，让幸福又迅速淹没在恐惧之中，这一点我在感情上还不能完全接受，虽然我提不出令人信服的反对这样做的理由来。我仅仅是感觉到，阿莱克西斯(Alexis)怀着幸福陶醉的心情离开那个姑娘，而我却想永远留住那种幸福陶醉的心情。对赫尔德尔的书我和您大体有同样的感觉。读这本书时，与平时读他的文章一样，我更多的也总是失去自以为所占有的东西，而不是获得更多的新的现实感。由于他总是蓄意联结，别人分开的他要合并，所以在我看来，他总显得是在破坏秩序，而不是维护秩序。我也觉得他对韵脚的不可调和的敌意太过分了，而他为了反对这个所加以提倡的，我远不认为有

---

① 指歌德的《阿莱克西斯和多拉》。

足够的重要意义。不管韵脚的起源多么平庸且没有诗意，人们总得坚持它留下的印象吧，而这个印象却不是一场辩论、一个合乎理性的结论就能抹掉的。

在他对德国文学所做的表述中，使我感到恼火的，除了那种对善的冷漠以外，还有对苦难的那种特殊的宽容；他会随意用尊敬的口吻谈论最重要的作家，他同样也会随意用尊敬的口吻谈论尼古莱、埃申堡①等人物，他以一种奇特的方式把施托尔贝格兄弟和我，科塞加尔滕②和许多别的人煮成一锅粥。他对克莱斯特③、格斯登贝格④和格斯纳⑤的尊敬——对所有死去的和腐朽的人的尊敬与他那对活着的人的冷漠是一脉相承的。

这期间您结识了里希特。我很想知道，您对他有什么看法。冯·卡尔普夫人正在这里，是来照料冯·施泰因夫人⑥的。……

洪堡自己可能已经给您写过信了吧。他对牧歌满意至极。他也写到塞利尼普遍受到欢迎。

讽刺短诗您将于星期一收到。要将不同类型的材料联系起来还需撰写某些新的短诗，这方面我寄希望于您的非凡的创造力。那几首仿荷马体，由于它们和整体不协调，我不得不将其剔除，我还不太清楚，对这几篇无甚特色的我该怎样安置才好。我真想把那几首惹人喜爱的讽刺短诗排在结尾，因为随着暴风雨之

①　埃申堡（Eschenburg，1743—1820），布伦瑞克枢密顾问、莎士比亚译者。
②　科塞加尔滕（Kosegarten，1758—1818），诗人、作家。
③　克莱斯特（Kleist，1715—1759），普鲁士少校、诗人。
④　格斯登贝格（Gerstenberg，1737—1823），诗人。
⑤　格斯纳（Gessner，1730—1788），瑞士书商、诗人兼画家。
⑥　冯·卡尔普夫人的姨母，歌德的女友。

后而来的必然是晴朗的天空。我也作成了几首这种体裁的诗，如果我们俩各自再提供十来首这样的诗，那么讽刺短诗便将圆满告一段落。

顺祝安好。我妻子热烈问候您。她的健康状况还是老样子。

席勒

63　致席勒

1796 年 6 月 22 日 [①]

您的两封亲切而宝贵的来信，连同干面包片，我都已收到，由于今天早晨长篇小说的定额已写好，所以我就提前口授本拟明天要写的这封信。

第八部还在不停顿地向前推进，想到这些同时发生的情况，想到由于这些情况，某些几乎不可能做到的事，以一种极其自然的方式，最终竟得以实现，一想到这些，我简直变得迷信起来了；可以肯定，我长时期内养成的一种习惯，即迅速利用资源、偶然事件、情绪，而不管会有什么不愉快和麻烦的习惯，现在对我大有裨益；然而，我希望下星期六就将其寄出，这似乎是操之过急了。

您的诗，《塞雷斯的悲叹》，又使我回想起，为了进一步阐述那个您十分友好地采纳和探讨过的思想，我曾做过各种尝试。有几个尝试意外地获得了完全的成功，由于我可以预料在今年美好的夏季月份里会在家里待一些时光，所以我同时做了准备，要在室内培植几种花草，然后将我取得的经验和已有的经验做一番比较。

……

牧歌经受住了进一步观察的检验，我很高兴。结尾时写了嫉

_____

① 　这封信于 1796 年 6 月 22 日寄出。

炉，这样写我有两个原因。一个是性格上的：每一个突如其来的、受之有愧的爱情幸福之后，接踵而来的确实都是对失掉幸福的恐惧。还有一个是艺术上的：因为这首牧歌情节跌宕起伏，所以必须不断增强激情，直至结尾，诗人告别时鞠一躬，就把它又引回平常的轻松愉快的气氛中去了。就为这难以说明的本能讲这么多辩解的话吧。正是由于这种本能，这样的事物才会出现。

里希特这个人十分复杂，不是用三两句话就能向您说明我对他的看法的，您必须见见他，而您也是会见到他的，那时我们再好好谈谈他吧。顺便提及，在这里他似乎和他的文章境遇相同，人们对他的评价忽儿太高，忽儿太低，谁也不知道该怎么正确把握这个怪杰。

我们的塞利尼完全是成功的。既然我们也有这样的便利，那么就让我们趁热打铁吧。请您告诉我，您要我什么时候交稿。

……

歌德

64　致歌德

1796 年 6 月 28 日，耶拿

关于第八部给我留下的印象，我今天还没什么明确的意见要对您说的。我既感到不安又感到满足，渴望和宁静奇妙地融合成一体。在我感受到的大量印象中，此刻在我脑海中最为突出的，是迷娘的形象。至于她是否会给读者留下更为强烈的印象，这一点我现在还说不好。这也可能带有偶然性，因为一打开手稿，我的目光首先就落在这首歌上了，而这首歌则如此深地打动了我的心，以至我事后竟无法再把这个印象抹掉。

我觉得，总体印象中最奇怪的似乎是，严肃和痛苦像皮影戏一样沉没，轻快的幽默完全占了主导。我以为，这可以从温和轻快的论述中找到部分解释；但是我自以为在戏剧和浪漫的结合以及事件的相关安排中还可以发现另一个原因。崇高的感情令人想起这部小说，其余的一切则令人想起生活的真实。心灵受到的最痛苦的撞击，虽然被十分强烈地感知了，却很快又消失了，因为它们是由某种奇妙的东西招来的，所以比任何别的事物都更快地令人想到艺术。不管怎么说，有一点是可以肯定的，即小说里的严肃只是游戏，而小说里的游戏则是真正的严肃，痛苦是假象，宁静才是唯一的现实。

性格被刻画得惟妙惟肖的弗里德里希（Friedrich），最后性情暴躁地把熟果子从树上摇落下来，把它们捡到一处，在灾难出现时他就像一个用笑声把我们从一个可怖的梦中唤醒的人。这个梦向别的幻影消散开去，但是它的景象留下来了，以便将一种更高的精神注入当代，将一种富有诗意的内容、一种无限深邃的思想注入宁静和愉快之中。这种表面平静的深刻，从根本上来说是您所特有的，是当代长篇小说的一个极好的特征。

不过我今天不想再对此妄加评论，尽管我急于想说出我的看法；我现在也许提不出什么成熟的意见来。第七部的副本给了翁格尔，要是您能把这一部的初稿给我寄来，这会非常有助于我从所有细节入手去把握全书。虽然我对全书还记忆犹新，但是有些细枝末节我连贯不起来了。

这第八部和第六部衔接得何等出色，第六部的伏笔赢得了多大的成功，我看得一清二楚。我觉得，故事的这个位置真是再合适也没有了。这一家人还没来，人们就早已认识他们了，人们以为看见了一个似曾相识的人；这是一种视觉上的技巧，它会产生很好的效果。

您巧妙地利用了祖父的收藏；它简直可以说是一个参与行动的人物，并且自己活动起来了。

今天就谈这些。我希望星期六能向您多谈一些。

随信附上余下的讽刺短诗。今天寄出的短诗，正如您所看到的，还缺乏应有的内在联系，我试图将各组不同的短诗凑拢到一起，但是我的种种尝试都不成功。也许您可以帮助我摆脱困境。如果我们能好好装饰一下这最后一批短诗，那真是太好了。

如果我三周内收到新的塞利尼，那就恰好还来得及发稿。

祝您健康。我妻子热烈问候您，她正在埋头读这部小说。

关于《赫斯玻鲁斯》①我还未曾给您写过什么。我对他的看法与我意料的大体相吻合，陌生得犹如一个从月球上掉下来的人，怀着一片好心，衷心喜爱看到自身以外的事物，不过就是不用人们看事物的那个器官去看。但我只和他谈过一次话，所以还不敢对他妄加议论。

席勒

---

① *Hesperus*，让·保尔的长篇小说。

65 致歌德

1796 年 7 月 2 日，耶拿

我已经把小说的全部八部重新读了一遍，虽然只是粗略读了一下。单就其篇幅而言，它十分浩繁，我读了两天还没读完。我今天不想发表什么泛泛的空论，那隐蔽在书中的令人惊异、无与伦比的名副其实的多样性使我折服，我承认，到现在为止，连续性我是领会到了，统一性则还没真正领悟，但我一刻也不怀疑，即便对这一特性我也会彻底弄明白的，事实上在这类作品中连续性多于统一性的一半。

由于您在这种情况下大概并不期望从我这里听到什么完全令人满意的话，但又希望能听到些什么，所以我谈几点零星的看法，也就只好请您将就了，这些看法也并非完全没有价值，因为它们将表明一种直接的感觉。不过，我可以告诉您，整个这一个月里对这部小说的谈话将毫不中断。对整个这部艺术品做一番恰如其分的、真正审美方面的评价，这是一项大工程。我将把这最近的四个月完全贡献给这项工程，而且是非常乐意地贡献给它。不管怎么说，我经历了这部作品的完成，作品完成之日正好是我创作力旺盛之时，我还可以从这个纯洁的源泉汲取力量，这正是我一生中最大的赏心乐事之一；我们之间的这种美好的关系促使我把这当作某种至高无上的使命来看待：我要把您的事业看成我的事业，用我内心的一切真实情感铸成一面思想的明镜，这样，在更高的意义上，您的朋友这个称号我便可以受之无愧了。在这件事上我多么生动地体会到，一部优秀的作品蕴含着一股力量，它也只能作为一股力量，对言必称我的人产生影响，面对这部杰作，人们没有自由意志，只有爱。

我无法向您描述，真实、美好的生活，这部作品的纯朴丰满，多么有力地拨动了我的心弦。这种心情虽然比我把握住全书后将会有的心情更焦躁不安，而且这将是我精神上的一场重大危机，但这种心情是美，仅仅是美所产生的效果，而这种焦躁不安仅仅是由理性还未能跟上感情所造成的。您曾说过，使您感动得往往要流下眼泪来的，才真正是美的、真的，现在我完全理解您这话的意思了。宁静、深邃、清澈而如同大自然般不可理解，这就是它给人的印象，它就是这样的一部作品，而一切描述，即便是最微不足道的次要情节，都显示出情感的美好的一致，一切都是这种情感的流露。

但是我还不能用语言来表达这些印象，况且我现在也只想谈第八部。您怎么会成功地将彼此远离的众多的人物和事件如此紧紧挪移到一起来呢？它就像一个美丽的星系，浑然一体。只有那些意大利的人物，像彗星那样，而且也像它们那样令人战栗，把这个星系和一个遥远的、更大的星系联结在一起。所有这些人物，也包括玛丽安妮和奥蕾莉恩，仅仅是用来创造一种诗意的。这个职责一履行完，他们完全又从这个星系里走了出来，作为星系之外的人飘然离去。您从这个理论上的怪异之中，从理性的这些怪胎之中引出这个实际上的怪异，引出迷娘和竖琴演奏者命运中的这种极大的激情，使纯洁而健康的天性不致因此受到任何牵连，这个主意多么妙啊。只有从愚笨的迷信中才酝酿得出这种怪异的命运,对迷娘和竖琴演奏者紧追不舍。连奥蕾莉恩也只是被她的两性人特性和她的反常毁了。我想指出的是,您只对玛丽安妮一人表现出诗人的私心。我几乎想说,她成了小说的牺牲品,因为按理说她是可以得救的。所以,如果说人们有鉴于其余三人而乐意抛开个体并面向整体思想的话,那么人们始终还会为她而洒下痛苦的泪水来。

威廉(Wilhelm)和特蕾泽(Theresa)的不期相遇,其构想、说明、展开都很好,利用得更妙。有些读者一开始会感到相当吃惊,因为我估计没有多少人会对特蕾泽有好感;可是您愈加巧妙地使读者摆脱了自己的惶恐不安。我真不知道,这种虚设的关系怎样才能解决得委婉、细腻、高贵!理查逊①们以及所有其余的人会怎样对此大做文章,百般挑剔!在这方面我只有一个小小的顾虑。特蕾泽对想从她身边夺走她的未婚夫的那一伙人持勇敢、坚定的反抗态度,甚至在重新获得占有洛塔尔(Lothar)的机会时也不改初衷,这完全在情理之中,是写得极好的;面对这伙人和命运的嘲弄,威廉深感愤慨,感到某种痛苦,这我也觉得很有道理——只是,我觉得,对丧失这一幸福他不应该如此深感痛惜,因为对他来说,这一幸福已经开始不成其为幸福了。我觉得,在娜塔琳(Natalie)的身边,他比表面上更珍惜他那重新获得的自由。我深深感觉到这种状况的错综复杂以及细腻感情所提出的要求,可是同时,他居然还能为特蕾泽的死向娜塔琳表示悲痛,这在一定程度上伤害了对娜塔琳的细腻感情!

在各个事件的联结上,有一点我特别欣赏,这就是,为了加

---

① 理查逊(Richardson,1689—1761),英国小说家,感伤主义最早的代表。

快达到使娜塔琳和威廉结合这个真正的既定的目标,您很善于从威康与特蕾泽的那种虚设的关系中谋取巨大的好处。除了这个业已采取的,似乎会延缓这个过程的途径之外,没有别的途径可以如此完美、自然地实现这个目标。现在可以怀着极其纯洁无邪的心情宣布说,威廉和娜塔琳是天造地设的一对,而特蕾泽写给娜塔琳的信则是这方面最好的引子。这样构思的故事具有一流的美,因为它们把一切可能联合的,甚至似乎完全不相容的事物联合起来了;它们纠缠不清,却又会迎刃而解,它们令人不安,却会导致安宁,它们似乎施用强暴脱离目标而去,却达到了目标。

迷娘之死,尽管做了铺垫,还是给人留下了极其强烈的、深刻的印象,印象之深刻,甚至会使某些人觉得,您处理这个情节太匆忙了。这就是我读第一遍时一个十分强烈的感觉;读第二遍时,已经不感到惊异,所以这种感觉也就不那么强烈了,可是我担心,您可能有那么一丁点儿过了头。迷娘恰恰在这个灾难之前开始显得更富有女性魅力、更温和,因此更多是通过其自身引起了人们的注意;这一天性中那种讨厌的奇异古怪性减弱了,随着这股力量的减弱,那种激情有所收敛。最后那首歌尤其扣人心弦,感人肺腑。因此,如果在她的死这一感人至深的场面之后医生紧接着就对她的尸体做鉴别,竟然能这么快将这个活生生的人、将这个姑娘忘却,以便只把她当作科学调查的工具,这就使人感到奇怪了;同样令人感到奇怪的是,威廉分明是她死亡的原因,而且也知道这一点,可是在这个时刻居然还会注意那只工具袋,沉浸在对往事的回忆之中,眼下发生的事应该完全占据了他的身心啊。

即使您在这种情况下对人的本性估计正确,我也怀疑,您对读者"多愁善感"的要求是否也会有正确的估价,所以我想劝您——为了使读者在接受一个这样精心准备、巧妙实施的场面时不受任何外界干扰——适当照顾一下这个情况。

除此以外，您处理迷娘，不管生前还是死后，一切都极其精彩。尤其是，为这个纯洁、富有诗意的人，举行这样一次富有诗意的葬礼，这是非常适宜的。在她孤立的形象中，在她神秘的一生、她的纯洁和无邪中，她代表了她那个年龄层次的人，那样纯洁，她可以使人感动得心头涌起一股无比纯洁的忧郁和一股真正合乎人性的悲哀的情绪，因为体现在她身上的不外乎是人性。在任何一个别的个人身上显得不相宜的——在某种意义上甚至会令人反感的，在这里变得崇高、高尚了。

我希望能看到，除了他的酷爱艺术以外，马尔谢泽（Marquis）在这一家庭里的出现，还有别的什么因由。他对于故事的发展实在是太不可缺少了，他这样迫不及待地插手进来很容易引起人们强烈的注意。您自己宠坏了读者，给了他们权利向小说提出比通常更严格的要求。不能把这位马尔谢泽写成洛塔尔或者大叔的一位旧相识，把他的来访本身更紧密地编织进全书吗？

这场灾难以及整个竖琴演奏家的故事引起了人们极大的关注；您从虔诚的小女孩身上推演出这些异乎寻常的命运这一着多么成功，这我上面已经提到了。为了抵消出于人道的考虑便隐匿不宣的一桩严重罪行而无限夸大一个轻微的过失，忏悔者神父的这个主意美妙已极，对整个这种思想方式具有一种相当的代表性。也许您可以将施佩拉腾（Sperate）的故事稍稍压缩一下，因为这个故事发生在结尾，大家心情日益焦灼，急于看到结局。

竖琴演奏者就是迷娘的父亲，而您自己实际上却没有把这一点点破，根本没有向读者做交代，您这样做效果反而更好了。人们于是就自己进行思考，回忆起这两个神秘人物的关系多么密切，向下看见了一个命运的深不可测的深渊。

今天就此搁笔。我妻子还附上一封短信，告诉您她读第八部时的感受。

祝您身体健康，我亲爱的，我尊敬的朋友。每逢我想到，我们平素只在一个受偏爱的古代的遥远地方寻找但很难找到的东西就近在咫尺，就在您身上，我总不免感慨万千。能了解您、配了解您的人是如此之少，您不必感到奇怪。您的描写中那种令人赞叹的自然、真实和轻快驱除了普通评论家头脑中认为艺术难、艺术伟大的种种想法。而对于那些有能力欣赏这位艺术家、注意到这位艺术家所运用的手法的人来说，这种他们所看到的才气横溢的创造力则具有敌意和破坏性，使他们的贫乏的自我陷入十分狼狈的境地，以至他们只好用强制手段甩掉它，却在内心对您表示无限敬重，向您表示最崇高的敬意。

席勒

66　致歌德

1796 年 7 月 3 日,耶拿

　　我全面地、认真地考虑了威廉失去他的特蕾泽时的举止行为,收回我先前所表示的全部顾虑。现在这样写是顺理成章的。您在书中表现出了最细腻的感情,却丝毫没有违反感情的真实。

　　令人赞叹的是,养老院贵妇、娜塔琳以及特蕾泽这三个人的性格刻画得何等细腻、何等美好和真实。头两个是圣洁的,后两个是真正的、合情合理的人;但是正因为娜塔琳既圣洁又合人情,而养老院贵妇仅仅是一个圣徒,特蕾泽则仅仅是一个彻头彻尾的世俗的人,所以娜塔琳便显得像一个天使。娜塔琳和特蕾泽是两个讲求实际的人;但是在特蕾泽身上这种讲求实际的精神也表现出局限性,在娜塔琳身上则只有这种精神的内涵。我希望,养老院贵妇没有把娜塔琳的美丽的心灵这个称号夺走,因为实际上只有娜塔琳才是一种审美天性。多美呀,她根本不知道爱就是一种内心冲动,就是某种排他性的、特殊的东西,因为爱是她的天性,她的永恒的性格。养老院贵妇实际上也不知道爱是何物——但那是出于一个根本不同的原因。

　　如果我正确理解了您的用意的话,那么,您让娜塔琳在那次关于爱和她对这种激情的无知的谈话之后直接过渡到那间象征过去的厅堂,您这样写绝对不是无意识的。恰恰是这间厅堂让人产生这种情绪,超脱一切激情。静谧美支配了心灵,这种心灵为娜塔琳的没有爱，却又充满了爱的天性做了最好的说明。

这间象征过去的厅堂以一种极美的方式把审美的世界，把理想的冥府和活生生的现实混成一体，正如您使用艺术品时总是把它们和整体完美无缺地结合在一起。这是从受束缚的狭窄的现代中迈出的十分愉快、自由的一步，而且这一步总是如此美好地把人引回现代。由中间的石棺向迷娘以及向现实故事的过渡也具有极大的效果，"记住，要活着"这句铭文很好，并且还会显得更妙，因为这令人想起那叫人十分恼火的"记住，人总是要死的！"①，并十分漂亮地战胜了它。

对某些天然物体有奇怪的反应的大叔有趣已极。正是这种人才具有一种特定的个性和强烈的敏感，大叔要成为大叔，就必须具备这些特性。他对音乐发表的意见，即认为音乐应该纯洁、悦耳，也充满了真实感。您在这个性格中大量地注进了您自己的本性，这是显而易见的。

洛塔里奥(Lothario)在所有主要人物中最不显眼，不过这完全是客观原因所致。一个这样性格的人永远也不会在诗人所采用的媒介中完全表现出来。没有单独的情节或言语描写这个人物；人们必须见到他，人们必须听到他本人说话，人们必须和他生活在一起。因此，和他生活在一起的人在信任他、尊重他上意见完全一致，所有总是按总体印象看人的女人都爱他，还有我们的注意力被引到他的知识的来源上，这些都足以说明问题。刻画这个人物比刻画别的人物更需凭借读者的想象力，这样做有最充分的理由；因为这个人物具有审美的特性，所以他必须由读者自己

①　原文为拉丁文"*Memento mori*"。

制造出来,但不是随意地,而是按照您相当明确地立下的法则。只有他向这个理想靠拢才能使性格特征的这种明确性永远不会带有侵蚀作用。

亚尔诺(Jarno)一直到结尾都是老样子,他考虑到吕迪恩(Lydia)而做出的选择则是他的性格描写的顶峰。您多么善于安置您的女人们啊!像威廉、洛塔里奥这样性格的人只有与一个性情平和的人结合在一起才会幸福,一个像亚尔诺这样的人则只有同一个和他性格形成鲜明对照的人在一起才能得到幸福;这个人必须始终有所为,有所思,有所辨。

就文学描写的总体印象而言,善良的伯爵夫人这个形象刻画得并不尽如人意;但是即便在这方面您也是完全按照天性行动的。这样一种性格的人永远也不能没有外界支持,对她来说,没有任何演变会保证她得到安宁和健康。她总是受到客观情况的制约,所以,一种消极状况便是能为她做到的全部事情了。这对观察者来说当然是不愉快的,但是情况就是这样,而艺术家不过是道出了这个自然法则罢了。在谈伯爵夫人时,我不得不提到,我觉得,她在第八部里出现似乎并没有充分的理由。她是加到情节中来的,但不来自情节。

伯爵保持着自己的鲜明性格,还有,您描写他家里十分雅致的陈设,从而暗示他对竖琴演奏者的不幸负有责任,这我也必须加以赞扬。这种迂腐的人口口声声热爱秩序,实际上却总是只会酿成混乱。

小费利克斯(Felix)拿起瓶子来就喝的这种坏习惯,后来引来了一个十分重大的成功,这也属于最出色的主意之一。小说中有好几处这样的描写,它们总的来说是构思得很成功的。您用一种十分简单和自然的方式使无关紧要的与至关重要的联系在一起，把必然和偶然融合成一体。

对维尔纳（Werner）的可悲的转变我简直高兴已极。这样一个市侩或许可以通过青春朝气的感染、通过与威廉的交往而感受到片刻的振奋；一旦这两个优势离他而去，他便完全合乎情理地陷于物质利益之中而不能自拔，最终惊讶地发现，原来他已经远远落在他朋友的后头了。这个人物之所以于全书有益，也是因为您将小说的主人公带回现实之中，而这个人物却是可以解释并提高这个现实的。现在他置身在善良美好的人的中间，离虚幻和庸俗习气一样远，而您如此成功地治愈他对前者的癖好，也就是为谨防后者提出了警告。

维尔纳使我想起我自以为在小说中发现的一个重要的时间上的过错。迷娘死时二十一岁，这时的费利克斯十岁或十一岁，这样安排无疑并不是您的本意。还有，金发的弗里德里希在他最后一次出场时大概也不到二十岁，等等。然而，实际情况却就是如此，因为从威廉受雇于泽尔洛（Serlo）到他返回洛塔里奥的宫殿至少经过了六年。维尔纳在第五部里还没结婚，第八部开头时却已经有了好几个男孩子，他们"写字、计算、游玩、嬉戏"，他已经替他们当中的每一个安排好了一门手艺。我想到了四五岁时的老大；而由于维尔纳并没有在父亲死后立刻就举行结婚仪式，孩子们也不是一结婚立刻就出世，所以第五部和第八部之间必然就隔着六七年的时间了。

现将洪堡的信寄回。他对牧歌说了许多精辟的见解，有些问题上他的感觉似乎和我不尽相同。譬如我觉得"永远，她小声说"这句妙语之所以美，不仅是因为它包含着不言而喻的严肃，也是因为心灵的秘密在这唯一的一个词里一下子毫无保留地痛痛快快地宣泄了出来。这唯一的一个词，在这里面顶得上一整段长长的爱情故事，于是两个恋人便这样面对面站着，仿佛这种关系已存在多年了。

洪堡指出的那些小毛病，瑕不掩瑜；不过他的意见倒也应该予以重视，他举出的理由是无可指责的。前面部分半五音步诗行里的两个扬抑格音步当然显得太拖沓，其余章节也有这个问题。……

祝您身体健康。我拉拉杂杂写了这些，请您耐心读吧。

席勒

67　致歌德

1796 年 7 月 5 日,耶拿

现在,由于我较多地看到了小说的全貌,我可以反复重申,主
人公的性格您挑选得多么成功,如果说这可以让人挑选的话。没
有别的性格会如此完美地和一个事件的承受者相适应,即使我完
全不顾只有在这样一个人物的身上才能提出并解决这个问题这
一事实,单就表现整体而言,也没有比这更合适的性格了。不仅
是题材要求这样的性格,读者也需要这样的性格。他的好反思的
习气使读者在情节急速发展过程中保持平静,一直迫使他瞻前顾
后,对发生的一切进行思考。他可以说是采集精神、意识、他周围
所发生的一切事物的内涵,将每一种模糊的感觉转变为一种概念
和思想,用一个较为普遍的公式说出每一单个的感觉,向我们进
一步阐明各种事物的意义,在完成他自己的性格的同时最圆满地
完成了整体目标。

促使您挑选他的内外情势使他特别适合于担当此任。某一
个世界现在对他来说是崭新的了,他对此不胜惊讶,就在他努力
使自己适应这个世界的同时,他也把我们领进这个世界的内部并
向我们显示,其中包含着人类的什么样的实际利益。他心中有一
幅人类的纯洁和道德的图画,他用它检验人类的每一个表面现
象。一方面,经验有助于确定他的动摇不定的观念,另一方面,
恰恰正是这种观念,这种内心的感觉反映了经验。这个性格用这

种方式极好地帮助您,让您在任何情况下都要将纯粹人性的东西挖掘、收集起来。他的情感不是一面消极反映,而是一面忠实反映世界的镜子,虽然他的幻想对他的观察能力有影响,但这种情感只是理想主义的,不是幻想的,是富有诗意的,不是狂热的;这不是以任意的游戏想象力,而是以一种美的道德的自由为基础的。

当他为特蕾泽撰写他的生活经历的时候,他那种对自己不满的情绪是他的性格极其真实而生动的写照。他的价值在于他的情感,不在于他的影响,在于他的追求,不在于他的行动;所以,一旦他想对别人解释他的生活经历的时候,他便觉得他的生活十分空虚。与此相反,特蕾泽以及与其有相似性格的人总是可以对自己的价值如数家珍,总是可以通过一个外界的事物将它表现出来。而您使特蕾泽对那更崇高的天性具有一种意识、一种合理性,则又是一个十分美好和温柔的性格特征:她外表不明显具备的东西必须在她的清澈明亮的心灵中得到反映,这样,您就一下使她的品格高尚化,高出所有那些见识狭隘的人,即使在观念上他们也摆脱不了他们那可怜的自我。终于有一个具有像特蕾泽这样的情感的人相信一种她自己都很陌生的想象和感觉方式了,她热爱并尊重能按这种方式去想象和感觉的心灵。这同时又是一个极好的证明,证明这一方式具有客观现实性,它必然会使每一个读者读到这里时感到高兴。

在第八部里,威廉开始感到自己比那些显赫的权威,比亚尔诺和阿佩(Abbot)更高明,这也使我感到高兴。这也是一个证明,证明它已经圆满结束了他的求学年代,而亚尔诺对此做出的回答完全说出了我的心里话:"您不满,这很好,如果您发起火来,那就更好了。"——我承认，没有这个表明我们的主人公有自信的证明，我就难以想象他会和这一类人有如此紧密的联系，比如后来和娜塔琳的结合就难以想象。鉴于他对贵族的长处深有感触，鉴于他在如此众多的场合对自己、对他的等级确实不信任，他似乎并不完全有能力在这样的环境中维护自己的充分自由。即使现在，您使他显得更有勇气、更有独立性了，人们还是禁不住要为他捏一把汗。他会忘记平民吗？如果他的命运得到完美发展，他就一定会忘记平民？我想他是永远不会完全忘记平民的，我觉得他对此考虑太多，他将永远不能将他一度如此明确见到的自身以外的东西完全融会贯通。洛塔里奥的高尚品格，与娜塔琳的出身和心灵一样，将永远使他感到某种自卑。如果我同时想到，他是伯爵的妹夫，这位伯爵不是以任何美的东西去宽缓他的等级的高贵，而是学究气地加以炫示，那么，我有时还真为他担忧呢。

还有，虽然在涉及某种纯粹人性时您对某些外表的积极的形式表示出应有的尊重，但是您还是把出身和地位撇在了一边，而且，合情合理，没有对此多费唇舌，这确是很美的，但是您将看到，我认为是一种明显的美，它难以普遍为人们所接受。有些人会感到诧异，一部小说，没有丝毫"长裤汉气味"①，某些段落倒似乎是在替贵族张目，竟以三门婚事结束，而这三门婚事居然全部门第不相当。由于我所希望的情节恰恰正是现在这样，并且即使在细枝末节和偶然事件中也不愿看到作品的精神受到曲解，所以我请您考虑，莫不是还可以用出自"洛塔里奥口中"的几句话来对付这种错误评论。我说洛塔里奥口中，因为此人是个贵族人物。他会

---

① 长裤汉：法国大革命时期贵族对平民出身的革命党人的蔑称。

博得他那个等级的读者的最大信任，不门当户对的婚姻在他身上也最惹人注目；同时这也可以提供一个揭示洛塔里奥的完美的性格的机会，这样的机会并不是经常会有的。……

至于洛塔里奥，虽然可能会说，特蕾泽不合法的、平民的出身是一个家庭秘密，但是如果有些人说，他不得不欺哄世人，以便使他的孩子们能得到他的地位所带来的好处，这岂不是更糟？对这些细枝末节要不要顾及，在多大程度上顾及，您自己最清楚不过了。

今天就写这些。您听我拉拉杂杂说了一大堆，据我预计，您还会听到某些意见的；但愿其中会有一些于您有益的东西。祝您健康、快乐。

席勒

68 致席勒

1796 年 7 月 5 日,魏玛

收到您的第一封来信后①,我立刻就着手给您写几句作答,如今又接连收到您的两封来信,这使我感到惊喜。我正陷在真正世俗的工作之中,您的来信就像来自另一个世界的声音,对此我只有仔细聆听的份儿。您继续振奋我,激励我吧!一旦我又动起笔来,我就可以把第八部写完,您的想法和意见使我具备了这个可能。请您不吝赐教,把您的意见告诉我吧。这本书您还可以用八天。您所要的塞利尼我正在继续往下译。我只是粗略给您写一下,我在第八部里还要写些什么内容,估计八月初我们就可以脱稿。

读您的来信现在是我唯一的赏心乐事,对于您这样一下就帮助我解决了这么多的问题我内心多么感激,这您会感觉到的。祝您健康,代我向您亲爱的夫人问好。

歌德

---

① 指席勒于 1796 年 7 月 2 日写给歌德的信。

69 致席勒

星期四［1796 年 7 月 7 日，魏玛］

我衷心感谢您给我写来那封使我神清气爽的信，感谢您告诉我您在读这部小说，尤其是在读第八部时的感想。如果这一部合乎您的心意的话，那么您也决不可以低估您自己对它的影响，因为倘若没有我们这层关系，整个工程恐怕就难以完成，至少不会用这种方式来完成。每逢我与您谈论理论和实例时，我都想到过您现在所面临的处境，并且悄悄地按照我们商量好的原则加以评价。如今，您的友好的告诫使我得以免犯几个引人注目的毛病，对于您提出的一些意见，我立刻就找到了补救的办法，定稿时我会采纳这些意见的。

在日常生活的事务和行为方面人们很难得到所期望的关注，而在这件具有高度审美意义的事情上这种希望简直微乎其微，因为有多少人是凭一己的好恶看待这件艺术品？又有多少人会完全忽视它？于是乎，到头来只有个人的爱好才能看到这件艺术品所包含的一切，只有那纯粹的个人爱好还能与此同时看到它的缺陷。而除此以外，由于我们俩情况特殊，所以还须添加许多别的因素，我们才能得到所期望的关注。

以上这几句就是我收到您第一封来信后立刻就写下来的，外部的和内在的困难妨碍我继续写下去，我也清楚地感觉到，即使我内心完全平静，我也不可能用我的思考来回报您的思考；您对我所说的必须从整体和细节上消化吸收，以便使第八部充分享受到您的关注。请您继续让我和我的作品认识吧，我曾经无意识地抵制了您的建议，大约下星期三，我向您谈谈我下一步的打算，只是扼要说一说方式方法，16日，星期天，我希望能收回手稿，塞利尼将于同一天寄到。

......

歌德

70　致歌德

1796 年 7 月 8 日,耶拿

由于您还能将第八部在我这儿放一个星期,所以我想着重谈谈对这一部的看法;一俟全书脱稿付印,我们还能就全书的形式进一步交换看法,届时您务必报答我的情谊,纠正我的看法。

有两处很精彩,在您完全结束这一部之前,我还想特别提醒您注意这两处。

从现在的情况来看,这部小说在好多方面正在接近史诗,其中的一个方面就是,小说采用了一些写作手法,它们在某种意义上表现了众神或那主宰一切的命运。迈斯特的求学年代并非纯属自然的作用,它们是一种实验。一种暗中起作用的更高的理智,那塔楼的力量,体贴入微地陪伴着他。这股力量并不阻碍自然的自由进程,它观察他的动静,把他从远处引来,引向一个他自己毫无所知,也不可以有所知觉的目标,不管这个外部的影响多么微弱和松散,它却确实存在着,要达到诗人的这个目标,它是必不可少的。求学年代是一个相对概念,它需要加以完善,这就是学成满师,而且只有这后一个观念才能对那前一个观念做出解释,进行阐述。但是这一学成满师的观念只是成熟和完善的经验的作品,它不能自己去引导小说的主人公。作为他的目标和目的,它不能也不可以站在他的前面,因为只要他想到这个目的,他也就是达到目的了;所以,它虽是引路人,却必须站在他的后面。这样，主人公虽然没有目标，全书却有了明显的目的性，所以是理智发现自己完成了一件事务，而想象力则完全维持了它的自由。

但是，即使在完成这件事务、这个目标——整部小说里这个唯一的、确实说出来的目标——的时候，即使在亚尔诺和阿佩秘密指引威廉的时候，您也避免任何严酷、生硬，您宁可从一个奇思妙想，从一种人性，也不从道德源泉中汲取主题，这是您的一种特有的美。表现方法这个概念因而被取消了，其作用却依然不变，凡涉及形式的，都仍然保留在自然的界限内，而效果则比孤立无援的自然所能取得的还好。

但是，尽管如此，我还是希望，您能把这套表现方法的重要方面，把它与内在本质的必然联系向读者稍许做一番说明。如果说这种结构和出场的人物一样必须秘而不宣的话，那么，读者应该随时看清全书的结构。我担心，许多读者会以为那个秘密效应不过是一种戏剧游戏、一种技巧，目的是使情节错综复杂，引人入胜，等等。第八部虽然对用那些表现手法表现的所有事件一一给予历史的说明，但是对内在精神，对诗人采取那些措施的必要性所做出的审美的说明就不够充分了：我自己也是在读第二遍、第三遍时才对此信服的。

如果说我对全书还有什么毛病要挑剔的话，那么这就是，"尽管全部细节都充满着极其深沉的严肃，作品因此显得十分有力，但是想象力似乎过分自由地戏弄着全书"——我觉得，您追求内心活动的自由、优雅，做得过分了，所以就显得和诗人的严肃不协调。我还觉得，您合理地厌恶一切冗长臃肿、刻板僵硬，同时却走向了另一个极端。应该指出，对读者的弱点的某种让步已经引诱您去追求一种更具有戏剧意味的目标,而所使用的戏剧手段则超过了一部长篇小说所需要和许可的程度。

如果说有哪一部富有诗意的小说可以不必求助于情节的离奇曲折,您的小说便是一部这样的作品;所以无用的情节很容易损害这样一部作品。可能会发生这样的事:注意力更多地集中在偶然事件上,读者的兴趣消耗在猜谜之中,因为读者的兴趣应该仍然集中在内在的精神上。我说,可能会发生这样的事,但我们不是都知道,这样的事是否确实已经发生了。

所以问题是,是不是在第八部里还会出现那个错误,如果它是一个错误的话。反正它只涉及观念的叙述,观念本身完全无可指摘。所以只需要向读者稍许突出一下那种他迄今一直过分草率对待的东西,使那些他可能仅仅看作一种想象游戏的戏剧事件也经受得起理性的检验,而现在这件事只是含蓄地,并非明确地做了。我觉得阿佩可以圆满完成此项任务,由此他也会获得更好地展露自己才能的机会。如果在第八部里提一笔促使威廉成为阿佩的教育计划的更进一层的因由,这也许并非多此一举。这些计划因而具有了一种更特殊的内在联系,威廉个人对社会也就显得更重要。

在第八部里,您做了各种指示,说明您所设想的求学年代和学成满师是什么样的。因为一部文学作品的思想内容,尤其是若遇到我们这样的读者,会受到十分仔细的推敲,往往会成为人们事后还记得的唯一的东西,所以您在这里被人充分理解,这是至关重要的。这些指示做得很精彩,我只是觉得,您似乎言犹未尽。当然,您是想让读者自己恢复理智,您不愿意直截了当引导读者;可是正因为您还是说出来了点什么,所以人们便以为,这也就是全部内容了,这样,您就把您的思想限制得很紧,比您完全让读者自己发现它还紧。

如果要我直截了当地说出威廉走过一连串迷途之后终于达到的目标是什么,那么,我会说,"他从一个空洞的、不明确的理想步入一种明确的、积极的生活,却并没有丧失理想化的力量"。从这种幸运的状况中产生的这两条方向相反的歧路在小说中表现出来了,而且表现得淋漓尽致,入木三分。从那次没有想到内容就想演一出戏的不成功的探险起,直到他选中特蕾泽做他的夫人的那一瞬间为止,他可以说是单方面地走完了人生的全部历程;那两极是两个最突出的极端,只能体现在他那样性格的人的身上,和谐必须从这里产生。如今,在自然的美好、明朗的指引下(通过费利克斯),他从理想转向现实,从一种朦胧的追求转向行动和对现实的认识,而并没有丧失在那种最初的追求状态中带有现实意义的特征;他获得明确性,却并不失去那美好的可确定性;他学习约束自己,却正是在这种自然约束之中,通过这种形式,又找到了通向无限之路,如此等等;这些我都称为他的生活的危机,他的求学年代的结束,我觉得,作品里的种种铺垫完美无缺地融合成一体了。与他的孩子的那种美好的天然关系以及和娜塔琳的高贵的结合确保精神处于这种健康状况,我们看见他了,我们在一条通向一种无限完美的道路上和他分手。

您解释求学年代和学成满师这个概念时所用的方式,似乎对二者做了较大的限制。您把求学年代仅仅理解为一种错误,是企图在自身之外去寻找有丰富内心生活的人必须自己创造出来的东西;把学成满师理解成一种信念,相信那种寻找法是错的,相信自己的创造是必要的,等等。但是,威廉的整个一生,像它在小说中展现在我们面前的那样,确实也完全可以用这个概念加以表达和阐述吗?通过这个公式什么都明白晓畅了?仅仅由于,如同第七部结尾时所发生的那样,父亲向他吐露了真情,就可以宣布他满师了吗?我在这里所希望的就是,小说中所有个别人物与那个哲学概念的关系最好能表述得更清楚一些。我可以说,故事是完全真实的;故事的道德也是完全真实的,但是人物之间的关系显得还不够清晰。

我不知道,我在提醒这两点时是否把我的意思表达清楚了;这个问题涉及整体,所以难以用个别例子把这个问题讲透。不过,在这里点一下就够了吧。

在您将那本讽刺短诗集给我寄来之前,烦请您将您希望删去的标出来,在您希望加以修改的内容下面画上线。这样,我在决定取舍、加工润饰时可以方便一些。

但愿您会有时间和情绪去撰写您答应给《缪斯年鉴》的那些可爱的小诗以及那首迷娘诗!年鉴全凭您的诗文增色生辉。我现在又全力以赴在写评论,以便把迈斯特这个人物搞清楚,所以为年鉴做不了多少事。我妻子就要临产,这对创作情绪也会是不利因素。

她热烈问候您。祝您健康。我希望星期天晚上再对您说点什么。

席勒

麻烦您帮我从魏玛的图书馆把穆拉托里①全集第五卷借来一用好吗？

还有一个小小的请求。

我很想将您的头像刊登在这期新的《缪斯年鉴》的封面上，今天已写信给柏林的博尔特②，不知他是否还能承担这项工作。可是我不想用利普森③的铜版画，而是希望用一幅油画原作，请问，您可以提供迈耶的那幅肖像吗？

如果您不愿意把这幅画拿出来，那就请您允许我请人将它临摹一份，假如在魏玛能找到一位可以担当此任的画家的话。

---

① 穆拉托里（Muratori，1672—1750），意大利历史学家。
② 博尔特（Bolt，1769—1836），柏林铜版雕刻家。
③ 利普森（Lipsen，1758—1817），苏黎世铜版雕刻家、画家。

71 致席勒

1796 年 7 月 9 日，魏玛

我专门用一张纸给您写下我按照您的意见打算要修改和补充的段落，这表明，我对您今天的来信是十分感激的，因为您，用您在信中所做的种种提示，敦促我注意真正完成全书的写作。我请您不要放松您的努力，以便，我是想说，以便使我摆脱我自身的局限。您看到了那个错误，您完全正确。它来自我最本质的天性，来自某种现实主义的怪癖。出于这种怪癖，我喜欢把我的生活、我的行为从人们的视野中移开。所以我总是喜欢"微服私访"，宁愿挑选较差的衣服而不愿要好衣服，并且，在和陌生人、半生不熟的人谈话时，宁可谈些不太重要的话题或说些无关痛痒的话，显得比实际上更漫不经心。这样，就把我，我是说，把我放到了我自身和我自己的外表之间。现在您对情况，对其中的相互关系相当清楚了。

交代了这点一般性情况之后，现在我想转而交代一点特殊情况：没有您的督促和激励，我在创作这部小说时也会身不由己地热衷于这一特性的，而这样耗费大量精力则是不可原谅的，因为一切能索取的东西，一部分十分容易看出，一部分索取起来十分方便。

所以，如果把阿佩早先对威廉的注意和盘托出，便能给全书投上一束独特的光，抹上一层智慧的光彩，可是我把这个机会错过了；我几乎都下不了决心，通过维尔纳的嘴去说几句恭维他的外表的话。

第七部里的学徒证书我写了半截就中止了，所以迄今人们只从中读到不多的几句关于艺术和艺术鉴赏力的格言。后半部分应该包含关于人生和人生意义的重要话语，我有过最好的机会，可以通过阿佩的一句口头评语，对一般的事件，特别是由塔楼的力量而引起的事件做出解释，使其合法化，进而挽救那种表现方式，使其避免迎合无诗意的小说之需要的嫌疑，并赋予这种表现方式一种审美价值，或者更确切些说，显示这种表现方式的审美价值。——您看，我和您的意见是完全一致的。

毫无问题，这些表面上的、由我说出来的答案比作品的内容狭隘得多，我觉得自己就像那样一个人，这个人把许多大数目相加，最后故意犯加法错误，天知道什么怪念头竟促使他去缩小最后的总和。

一如在许多方面那样，我也应该在这方面向您表示深切的谢意：您及时地、毅然决然地把这一反常的态度提出来讨论。我一定按合乎情理的愿望，尽我所能地照顾您。由于通达人情的错误是不可克服的障碍，所以万一有什么最要紧的话我实在表达不出来，我就请您，最后，用您的生花妙笔，亲自将由于受到最奇特的天然必要性的束缚我没有能力讲出来的话添加上去。请您这个星期继续提醒我，激励我吧，我想在这段时间里照看一下塞利尼，有可能的话也照看一下《缪斯年鉴》。

歌德

第八部修改要点：

（1）满足迷娘死时的感伤的要求；

（2）去掉给尸体涂防腐香料的建议和对那纽带的反思；

（3）洛塔里奥在谈到废除封建制度时可以说些明显暗示结
尾结婚的话；

（4）侯爵将比大叔的朋友早提及；

（5）把美丽的心灵这个头衔冠在娜塔琳的名字上；

（6）说明伯爵夫人出场的理由；

（7）给维尔纳的孩子们减少几岁年龄。

72　致席勒

1796 年 7 月 9 日，魏玛

兹将讽刺短诗加上我的意见一并寄回给您，现在严肃和善意的短诗分量如此之大，人们简直要妒忌那帮受到攻击的无赖了，因为我们竟然把他们和上流人物相提并论。

关于肖像一事，我想不出一个两全之计来，这里没有人能临摹，将原件本身交出来又太冒险了，即使博尔特也只是个乐于助人的艺术家，但是，据我看，他并不是一个严肃认真的艺术家。您能否把您这个友好的意图保留到迈耶回来的时候，因为届时我们总会盼到一些好结果的？

请代我向您亲爱的夫人问好。适逢家里添丁加口之际，如您愿意将卡尔（Karl）送到我们这儿来过些日子，奥古斯特（August）定会热烈欢迎他的，有众多的孩子聚集在我的住宅和花园里与他做伴，他会感到愉快的。祝您健康。

歌德

穆拉托里随后寄到。维埃耶维勒的《回忆录》①您想必已收到。账单不久寄到。

几经删减后下次寄出的塞利尼也只有三个印张多一点而已。

---

① 维埃耶维勒（Vieilleville，1510—1571），法国元帅，著有《回忆录》一书，译文发表在 1797 年《季节女神》上，席勒曾为之作序。

73 致歌德

1796 年 7 月 9 日，耶拿

听说我已经把我的关于那两点的想法给您说清楚了，而且您愿意考虑我的意见，我很高兴。您称为现实主义怪癖的那个特性，您根本不应该加以否定。这也属于您的诗人的个性之一，这个特性您必须保持住；这部作品的全部美必须是您的美。所以，关键只在于，应该从这一主观的特性中为这部作品获得客观的好处，而只要您愿意，这个目标一定可以达到。就内容而言，作品中必须具有为对其做出解释所必需的一切；就形式而言，这一切必然包含在其中，这是内在的联系所造成的——但是这种联系应该紧密或松散到何种程度，这就必须由您特有的天性来决定了。假如您自己给读者把一切关键因素点明，读者只需一一接受即可，他自然就会觉得这样更方便；可是如果读者必须自己想办法，那么他就一定会更紧地扣住书本，经常体味、反复阅读它。所以，如果您只是设法使他一定会找到他怀着良好的愿望、用敏锐的眼睛寻找着的东西，那么，到头来您也并没有避免让他去寻找。这样一部完整的作品，其结果必须始终是读者自己的、自由的，然而并不是随意的产品，这必须仍然是一种奖赏，不配得到的人得不到它，只有理应得到它的人才能得到它。

现在，有关那个隐秘的情节，我还想提醒您几点，请您注意，免得以后忘了。（1）人们想知道，阿佩或他的助手扮演老哈姆雷特的幽灵会有什么结果。(2)两次提到面纱及小纸条"逃吧,逃吧",这激起了希望,但感觉此举并非没有重要目的。人们想问:为什么一方面迫使威廉脱离戏剧,另一方面却又协助他演出他最喜欢的那出戏,让他首次登台呢?人们期待着对这个问题做出比亚尔诺迄今所做的更周全的回答。(3)人们大概也很想知道,阿佩以及他的朋友们是否在维尔纳出现在宫殿里之前就已经知道,他们购置庄园时是在同一个亲密的朋友和亲戚打交道。从他们的举止来看,似乎差不多是这样。这样,人们又对他们向威廉保守这个秘密感到惊奇。(4)人们当然希望获悉阿佩是如何得到有关特蕾泽身世的消息的,特别是因为这有点令人感到奇怪:这个重要情况对于关心这件事的人士,对于这些平素消息灵通的人士,直到诗人需要知道它的时刻,居然会一直是一个秘密。

结业证书的后半部略去了,这也许完全是一种偶然吧,但是在艺术中巧妙地运用偶然,和在生活中一样,往往会产生极妙的效果。我觉得,这后半部结业证书可以放在第八部,在一个重要得多的段落补写进去。在此期间,事态已经向前发展,威廉自己也成熟多了。他也罢,读者也罢,对生活和生活习俗方面的那些具体结果,在思想上的准备要好得多,过去的厅堂以及进一步结识娜塔琳能为此创造一种更有利的气氛。所以我不揣冒昧劝您不要删掉那一半结业证书,而是尽可能——比较明显地或比较隐晦地——把作品的哲学内涵写进去。反正对于像德国人这样的读者来说,是为了解释一个意图,何况这里还是解释列在书前、明白无误道出那个意图的书名,怎么做也是不为过的。

令我感到相当满意的是,我在第八部里也找到了几处反对形而上学、涉及人的抽象推论的需要的文字。只不过,您给可怜的女神的施舍显得有点儿微薄，我不知道，您凭这一份薄礼是否能满足人们的要求。您想必知道，我这里说的是哪一段文字，因为我以为可以看出来，这段文字是经过再三考虑才写进去的。

我承认，在我们这个抽象推论的时代写一部具有这样内容的大部头长篇小说——让威廉这样一个始终十分多愁善感的人没有那位可敬的女引路人的帮助就去完成他的求学年代——这是相当有胆识的。最糟糕的是，他果真一丝不苟地完成了，这不免使人对那位女引路人的重要作用产生不太好的想法。

可是说真的——您怎么能够教育、培养一个人，而没有碰到哲学会遇到的需要呢？我确信，这只能归因于体现在您整部小说里的那种美学倾向。在这种审美心绪内部没有流露出任何需要从抽象推论中获得慰藉的理由；这种审美心绪本身带有独立性、无限性；只有当人性中感官的和道德的成分处于对立状态时，才必须向纯粹理性寻求帮助。健康、美好的本性，如您自己所说的，不需要道德，不需要天赋人权，不需要政治形而上学；您也完全可以再添上，它不需要神灵，不需要不朽，不必据此来支撑、维护自己。那三点，最后成为全部抽象推论的中心，虽然给一个受过感性训练的人提供了从事一种诗文游戏的材料，但是它们永远不能成为重大的事务和真正的需要。

与此相反，人们也许还能强调的唯一一点，这就是我们的朋友还没有完全具有那种可以充分保障他永远不会陷入某种窘境，永远不需要某种辅助手段（抽象推论）的审美的自由。他并不缺乏某种所有多愁善感的人所特有的爱哲学的习气，所以一旦他陷入抽象推论之中，由于缺乏一种哲学根基，他的情况可能会令人担心。因为只有哲学才能使哲学探讨不致带来危害；没有哲学这势必会导致神秘主义。（那位养老院贵妇本身就是这方面的一个证明。某种审美的缺陷使抽象推论成为她的必需，因为哲学不去帮她的忙，她便误入虔信主义①的歧路；如果是男子，她也许会踏遍形而上学的迷径。）

可是现在向您（向您这位在别的方面也总是尽量满足各方面要求的人）提出了要求，要您用充分的独立性、可靠性、自由以及类似建筑学上的坚固性去塑造您的弟子，使他永远站得住，不需要任何外界的支撑，就是说人们愿意看到他通过一种审美的成熟，能自己完全摆脱一种他未曾得到过的哲学修养的需要。现在的问题是：他是不是个充分的现实主义者，会需要这种哲学修养，会遵循纯粹的理性？可如果他不是的话——难道就不应该多关心一点理想主义者的需要吗？

您也许会以为，我只是有意绕弯子，好把您驱入哲学之中，但是我感到失落的东西，也一定可以在您的形式中充分得到解决。我的愿望仅仅在于，您不要回避疑难问题，而是完全用您的方式去解决它们。在您自己身上取代全部抽象推论知识并使您对全部需要感到陌生的东西，在迈斯特身上也会充分存在的。您已经让大叔说了许多话，迈斯特也几次很成功地论及这一点；所以其实也就没多少事要做了。只要我能用您的思维方式来表达我在《冥府》②以及《审美教育书简》中按照我的思维方式所表述出来的思想，那么我们很快就可以一致起来了。

您借维尔纳之口对威廉的外貌所说的话，对全书产生了极好的效果。我想到了，您不是也可以利用在第八部末尾出现的伯爵

① Moravian，17—18 世纪德国新教的一个教派。
② "Realm of Shadows"，席勒抒情诗《理想和生活》原来的标题。

155

让威廉得到充分的荣誉吗？譬如可以这样，让小说中的这位典礼官，通过他那虔敬的举止和某种我不需要向您进一步说明的待人态度，一下将威廉的身份提高，并由此而以某种方式将他还没有的贵族头衔授予他。毫无疑问，如果连伯爵都优遇他，那么这件事也就算成功了。

关于威廉第一次和娜塔琳进入"过去的厅堂"，在那儿的举止行为，我还有一点想提请您注意。我觉得，在这方面他太像老威廉。在祖父家里老威廉最喜欢在病王子身旁逗留，第一部中的那个陌生人以一种十分不恰当的途径找到了老威廉。现在他几乎仅仅停留在艺术品的纯素材的水平上。难道这里不是一个恰当的场合，可以揭示他身上的一种比较平安的危机的开端，虽然不宜把他描写成行家，因为这是不可能的，但是可以把他描写成一个比较客观的观察者，这样就可以使我们的朋友，比如迈耶，对他寄予希望？

您在第七部里就已经十分成功地将亚尔诺调动起来，通过他的严厉、生硬的态度道出了一个真情，使主人公和读者一下迈进了一大步：我指的是他断然否认威廉有当演员的天分那个段落。现在我想起来，考虑到特蕾泽和娜塔琳，他是否可以用相似的方式为威廉效一次劳，并为全书取得一样好的效果？我觉得亚尔诺是个合适的人选，他可以告诉威廉，特蕾泽不会使他幸福的，他可以给威廉指点，什么样性格的女性适合他。这种直截了当的话，在适当的时刻说出来，可以一下使读者摆脱一个沉重的负担，其效果就像一道闪电，照亮了整个舞台。

昨天有客来访,所以未能及时将此信发出。今天我不能再添什么话了,因为我这里的气氛颇不宁静。我的妻子临近分娩,施塔克①估计就在今天。您愿将卡尔接到您家去住,我们衷心感谢您的盛情厚意。他并不给我们带来麻烦,因为我们多雇了几个用人,调整了一下房间,他不会妨碍我们的。我衷心感谢您寄来维埃耶维勒和穆拉托里。施莱格尔又携夫人来到此地。祝您身体健康。我希望星期三可以怀着轻松的心情向您报告新的消息。

席勒

---

① 施塔克(Stark,1753—1811),耶拿医学教授。

74 致席勒

1796 年 7 月 30 日,魏玛

讽刺短诗将立刻寄回,我只做了不多的几个注解,现在只提醒一点,即我们在"Eudämonia"①中把 i 当长音用了,这从语调来说是对的,但是从数量上来说就不对了。也许您不需要这几首短诗吧。

我根本不想向您否认,眼睁睁看着我们美丽的空中楼阁这样被破损毁坏,变得支离破碎,我心里一度感到很痛苦。这个主意太美,太具有特色了,尤其是因为我容易死抱住一个主意、一种希望不放,所以现在要我退出,我不能不对此感到忧伤。不过,这个主意给我们带来的乐趣也许已馨尽,现在既然有这么多素材,加工后又可以供给另一家刊物,这就够可以了吧。您汇编的年鉴将再次令我感到欣慰,只是我请求在那些诗歌下面尽可能少署我的名字。这期间我创作了不多的几首,此刻我只好将它们搁置起来,等我来时一并带来,届时年鉴将面目一新,变得十分有生气、有活力,就适宜刊登这几首诗了。

还有一点,我希望把一切可能会在我们的同行好友中间产生不愉快的成分都删掉;最初这些诗相辅相成,取长补短,自成一体,现在每首诗都只是随意插入,因此也只产生零星的效果。

---

① "幸福论",哲学术语,认为一切行为是为了幸福,方法是通过道德行为。

关于长篇小说没有什么好说的，它正在睡午觉，我希望傍晚它起床时头脑会清醒些。

我继续对植物和昆虫进行观察并取得了可喜的成果。我发现，如果人们能正确把握连续性原则并善于轻松自如地运用它，那么人们在研究有机体时就不难有所发现、有所建树。现在我也要用这个原则来检验自然的和精神的本性，也许在一个时期内，我从事我那艰难的事业的时候，这个原则可以充当杠杆和把手。

法国暴风雨还在图林根森林的那一边肆虐，将来我们要把这一平时给我们送来冷风的山脉奉作神明，如果这一次它能阻隔暴风雨的话。

······

歌德

75 致歌德

1796 年 7 月 31 日,耶拿

您并非像我自己那样不忍心和这些讽刺短诗分开。除了这个思想有新意、有特色以外,和您一道完成某一项完整的事业,这个想法曾经对我是很有吸引力的。但是您可以相信,我并没有为了方便我自己而牺牲这个观念。即便是在最宽厚的读者看来,要完成一项完整的事业,显然还缺少许多因素;一次辛苦的编校使我对这种缺陷深有了解。即使我们能够把最近的这两个月完全奉献给这项工作,短诗中讽刺性的那部分也好,另外的那部分也罢,也都不能达到必要的完善程度。将这全部工作多搁置一年,不仅年鉴的需要不允许,而且我们也不敢冒这个险,因为许多迹象表明文学中的这种新鲜事物一年后就不新鲜了,除了这些考虑之外,还有一些别的理由,以后我将向您一一面陈。此外,我们根本没有丢失这一思想和形式,因为留下的素材何其多也,我们从古人那儿汲取的素材将是微不足道的。

您的名字我使用得很慎重。就连那些不攻击任何人的政治诗(人们会很乐意在这些诗歌的前面看到您的名字的),我也没有署您的名字,因为人们可能会猜想这些诗和其他的一些都是针对赖夏尔特①而发的。对施托尔贝格不能讲情面,您自己也一定不

---

① 赖夏尔特(Reichardt,1752—1814),作曲家、作家,《德国》和《法黑》杂志的编者。

会对他讲情面的，描述施洛塞尔①的特性，其精细的程度绝对不会超过对心地善良的人的一种一般性讽刺所需要的范围。另外，对施托尔贝格小集团的这些讥刺显现出一种内在联系，每个人读了立刻就会认出我是主谋；我和施托尔贝格正在进行一场公正的论战，不必讲什么情面。让维兰德把《魏玛的窈窕淑女》这一首删掉好了，对此他没什么好埋怨的。此外，这些棘手的讽刺短诗将在年鉴的下半册刊出，所以，您来这里以后还可以把您觉得不合适的剔除。为了不伤害伊夫兰②的感情，在"和莎士比亚对话"③中我想只点施罗德（Schröder）④和科策布⑤的剧本的名字。劳驾让施皮里图斯⑥把施罗德和科策布剧本里的五六个人物抄录下来寄给我，以便我加以影射。

这一回塞利尼不急。因为可惜我已经接连好几个邮政日没法给科塔发送什么稿件了，邮局不接受寄往斯图加特（Stuttgart）和图宾根的邮件。就连最近寄到的那批塞利尼文稿也还搁置在这里，那是原计划要刊登在第八期上的，而科塔则可能没有收到第七期的稿件，斯图加特被占领时这批稿件刚刚发出。

八天以来施瓦本（Suabia）方面杳无音信，我既不知道我家里人的情况，也不知道他们现在在哪儿。

科堡（Coburg）今天有人来信，说法国人不几天就要开进该

① 施洛塞尔（Schlosser，1739—1799），歌德的内兄，作家。

② 伊夫兰（Iffland，1759—1814），演员、剧作家。

③ "和莎士比亚对话"，即讽刺短诗第 409 号至第 521 号，后来以《莎士比亚的影子》为名结集出版。

④ 指 3 月 3 日柏蒂格尔给席勒的信。

⑤ 科策布（Kotzebue，1761—1819），剧院经理、剧作家。

⑥ 施皮里图斯（Spiritus），自 1795 年秋起任歌德的秘书。

城,可是谁也不怕。这是世界上最胆怯的疑病症患者赫斯（Hess）先生在给他居住在此地的妻子的信中所写的话；所以,这准保是真的了。

在给耶拿人看这出喜剧之前,给他们时间,让他们摆脱对法国人的恐惧,这是个好主意。这里有些人很认真,他们认为正当公众遇到一场这样大的灾祸的时候是不宜从事娱乐活动的。

我听说,曼海姆剧院暂停演出一年,所以您也许又可以把伊夫兰聘到魏玛去了。但愿魏玛剧院趁此机会补充到一位女演员。维特赫夫特夫人①,不知道她现在叫什么名字,若能聘到她,剧院是会获得很大好处的。

我一切均好,小家伙正茁壮成长。我妻子热烈问候您。

祝您身体健康。我高兴地期待着您再次来到此地,期待着再次聆听您博物学方面的高见。

席勒

---

① 维特赫夫特夫人(Witthöft,？—1832),曼海姆女演员。

76 致席勒

1796 年 8 月 6 日,魏玛

　　现在这样编排法,开头那部分讽刺短诗显得很好看,这组严肃的短诗肯定也会受到欢迎的。如果您还能将短缺的标题补上,那就太好了,时间太局促,我实在想不出合适的题目。下个星期我将去看望您,我希望,我们的会晤将不会毫无结果,我们将完成某些事,可以下定某些决心。关于博物学,我有些有趣的想法要和您谈。

　　这几天,我发现了我所知道的有机自然界中的最美妙的现象(这一点已经说过很多了),很快我就会把有关这一发现的说明给您寄去①。我不知道,这一现象是否已为人们所熟悉;如果是这样,那么自然研究者应该受到谴责,因为他们不向公众广为宣传这一重要现象,却用那么多枯燥乏味的细枝末节去折磨那些求知欲强的人。这件事您跟谁也不要说。我虽然只观察了一个物种,但是也许所有的物种都是如此,这在今年秋天便可见分晓。由于变化发生得很快,而且人们因空间小而看不见运动,所以这就像一个童话,人们在一旁观察那些生物,看到在十二分钟内长度增加了一英寸,宽度也按比例有了相应的增长,这真是非同寻常的事! 我愿意竭尽全力,看有没有可能让您亲眼看一看这个现象。

　　……

歌德

---

① 这里指歌德对蝴蝶翅膀形成、生长过程所做的观察。

又及：不言而喻，人们不应该把这种生长想象为，似乎翅膀的坚固部分在如此短暂的时间内增长了这么多，我设想最纤细的纤维素组织翅膀已经完全长成，如今通过任意一种富有弹性的流体——这种流体可能表现为空气、雾气或湿气——在极其短促的瞬间伸展了出来。我深信，人们在栽培花卉时会发现类似的现象。

77 致歌德

1796 年 8 月 8 日,耶拿

您的新发现确实妙不可言,它似乎具有重要意义,可以给人以重要的启迪。它使我想起了新生动物心脏和肺部内部发生的那种急速和强有力的发育生长过程。蝴蝶尽量避免光亮的一面,这也是一种值得注意的现象,势必会再次引起人们注意光对有机体的影响。

我很想亲眼看看这个现象。这几天您大概正在继续做您的试验,您到这儿来时一定可以给我谈谈您在这方面取得的一些成果。

这儿人们议论纷纷,说萨克森选侯,几位萨克森公爵,甚至还有普鲁士国王正聚集在魏森费尔斯会谈,说萨克森人将占领埃尔富特(Erfurt),等等。施瓦本方面还一直没有消息,我又没法向那儿送递什么信息。

施莱格尔的兄弟①在这儿,他给人的印象相当不错,看来很有希望。洪堡已经踏上旅途,他向北部德国做一次长途旅行,最北将到达吕根岛(Rügen),将在欧丁(Eutin)和万兹贝克(Wandsbeck)拜访友人和敌人②,会有种种趣闻向我们报告的。

---

① 他于 1796 年 8 月 7 日来到耶拿。
② 住在欧丁的有歌德的内兄施洛塞尔、施托尔贝格和福斯;住在万兹贝克的有雅各比和克洛卜施托克。

我不太清楚,他怎么会心血来潮,想到那儿去走动走动。

第八部大概还搁着吧?

您有论述黑尔库拉诺(Herculaneum)的发现的文章吗? 我现在正需要了解这方面的详细情况①,所以请您帮忙。我想,在福尔克曼②的历史著作中就能找到一些这方面的资料。

我家里平安无事。我们大家(因为卡尔也一样)都高兴地期待着您的到来。愿您早日到来。

席勒

---

① 席勒创作他的《庞贝和黑尔库拉诺》一诗需要这些资料。
② 福尔克曼(Volkmann,1732—1803),游记作家。

78 致席勒

1796 年 8 月 10 日，魏玛

我已经打点好行装，本来又可以盼着和您一道度过一些美好的时光。遗憾的是，现在种种情形使我不能成行，我不知道，我何时可以和您见面。

关于黑尔库拉诺的发现，您具体想了解些什么内容，我想问清楚一些，以便帮您找到适当的材料。兹寄上一本福尔克曼，比特纳①的藏书中也有一本《黑尔库拉诺纪行》，译自维鲁蒂②意大利文原著（1749 年法兰克福和莱比锡）。

请您把我的那页论蝴蝶的稿纸寄还给我。这个现象似乎带有普遍性，我已经在别的蝴蝶身上，而且也在姬蜂科身上发现了这一现象。我比任何时候更相信，用连续性这个概念人们就可以很好地把握有机体。现在我正在草拟一个观察计划，凭借它我就有可能按顺序进行周密的观察。不管这中间还缺少什么，既然我已经做成功了一次，那么，所有现在混乱模糊的东西便都是有好的兆头的。只要看一看我的众多的、头绪纷乱的读书摘录，就实在难以找到时间和情绪去整理和利用它们。

小说又现出生命的征象来了。我按照我的方式找到了适合您的思想的躯体，至于您是否会认识世俗人物所体现的那些精神

---

① 比特纳（1716—1801），耶拿哲学教授。
② 维鲁蒂（1700—1755），意大利考古学家。

实质,这我就不知道了。我几乎就要直接将这部作品付印,不想再把它拿给您看了。这部作品从来也不能完全满足您的要求,因为我们的秉性不同。

请您不时向我通告有关年鉴的一些消息。这里有一篇小稿件①,如果您能刊用,我不反对署上我的名字。其实是里希特先生在致克奈伯尔的信里的一句妄自尊大的话促使了我采取这一行动。

请您告诉我,洪堡在写什么。

过几天公使馆参赞马泰伊(Mattei)先生将去看望您,请您友好地接待他;他是福斯滕堡伯爵(Count Forstenburg)的家庭教师,布伦瑞克公爵(Duke of Brunswick)的非婚生子,同时又是公爵的母亲、勃兰科尼夫人的侍从,和那两人一道颇见过一些世面。祝您健康。

歌德

---

① 即针对让·保尔的讽刺短诗《中国人在罗马》。

79　致席勒

1796 年 8 月 13 日,魏玛

　　您的友好的来信,还有随信附的年鉴的头几个印张和可口的干面包片,使我感到莫大的欣慰,当时我正被种种繁忙的事务缠身。年鉴确实有气派,整本年鉴一定内容丰富、形式多样。既然您要转印几页,您不能把《滑冰场》(*Icy Way*)①也捎带上吗？看它现在这样,有希望成为一个整体。……"绝对命令"②读起来相当有兴味。在这种情况下人们清楚地看到,诗歌之所以能使一个错误的思想付诸实践,是因为它适宜于向情感发出呼吁。我发现,孔茨③的那首诗其实不过是优美的散文罢了,而诙谐小诗不登大雅之堂,显得何等奇特。但是,您从所有这些受欢迎的文学类型中采撷了一些,这是很不错的。您不是还有一首还过得去的浪漫曲吗？编辑讽刺短诗时我希望能参加并将我最近写的安排进去。下星期三以前我希望能克服某些障碍,届时我将能对我是否再次将第八部寄给您这件事做出回答。我准是大大地误解了,不然,将来我就得将最后这一部扩展成两部,才能在叙述各个不同的情节时做出恰如其分的安排。

---

① 　席勒曾在 1797 年《缪斯年鉴》上将第 144 号至第 155 号以及第 697 号至第 701 号讽刺短诗集中刊出,取名《滑冰场》。
② 　指赫尔德尔在 1797 年《缪斯年鉴》上发表的诗《道德的不同方式》,该诗对康德的"绝对命令"进行了嘲讽。
③ 　孔茨(Conz,1762—1827),席勒年轻时的朋友,诗人。

您对附上的神奇故事有何看法？这篇故事是从佛罗伦萨的报纸上摘录下来的；请您让人将它抄录下来，让几个朋友读一下。……

迈耶曾来过信，他满怀信心，已经开始临摹《西斯廷圣母》，此后大概将临摹米开朗琪罗一幅名画的局部，他一直在盼望我马上就去。

……

代我向您的亲朋好友们问好，我高兴地期待着不久再次和您见面，我希望从我们的相互影响中会产生我们现在完全无法预料到的结果来。祝您身体健康。

歌德

80 致歌德

1796 年 10 月 19 日,耶拿

今天收到您寄来的邮件,我感到喜出望外。我立刻拿起《威廉·迈斯特》第八部贪婪地读了起来,重新感受到了这部小说的全部分量。令人惊讶的是,作品充盈着何等丰富的史诗般的和哲学的内涵。而这个形式向外部则触及了无限,涉及了艺术和生活。事实上,的确可以说,除了受到纯美学形式的限制外,这部小说没有任何局限性,而小说中形式停止之处,也就是小说和无限发生关联之处。我想把小说比作位于两个海域之间的一座美丽的岛。

您做的改动我觉得是合理的,是同全书的思想和内容完全吻合的。倘若您当初就这样写的话,也许就一气呵成了,现在就要多费一些笔墨了吧,不过这一点第一次读现在这个形态的这部小说的人是感觉不出来的。除了我这个想更突出主要思想的古怪念头以外,我真想不出还有什么别的不足之处。然而,假如不是书名就叫《威廉·迈斯特的求学年代》的话,那么我便会认为,理论说教简直就是第八部的主要内容。好几个哲学思想现在显然变得清楚易懂了。

紧接着迷娘之死的那个场面,现在也不再缺乏即使是一瞬间的激动人心的描述;可是我希望,最好能用新的一章来呈现转向一种新的兴趣的过程。

现在侯爵也介绍得相当令人满意。伯爵刻画得好极了。添加了新的情节后,亚尔诺和洛塔里奥也变得有趣起来了。

请您接受我对您成功地结束这一大危机的祝贺,让我们趁此机会仔细观察一番,看我们拥有一批什么样的读者。

谢谢您把账单寄来。我将按您的意思使用这笔钱;反正您发表在年鉴上的那部分文稿有二十四个金路易的稿酬,如果再版,还可再加。我也衷心感谢您的塞利尼。《季节女神》这艘船又可以继续航行了。方才还收到了一篇冯克①的历史学论文。

勒许少校②我认识,我的小舅子更了解他。在数学、战术学和建筑学方面他有广博的知识,除此以外,他见识极其短浅,很没有教养。他很有摆脱粗俗和学究的气息,他做教员虽然很正直,但是在一个讲求人情世故的圈子里,他那点涵养、他那审美观就不怎么样了。不过,他倒是个正直、温和的人,和他很好相处,他的弱点给人带来的快乐多于烦恼。

席勒

---

① 冯克(1761—1828),萨克森骑兵上尉。

② 勒许(1743—1841),斯图加特军事学院教员。

81　致歌德

1796 年 10 月 23 日，耶拿

衷心感谢《威廉·迈斯特》，它还会经常振奋我，鼓舞我。另外四份我已分头寄出；可是您在信中说有六份，我却只收到五份，还缺洪堡的那份。

洪堡对我们的年鉴不胜惊讶，颇有点因它而陶醉了；讽刺短诗也给他留下了我们所预期的愉快的印象。它给每一个比较具有自由思想的人留下的总体印象都是愉快的，这对我来说又是一个愉快的发现。他在信中写道，虽然在柏林这个年鉴十分抢手，但是他没有听到任何有关这方面的新闻，既没有什么趣闻，也没有什么逸事。大多数人不是满嘴道德方面的陈词滥调，便是像一条文学界的猎犬，不分青红皂白地嘲笑一切。前面的几篇他以前没读过，其中您的《滑冰场》以及《边区诗神》①他尤为欣赏；对我的《世代》（"Sexes"）、《访问》（"Visit"），他也很欣赏，和根茨一样，他也对所谓的《严肃的讽刺短诗》满怀尊敬；但是他觉得很难说清楚我们双方谁拥有这些共同的作品的著作权。关于讽刺短诗他写道，它们的全部责任都会推到您身上去的，人们在柏林尤其持有这种看法，因为胡弗兰德②声称，他曾读过您写的所有诗。

此外，关于年鉴我最近没听说什么新闻，我想，我们不用多久也会察觉到，现在很难指望读者有一种共同的鉴赏力。

---

①　"Musen in der Mark"，即歌德的讽刺诗《边区诗神和欢乐神》。

②　胡弗兰德（Hufeland，1760—1817），耶拿法学教授。

洪堡希望八天后能到此地来。我高兴地期待着再次和他共同生活一段时日。洪堡在信中写道，在欧丁他没有找到施托尔贝格，因为他恰好在哥本哈根；说是对克劳迪乌斯①他根本没什么好说的，此人是个无足轻重的小人。

您的《瑞士来信》②使每一个读它们的人都感到饶有趣味，我尤感高兴的是，我从您那儿争取到了这批信。确实如此，它们产生自当代生活，提供了一幅无比生动的当代生活的图画，而且，它们不留任何斧凿痕迹，相当自然而巧妙地构成了一个整体。

迈斯特的决定深深打动了我大姨子的心，由此我觉得在这方面我对主要效果的期望也得到证实了。然而，心灵首先需要的，永远是激昂慷慨的情感；此后这种感情才净化为平静的美的享受。初读和读第二遍时，迷娘多半都会给人留下最深刻的印象，但是我认为，您也许已经成功地达到了您刻意追求的目标——将这种充满激情的感动化作一种美的感动。

我多么殷切地盼望您不久能再来小住几天。现在，当我摆脱了年鉴的工作之后，我迫切需要一种新的有生气的爱好。虽然我已经着手写作《华伦斯坦》③，但是我还在徘徊，在等待一只强有力的手推我一把，让我全身心地投入创作。这个季节里，我和您一样感到心烦意乱，我常常认为，只要一出太阳我就会感到舒服的。

……

席勒

---

① 克劳迪乌斯(Claudius，1740—1815)，诗人。
② 参见 56 号信脚注。
③ 席勒《华伦斯坦》(Wallenstein)的写作开始于 1796 年 10 月 22 日，完成于 1799 年 3 月 17 日。

82　致席勒

1796 年 10 月 26 日，魏玛

多谢您的好意，现将干面包片盒寄还给您。我没把这种食品，而是把几份哲学期刊装在盒里了。这些期刊我有双份，请您把它们还给尼特哈默尔①吧。

希尔特的那篇文章我没收到，晚些时候大概会寄到吧。

今年的最后一期《季节女神》以及明年的第一期，我也已经想到了，但是可惜我还没想出什么主意来。我手头有一些存稿，但都不像样子，实际上都是些因久置而变质的劣等货。我从魏玛到罗马的旅行日记，我那些从旅途发出的书信，以及我的纸堆里可能存在的有关这方面的其他文稿，都只能由我来审校。这样一来，所有在这个时期写下的东西就不会具有一个生活在自由中的人的特征，而只会带有一个逃避一种压力的人的特征。这是一个努力追求的人，渐渐地他才察觉，他想占有那些题材，可是又力不从心，事业发展到最后他才感觉到，他现在才具备了从头开始的能力。经过一番加工改造之后，这样的文字也许会有一些价值，但是它们现在这样可爱的自然形态实在太幼稚。

至于年鉴，我对魏玛的版本总的来说是相当满意的，但是销售状况还是老样子，讽刺短诗搭着所谓的《严肃的讽刺短诗》以及

---

① 尼特哈默尔(Niethhammer,1766—1848)，耶拿哲学教授。

小册子里别的什么好的、严肃的作品一起出售。不会人人都对我们满意的,这本是意料中的事,在哥达(Gotha)人们感到恼火;当我和我的朋友们被极端无礼地对待的时候,他们在那儿袖手旁观,而由于文学上的武力自卫权还没有被废除,所以我们就使用这权限,获得了权利,使悼词里的那张利嘴①声名狼藉。我们的可怜的莫里茨(Moritz)尸骨未寒,这张利嘴就把他的眼睛啄了出来。我只盼着,有人会向我直言不讳,这样,我到时候就可以好好乐一下子了。

我希望能听到《华伦斯坦》将您攫住的消息,这对您、对德国戏剧都将大有裨益。

这些天里我已开始对动物内脏做进一步观察,如果我坚持不懈,那么今冬我就可望对这一部分有机体好好研究一番了。祝您健康。热切盼望着不久后再次和您见面。

歌德

---

① 席希特格洛出版的《奇怪的德国人的悼词》对著名诗人莫里茨(1793 年 6 月 26 日去世,歌德的朋友)表现出了极大的不解。

83 致歌德

1796 年 10 月 28 日,耶拿

兹寄上《季节女神》第九期,六份给您,一份给公爵,一份给迈耶。给赫尔德尔和克奈伯尔的附件烦请转交。

今天上午洪堡夫人带着孩子们抵达此地。他还在哈勒沃尔夫家里,三天后将来这里。

最近几天,我们的年鉴寄达时,洪堡夫妇正好还在柏林。据说年鉴在那儿引起了很大轰动。尼科莱称它为《复仇女神年鉴》。据说策尔纳[1]和比斯特[2]对年鉴欣喜若狂。(您看,我们和比斯特都成功了。)此人觉得讽刺短诗写得太过温和了。

另外一个人则认为,现在世界上又多了一大祸害,因为现在人们每年都得惧怕年鉴。迈耶这位诗人认为,我们俩是在讽刺短诗里互相揭短,第 221 页上我的那首两行短诗《廉价的尊重》("Cheap Esteem")是针对您的!!

沃尔特曼昨天来看我,说维兰德谈到讽刺短诗时曾说过:他为福斯受赞扬感到遗憾,因为其他那么多正直的人都受到了不公正对待。沃尔特曼坚信不疑,那只在维兰德背后哇哇叫着诋毁亡魂的乌鸦,指的不是别人,正是柏蒂格尔[3]。

---

① 策尔纳(Zöllner,1753—1804),柏林修道院院长。

② 比斯特(Biester,1749—1816),柏林图书馆馆员、通俗哲学家。

③ 柏蒂格尔(Böttiger,1760—1835),魏玛高级文科中学校长。

第一首攻击讽刺短诗的小诗终于问世，如果所有攻击诗文都像这一首，那么我们倒也就可以心安理得了。这首攻击小诗刊登在《国家总汇报》（Reichsanzeiger）上，是许茨将这个消息告知我的，那是一首两行短诗，可是诗中的六步句放到五步句的前面去了。您想象不出还有什么比这更惨的了。讽刺短诗受到了恶意攻击。

施莱格尔还没弄清楚"年轻的堂兄弟俩"①是什么意思。今天他又来向我们询问这件事。

不过，定会逗您发笑的，却是在福利奥出版的《新莱比锡文化周刊》（Leipziger Intelligenzblatt）上的一篇文章。一位诚实的匿名者表示支持《季节女神》，反对赖夏尔特，虽然没有点两家刊物的名，但明眼人一看就明白。他极其尖锐地指摘两家刊物的这位出版者厚颜无耻地在一家刊物上吹捧另一家刊物，对另一家刊物表露出一种可耻的嫉妒。他说暂时就点到这里为止，但是他威胁说，如果这个暗示不起作用，那么他就要对那位出版者不客气了。

今天就拉扯了这些新闻。我们在这里身体很好，我的写作正在缓慢地向前进展②。祝您身体健康。

席勒

福斯的年鉴我见过，编得很糟。

---

① 此语出自第 484 号讽刺短诗，原意是指施莱格尔两兄弟。
② 指《华伦斯坦》的写作。

84 致歌德

1796 年 11 月 13 日，耶拿

获悉您又回到我们身旁，我深感欣慰；我还从来没觉得哪一次和您的分离像现在这一次这么长久，虽然比起以往来我并没有什么孤独的感觉。如果您将您在形态学方面的新发现告诉我，我会感到高兴的；文学的时钟会敲响的。

您不在的时候，这里没有发生什么新鲜事，从文学界内部我也没有听到什么新闻。兹附上审校人的信，是涉及讽刺短诗的；从中您可以看到，一个人要是事先有个循规蹈矩的好名声，他就可以放手去写轻浮浪漫的东西。

耶拿现在正在印刷年鉴第二版；经过再三考虑，我决定立刻就在此地做这一工作，就不到图宾根去印了……

在这段时间里我努力钻研了我的《华伦斯坦》的原始资料，并在剧本的结构方面取得了一些并非微不足道的进展。我对我关于剧本形式的想法修正越多，便觉得需掌握的材料越浩瀚。的确，没有某种对我自己的大胆的信念，我是很难继续写下去的。……

据说亚历山大·冯·洪堡对讽刺短诗相当着迷，这是他哥哥告诉我的。又多了一位可以和这一题材交上朋友的人。

祝您身体健康。全家向您热烈致意，洪堡夫妇衷心感谢《威廉·迈斯特》，渴望见您。我一切均好。

席勒

85　致席勒

1796 年 11 月 15 日,魏玛

几样东西,昨天落下了,我将立刻给您送去。首先我祝贺年鉴再版;恐怕也没有别的办法了,您只好在耶拿刊印这样的刊物。请您尽快把二版校样送来,因为这里不能马上就找到人看校样。几条有关字母方面的修改建议,一般叫印刷错误,我将尽快给您寄去。这一版您打算印多少?我们还可以印第三版。

福斯的年鉴糟糕已极,我为他、为我们和他的关系感到遗憾,因为如果一个人不憎恨他的竞争对手的话,那么他就必定和他们有某种共同之处。全部内容贫乏得令人难以置信,若没有几篇译文的话,这本小册子几乎完全空洞无物。不过我不否认,我们必须要有施皮里图斯这样的人做朋友,假如我们明年不想后退,而是想前进的话。

您向我报告的消息当中最令人愉快的,是您坚持写作《华伦斯坦》的锲而不舍的精神以及您对能够完成这部作品的坚定信念;因为在撰写讽刺短诗这一惊人之举之后,我们就必须尽力写出大部头的有价值的作品来,把我们的普罗透斯①式的性格变成高贵和善良的人物形象,以使我们的所有的对手羞惭。

我的那首叙事诗②的头三首歌经过认真修改后又重抄了一

---

① 普罗透斯(Proteus),希腊神话中变幻无常的海神。
② 指歌德的叙事诗《赫尔曼与窦绿苔》。

遍。我高兴地期待着有机会向洪堡兄弟诵读这三首歌。

塞利尼的英译本我已通过埃申堡得到，该书是博埃①的，书上写有他的名字。如您给他写信，就请您问他一下，他是否愿意将此书让给我，他要多少钱，我照付不误。此外，如果我的译文将来出精装本，我答应送他一本。我出于多方考虑需要这本英译本，尤其是因为它有一帧雕刻十分精致的肖像，我得把它剪下来，以便拿去复制。完成这全部工作，哪怕不做注释，我也得花去今年所剩的全部时日。

对自然界的观察使我感到非常高兴。最后必定会产生一种主观的完整的东西，这看起来奇特，其实却是很自然的。……

歌德

---

① 博埃（Boie，1744—1806），诗人、作家。

86 致席勒

1796 年 11 月 19 日，魏玛

读了刻尔纳的信，我很高兴。我尤其感到高兴的是，收到这封信的时候，我正陷于审美的深深孤独之中。

他观察事物时的那种清澈和自由确实是值得钦佩的，他以高屋建瓴之势，以特有的自由方法综观各部分，时而从这里，时而又从那里撷取一个例证来说明他的判断，将作品分解，随后又按他的方式将它编排起来，宁可将妨碍他正在寻找或业已找到的统一性的东西暂且放到一边，也不像读者们通常所做的那样因此而驻足不前，甚至流连忘返；下面画线的段落尤其使我感到舒适，因为我曾连续不断地把注意力放在这一点上，而按照我的感觉这势必就是那根悄悄将一切系住的主线，缺了它，任何长篇小说都不会有什么价值的。读这篇文章时有一点也极其引人注目，这就是读者必须采取创造性的态度，如果他想参与任何一种创造性活动的话。

……

比如，最近有人给我写信①，说他把第二册第 138 页上的一段（"不！"他喊道，"你这个麻木不仁的社交场上的老手，我还以为你是个朋友呢。你可能会给予我的这一切，比起我对这些不幸的人所怀有的感情来，简直不值一提！"）看作全书的中心，并由此做出总的评价，可又说最后那部分和这不相称，他不知道该怎么办

---

① 指雅各比致歌德的信，此信写于 1796 年 11 月 9 日。

才好。

比如，另一个人曾向我担保，说我的牧歌①是一首极妙的诗，只是他还不清楚，将它分成两首或三首诗，这样做是否会更好。

听到这样的意见，希波克雷纳涌泉②岂不要凝结成冰，珀加索斯③岂不要溜之大吉？而我开始写《威廉·迈斯特》，还是二十五年前的事，现在情况依旧，将来等我写完之后，情况仍将这样。不过不能否认，看样子，某些认识和原则似乎势必会逐步普及，没有它们，人们实际上是无法了解艺术品的。

迈耶从佛罗伦萨热烈问候您，他终于也收到牧歌了，要是我们能通过科塔和埃舍尔④给他邮一本完整的年鉴去，那该有多好。

……

刻尔纳的文章，据我看，很适宜于刊登在《季节女神》上，在这种对待全书的明快而美好的方式的映衬下，其他评论家可能会做出的曲解便显得越发奇特了。

此外，我感到很有必要在最近见您一面，有些事需要面谈。我渴望了解您写作《华伦斯坦》的进展情况。

关于求职申请⑤一事我有所耳闻，但没听说什么具体看法或意见，我看这件事多半成功不了。祝您身体健康，代我向朋友们致意。

歌德

---

① 指《阿莱克西斯和多拉》。
② Ilippocrene，古代希腊黑利空山之涌泉，相传为飞马之蹄践踏而涌出泉水，能启发诗人的灵感。
③ Pegasus，希腊神话中司文艺的女神所乘之飞马。
④ 埃舍尔（Escher，1754—1819），商人，苏黎世政府阁员。
⑤ 指席勒内弟的求职申请。

87　致歌德

1796 年 11 月 28 日,耶拿

您那友好的邀请我实在难以接受,因为碰上这糟糕的季节和恶劣的气候我感到周身难受,简直是度日如年。但是我希望不久能见到您,哪怕只是在一起待一天也好,好听听您有什么最新发现,有什么高论,同时也向您谈谈我自己的情况。

《华伦斯坦》现在虽然进展很缓慢,因为我一直把主要精力放在收集原始材料上,至今还没收集齐全,但是我一直觉得我能胜任这一任务,对形式我已经有了几分把握。我希望得到什么,我应该得到什么,我已经得到了什么,这些我现在都相当清楚;现在的关键就是,怎样用已经到手以及将要到手的东西去达到我希望达到、应该达到的效果。至于我的创作意图,您大概会对我满意的。我会圆满成功,会客观处理我的题材,不掺杂个人因素。我几乎想说,这个题材根本引不起我的兴趣,我从来没有把对我的题材的这样一种冷淡和对创作的这样一种热情在自己身上兼收并容过。对主要人物以及大多数次要人物我确实迄今都一直怀着纯粹的艺术家的喜爱;但是我对二号人物、对年轻的彼柯洛米尼①的兴趣是由我自己的爱好勾起来的,不过,这一点不会损害,而只会有利于全书的形象。

---

① 　Piccolomini,指剧中人物青年将领马克斯·彼柯洛米尼。

至于戏剧情节这件头等重要的事，这吃力不讨好的、没有诗意的素材我实在还不能完全驾驭，情节发展上还有漏洞，有些内容实在无法纳入一个悲剧结构的狭窄的范围。真正的命运对主人公的不幸还很少起作用，而他自己的错误所起的作用则还太大。不过，这方面《麦克白》的例子却使我略微感到心安，在这出戏里命运对人的毁灭所应负的责任同样远比人自己的责任小。

凡此种种棘手的事情容后面谈。

洪堡兄弟对刻尔纳来信的提示我觉得并非微不足道，虽然在有关迈斯特的性格问题上他所持的相反观点似乎过了头。刻尔纳过于把这个人物看成小说的真正主人公了；由于每部小说必须有一个主人公这个旧的观念，这个书名把他给迷惑了。威廉·迈斯特虽然是最必不可少的人物，但并不是最重要的人物；小说没有，也不需要有这样一位最重要的人物，这恰恰是您的这部小说的一大特色。他自身和他周围所发生的一切却并非真正是为了他而发生的；恰恰因为他周围的事物表现和表达了能量，而他却表现和表达了可塑性，所以，与别的小说的主人公相比，他和小说中的其他人物势必具有一种截然不同的关系。

反之，我觉得洪堡对这个人物太不公正了，我不太明白，假如迈斯特如他所宣布的那样是个无目标、无价值的人的话，他怎么能认为诗人在小说中承担的任务果真已经结束了呢？如果迈斯特身上的那种人性没有被真正充分激发并调动起来，那么，小说就没有完，而如果迈斯特根本没有这个能力，那么，您也就不能选择这个人物了。不过，在迈斯特这个人物身上，小说既不以一种坚毅的个性，也不以一种已实现的理想，而是以二者之间的一种中间概念结尾。这个人物是有个性的，但这只是就突破常规而言,不是就内容而言。他又是合乎理想的,但这只是就能力而言。因此,他拒不给予我们要求得到的最初步的满足(明确性),却答应给我们一种更高的,甚至是最高的满足,而我们却不得不把这记在他的账上,在遥远的将来去兑现。

真叫人奇怪,评价这样一部作品竟然会有这么多的分歧。祝您健康,请您代我们向洪堡兄弟致意。

席勒

88　致歌德

1796 年 12 月 6 日，耶拿

由于睡不好觉，我几乎失去了整整好几天的时间，只好眼睁睁看着我那平时进展十分顺利的工作①停顿了下来。毋庸置疑，这样的一种工作，如我现在所做的，之所以对一个体弱多病的人具有更强烈的刺激，恰恰是因为它更强烈、更持久地使人的整个心境失去了平静。

前天我多少还抱着某种希望，以为也许会在这里见到您。这又一次的迟延使我感到十分遗憾。但愿下一次您来能多待一些日子。

……

我热切地期待着斯达尔夫人的作品。如果我们刊用其中最有刺激性、内容最丰富的部分，这就会给《季节女神》带来一种有利的变化。

登载《阿格娜丝·莉莉恩》②，看样子，我们会很走运的；因为就我这里所能听到的，大家众口一词都肯定这部作品。可是我们本地的大批评家，施莱格尔夫妇，竟一刻也没有怀疑这部作品出自您之手，这是您能想到的吗？ 是啊，施莱格尔夫人甚至认为，您

---

① 指写作《华伦斯坦》。

② *Agnes von Lilien*，席勒的大姨子卡洛琳娜·冯·沃尔措根所著的一部长篇
　小说，最初发表在《季节女神》1796 年第十、十二期和 1797 年第二、五期上。

还从来没有塑造过如此纯洁和完美的女性形象，她承认，这部作品使她加深了对您的了解。一些人对它感到的兴奋，似乎完全不同于对《威廉·迈斯特》第四部所感到的兴奋。迄今为止我还未能下定决心去破灭这一幸福的幻想。

　　祝您身体健康，既别让这个意想不到的礼物，也别让那种狂妄无礼①扰乱了您平静的心境。

席勒

---

① 指莱比锡作家、出版商迪克（Dyk）对歌德的攻击。

89 致席勒

1796 年 12 月 7 日，魏玛

斯达尔夫人的作品就在这儿，它一定会使您感到高兴的。在《季节女神》上刊用它，这个想法我也曾经有过，从整部作品中摘出最精彩的段落，将其编成一篇文章，这也许是可行的。所以请您读这部作品时手中拿着铅笔，边读边画出精彩段落，请您让洪堡先生如法炮制，这样，将来我挑选时便可较快做出决定；一俟书稿寄回，我便可着手进行；一组塞利尼译稿已准备好，供您需要时用。

您又会发现一首悲歌，我希望它会受到您的欢迎。这就是我所说的新诗①，与此同时我还打算着手创作一首新的悲歌。第二首可能将包含对第三次越过阿尔卑斯山的渴望，这样，或在家里，或在旅途中，我将继续写下去。我希望，您将用这首悲歌揭开新的一年的《季节女神》的序幕，也好让人们看到，我们是坚定的，是做好了充分准备的。

迪克的诋毁我没觉得有什么特别的，因为我对这些德国人有着长期的了解，这类事情今后我们还会遇到更多呢。德国人只见内容，并且以为，如果他写一首诗来叙述这个内容，那么他就可以心安理得了，至于他对形式的理解，那是超越不了音节长短的范畴的。

但是如果要我坦率直言的话，那么民众的态度应该说和我的

---

① 这里所说的"悲歌"和"新诗"均指歌德的叙事诗《赫尔曼与窦绿苔》。

愿望是完全吻合的,因为这是一种了解、实施得都很不够的方针,即每个对身后的荣誉有所要求的人,都应迫使他的同时代人说出对他的一切印象,而这些印象他又用现实、生活和创作随时加以抹掉。我比某些谦逊、功勋卓著的聪明人活得长久,他们一生通过难以置信的顺从、无所事事、谄媚和圆滑获得了一点小名气,可是这对他们又有什么用呢?他们死后魔鬼的律师便立刻端坐在尸体的旁边,而应该与魔鬼对抗的天使总是现出一副可怜的神态来。

我希望,这些讽刺短诗会在相当长的一段时间里起作用,使反对我们的恶魔处于积极活动的状态,在此期间我们要继续进行我们的建设性的工作,让恶魔去承受否定的痛苦吧。

……

请您尽可能长久地让我享受被看作《阿格娜丝·莉莉恩》作者的荣誉吧。真可惜,我们并非生活在更愚昧的时代,因为在那样的时代,后世就得用我的名字建一座漂亮的图书馆。最近有人亲口对我说,他有一次打赌输惨了,因为他坚持认为我是《施塔克先生》①的作者。

我也是过了一天又一天,虽然不是无所事事,但可惜几乎每天都没好好利用,我不得不做好准备,改变我的铺位,以便早晨天亮前我能在床上口授几个小时。愿您也找到一种方式,更好地利用时间,只有对于真正比较高级的动物来说,时间才是宝贵的。祝您身体健康,代我向大家致意。

歌德

---

① 《施塔克先生》(*Herr Starke*),即《洛伦茨·施塔克先生》,长篇小说,最早发表在《季节女神》上,作者是恩格尔。

90 致歌德

1796 年 12 月 9 日,耶拿

前天寄来的邮件已收到,谢谢。悲歌①给人以一种特有的深沉而感人的印象,没有一位读者的心不会被打动,如果他有一颗心的话。悲歌紧紧扣住一个具体的人物,感人至深,崇高而美妙的宁静和瞬间的热情的色彩在诗中巧妙地融为一体。诗人是如此迅速和成功地把握住现实中的一切普通平凡的事物,并通过诗人给予自己的唯一一股勃勃生气摆脱这些羁绊,使得普通人只能望其项背,悲叹莫如,这对我来说是一条新的令人备受鼓舞的经验。

我只请您考虑一点,现在发表这首诗时机是否完全有利? 我担心,两三个月以内恐怕还不能指望读者会有什么情绪去公正对待那些讽刺短诗。臆想的侮辱记忆犹新,我们似乎态度不公正,读者的这一看法将使他们变得冷酷无情。可是我们的对手难免因反抗的激烈而使自己遭受更多的损失,激起比较明智的读者对自己的愤怒。到那时,我想,悲歌才会大获全胜。

他们还远没有将箭筒里的箭全部向我们射出,这一点您从附上的那页报纸可以看出来。这是《汉堡新报》(*Hamburger Neue Zeitung*)的一页附刊,有人从汉堡给我寄来的。进行这一攻击所

---

① 指歌德的叙事诗《赫尔曼与窦绿苔》。

使用的方法并非不聪明，但实施得有些笨拙。莫不是赖夏尔特，抑或巴盖森①在幕后策划？

您在上一封信里就和同时代人这样争吵不休的更深远的好处所说的话，也许是对的：我们必须放弃安宁，同时还必须放弃外界的激励。况且在您身上这只是一种内在的，而绝对不是一种表面的需要。您那独一无二的、与众不同的、坚毅有力的个性似乎要求具有这一风格，此外我真不知道还有别的什么人，可以不必为他在后世的名声担心。

斯达尔夫人的作品我今天才得以拿起来一读，而其中的一些极好的思想立刻把我吸引住了。至于是否可在《季节女神》上刊用，对此我有犹疑，因为几天前我听到有人预告说，这部作品的一个译本最近就要出版，据说译文是由作者本人促成的。

在此也附上一份新版年鉴，还有福斯的便函。

愿缪斯带着她那最美好的礼物和您在一起并保护她的美妙的朋友，让他青春久驻！我一直在读悲歌——每一个对您怀有某种好感的人读了它，都会进一步了解您的为人、您的人生。我热烈拥抱您。

席勒

---

① 巴盖森（Baggessen，1764—1820），德国血统的丹麦诗人。

91 致歌德

1796 年 12 月 12 日,耶拿

兹寄上《季节女神》第十一期。……

可惜由于失眠和身体不适我又丧失了几天大好时光,耽搁了我的工作。

不过,昨天我偶尔拿起一本狄德罗读了起来,他使我心醉神迷,引起了我的深思。几乎每句话都是一道思想的火花,照亮了艺术的幽径,而他的意见则发自艺术的最崇高、最核心处,所以凡是与此有关的,他发表的意见均有精辟独到之处,对诗人和画家同样具有指导意义。如果这部作品不属于您自己,我不能久用,将来也不能再借,那么我就要自己去弄一本。

由于我偶然先拿起了狄德罗,所以斯达尔夫人的著作还没继续读下去,不过对我来说这两部作品现在都是一种莫大的精神上的需要,因为我正全力以赴,我不得不全力以赴从事我自己的创作活动,而这却大大限制了我的思路。

现在谈几句有关讽刺短诗的近况。这场争论一结束,我就敦促科塔将所有攻击讽刺短诗的报刊文章结集出版,好将其作为德意志审美能力史的材料存档。

新版年鉴现在已经有许多人预订,所以绝对不会赔本。甚至在这一带,虽然已经分散卖出了许多册,可还是不断有人要买。

《阿格娜丝·莉莉恩》很走运，我的前内兄博伊尔维茨（Beil-witz）及其夫人怀着一种极大的兴趣和赞叹一同读了这部小说，他们会感到无比懊丧的，如果他们了解到事情的真相的话。谨致问候，所有的朋友都热烈问候您、拥抱您。

席勒

92 致歌德

1796 年 12 月 16 日,耶拿

12 月就要过去,而您还是来不了。不久我就将担心,1797 年以前我们怕是见不上一面了。听说您做了光学方面的研究,我感到高兴,因为我觉得我们无论怎样加速取得对敌手的这个胜利也不算过早。就我自己而言,能通过您的阐述弄清这方面的内容,这使我感到愉快。

我的写作①进展顺利。我没能像一开始所希望的那样长久地把计划的准备和实行分开。一旦具体的要点确定下来,一旦我明白无误地看清全局,我便放手去写,第一幕的许多场面就是这样在无意之中写成的。

三王来朝节②前后,我想,第一幕,也就是最后的一幕,便能完稿,届时,您将能读到它。在我放手大胆写下去之前,我很想知道,指引我前进的是不是一个善良的精灵。它并不是一个凶恶的妖怪,这我完全明白,可是在这二者之间有着那么多的等级呢。

经过郑重考虑,我没有放弃可爱的散文③,它和这个题材也更

---

① 指写作《华伦斯坦》。
② 三王来朝节,宗教节日,即 1 月 6 日。
③ 《华伦斯坦》初稿是散文体,现已散佚。

相称一些。

兹寄上剩余的几本《季节女神》，标有名字的那本请设法转交克奈伯尔先生。祝您安康。我们一家身体均好。

席勒

93 致席勒

1796 年 12 月 17 日，魏玛

《华伦斯坦》出现了如您所写的这种情况，是在情理之中，这下我更可以希望它自己现出端倪来。我高兴地期待着，新年过后拜访您时能读到第一幕。但是早了我也来不了，因为我还要做一次旅行，行期一定，我再向您报告详情。

光学研究正在进行，虽然我现在从事这项研究更多是作为业余爱好，然而材料已收集好，不难整理出一份专门报告来。……

请您立即把这本书①寄还给我，人人都渴望读到它。《水星》上已有人撰文评介此书。狄德罗您留着看吧，这是一本极美的书，诗人从中受益匪浅，几乎甚于造型艺术家，虽然它也常常用巨大的火炬给造型艺术家照亮前进的道路。

祝您健康，代向大家致意。我们的《滑冰场》很有意思。雅各比正在我这儿，他长了很多见识。

歌德

---

① 即斯达尔夫人所著《论文学》一书。

1797

94　致歌德

1797 年 1 月 17 日,耶拿

　　我刚完成我的写作任务①,趁我还没搁笔,向您再道一声晚安。您最近这次来访,尽管时间短促,却扫掉了我身上的某种暮气,提高了我的勇气。通过您的描述,您又把我引进了我觉得自己已经与之隔绝的那个世界。

　　不过,尤其令我高兴的却是您有继续从事文学活动的浓厚兴趣。一种新的、更加美好的生活由此而展现在您的面前,它也会感染我、激励我,不仅通过作品,也通过情绪,它使您置身于其中的那种情绪。现在我尤其想知道您的著作的年表。我会感到惊讶的,假如不能证明您的个性的发展过程包含了某个必不可少的人的本性的发展过程的话。您一定经历过某个并非很短暂的时期,我想把这个时期称为您的分析性时期。那时,您通过分制和分离追求整体,您的本性仿佛和自身不一致,企图用艺术和科学恢复这种一致。现在,我觉得,您饱学而成熟,您重返青春,您将兼有果实和花朵。这第二青春是众神的青春,是和众神一样不朽的。

　　您的小型和大型牧歌②以及您最近的悲歌③,还有从前的悲

---

①　指写作《华伦斯坦》。
②　即《阿莱克西斯和多拉》和《赫尔曼与窦绿苔》。
③　也指《赫尔曼与窦绿苔》。

歌和警句，都显示了这一特点。不过，我想知道您从前的作品，包括《威廉·迈斯特》的写作经过。将您知道的有关情况记录下来，这并不是白费时间。没有这个人家就不能完全了解您。请您务必做这件事并将一抄本留放我处保存。

您手头有什么伦茨①的遗稿，就请告知我。我们必须为《季节女神》收集一切能找到的文稿。既然您未来的计划已经改变，您也许能把意大利文稿惠赠《季节女神》吧。

我也请您想着塞利尼，我大约三个星期后要用。祝您健康。

席勒

---

① 伦茨(Lenz，1751—1792)，诗人，歌德在斯特拉斯堡时期的朋友。

95　致席勒

1797 年 1 月 18 日，魏玛

　　我最近和您一道度过的短暂的几个小时，又使我对一连串按我们的老方式度过的时辰产生了渴念；一旦我在这里把一应事务料理出了个眉目，我将再次和您一道度过一段时光。我希望，这段时光将对我们俩不止在一个方面富有成效。望您利用这大好时光，推进悲剧①的写作，以便我们届时可以就此进行商谈。

　　我刚刚收到您的亲切的来信，我不否认，我自己都对这个我正在跨入的神奇时代感到非常奇怪，可惜我对此还不甚放心，因为我身上还残存着这么多分析性时代的痕迹，我甩不掉它们，几乎无法处理它们。然而，我没有别的办法，只好在这条河上尽量驾驶好我的船。做一次旅行对安排提纲有什么作用，这一点我已经在最近十四天里看到，然而对将来、对全局还无法预言，因为这股调节好的自然力像所有未曾调节过的自然力一样不受世界上任何事物的支配，而是犹如它必须自己形成那样，也要从自身出发按自己特有的方式起作用。我们会有机会对这一现象做些研究的。

　　答应要写的文章已酝酿成熟，用一个小时我就可以把它口授

---

① 即《华伦斯坦》。

出来，可是我还得先就这件事和您谈谈，我将尽早再去您那儿。要是在耶拿做较长时间的逗留尚不可能，那么我不久就将再来一天；这样一种短暂的会晤始终是富有成效的。

一部分塞利尼我现在正在修改，您如有下一期即将刊出的那部分书稿的抄本，就请寄一份给我。

歌德

96 致歌德

1797 年 1 月 24 日，耶拿

今天只有两句话。读了您最近的来信后，好几天以来我一直盼着能在这里见到您。这几天晴朗天气把我又吸引到户外，使我感到舒适。但是现在写作进展缓慢，因为我正处于最严重的危险之中。现在我清楚地看到，在我没有彻底和自我完全一致起来之前，我是拿不出什么来给您看的。使我和我自己取得一致，这个您做不到，可是您应该帮助我，使我的主体和客体一致起来。所以，我放在您面前的，必须是我的完整的东西，我倒并不是指我的完整的剧本，而是我关于这个剧本的完整的构想。我们的天性的根本区别，考虑到其特性，根本不允许有别的、相当有益的交流方式，只能以整体对整体；在具体细节上虽然我无法迷惑您，因为您比我自信，但是您能轻易就把我征服。详情容后面谈。

您尽快来吧。兹附上新刊出的塞利尼，最近忘了给您寄出了。大家都向您致意。祝您健康。

席勒

97　致歌德

1797 年 1 月 27 日,耶拿

由于您现在正在研究颜色,所以我想把今天我观察一个黄玻璃杯时发现的一种现象告诉您。我拿着它观看我窗户前的物件,我将它沿水平方向朝眼前移动一定距离,使它同时既向我显示它下面的那些物件又在杯底映出蓝天来。就这样,我发现在染成深黄色的那些物件上,所有映着蓝天图像的地方都变成了浅紫色,就好像那深黄色和天蓝色融合在一起,生出紫色来了似的。按照一般经验,这种混合色应该生出绿色来,譬如只要我一透过玻璃来观看天空,不只是把天空映在玻璃上,天空也呈现这种颜色。但是在后一种情况下出现了紫色,这一点我这样来解释:我是从玻璃杯的水平位置透过玻璃杯的幅面,即透过比较厚的部位进行观察,我只要用手遮住玻璃的一面,像一面镜子那样照那个物件,那么,原先是黄色的地方便出现一种地道的红色。

我对您说的这些话没有什么新鲜的,不过我希望知道,我对这个现象解释得对不对。

如果不能从蓝色中忽而生出紫色忽而又生出绿色,确实仅仅取决于黄色色度的大小,那么,这后两种颜色的相关性就更有趣了。

……

祝您健康。我希望,您不久便能摆脱一切繁杂的公务,返回缪斯的怀抱。

席勒

98 致席勒

1797 年 1 月 29 日，魏玛

……

在有机体研究方面我也没有偷闲，在这漫漫的长夜里有十分奇特的灯光在给我照路，我希望，这不是磷火。

您用黄玻璃对颜色进行的观察是做得很好的，我相信，我可以把这个情况归属于一种我已经知道的现象，不过我还是很想到您那儿做一番实地观察。

……

歌德

99 致席勒

1797 年 2 月 8 日，魏玛

我感到高兴，您能深居简出耐心等待审美危机的过去。我就像一个球，被时光抛来抛去，飘忽不定。在早晨的这几个钟点里我想修改最后一批塞利尼的文稿。……

关于昆虫变态，我的一些中肯的意见眼看就要得到证实，去年 9 月在耶拿变蛹的那些幼虫，由于我一冬都将它们养在暖和的房间里，如今已渐渐现出蝴蝶的形态，我要目睹它们的这个新的变形过程，只要将我的观察再继续一年，我就能取得相当大的进展，因为我现在就不时涉足已知的知识领域。

……

歌德

100　致席勒

1797 年 2 月 18 日，魏玛

　　我终于大着胆子把这首叙事诗①的头三首歌给您寄去了，劳您把它们认真读一遍，把您的意见告诉我，我也同样烦请了冯·洪堡先生。请你们俩不要把这份手稿转给别人，看完后您尽快寄还给我。现在我正在写第四首歌，希望不久也能脱稿。

　　……

　　　　　　　　　　　　　　　　　　　　　　　　歌德

---

① 指《赫尔曼与窦绿苔》。

101　致歌德

1797 年 4 月 4 日，耶拿

我从迄今的丰富多彩和热闹非凡的生活一下子掉进了极大的孤寂之中，返回了自我。除了您和洪堡，连社交界的所有的女性也离我而去了，我便利用这个寂静的时机，对我的悲惨的——戏剧的职责进行思考。捎带着草拟了一份全部《华伦斯坦》的详细的演出说明，这样我对剧本的各个要素和内在关系便一目了然了。

我对我自己的写作、对古希腊人处理悲剧的方式考虑得越多，我便越是觉得，成功的关键就在于编造故事情节的艺术。近代人煞费苦心，诚惶诚恐地研究偶然事件和次要人物，因为要力求接近现实，他们便往自己头脑里装填空洞和无谓的东西，所以他们有失掉深邃的真实的危险，而一切真正具有文学价值的东西却都蕴含在其中。他们喜欢完全模仿一个真实的事件，殊不知，正因为现实是绝对真实的，所以文学描写和现实永远也不能互相叠合。

这几天我读了《菲罗克忒忒斯》和《特剌喀斯少女》①，对后一个剧本尤感满意。整个情况，那感觉，得阿涅拉其人，表现得何等

---

① 古代希腊悲剧作家索福克勒斯（公元前 496 年—公元前 406 年）的两部悲剧。《特剌喀斯少女》描述希腊大英雄赫拉库勒斯的妻子得阿涅拉争风吃醋，以马人涅索斯的毒血误杀丈夫的悲剧。

淋漓尽致！赫拉库勒斯的妻子，形象又何等完美，多么有个性，这一生动写照多么独一无二，可是又多么富有深刻的人情味，多么具有永恒的真实性和普遍性。《菲罗克忒忒斯》也从这个情况中汲取了一切可以汲取的成分，尽管情况特殊，但一切又都建立在人的天性这个永恒的基础上。

我注意到，希腊悲剧里的人物，一如我在莎士比亚，也在您的剧本中所见到的，或多或少是理想化了的面具，不是真实的人。譬如《埃阿斯》①和《菲罗克忒忒斯》里的乌吕塞斯就显然只是狡猾的、不择手段的、心胸狭窄的聪明才智的理想化身；就这样，《俄狄浦斯王》和《安提戈涅》中的克瑞翁便只是冷酷的国王之尊严。人们和悲剧里的这些人物显然好相处得多，他们更快地引起人们的注意，他们的特征更持久、更牢固。真实性并不因此而受到任何损害，因为它的对立面既是纯粹的逻辑的人，也是纯粹的个人。

这里我寄给您，pour la bonne bouche②，阿里斯托芬的一个最精彩的片段③，这是洪堡给我留下的。这个片段读来引人入胜，我希望也能得到其余部分。

前几天我突然收到从斯德哥尔摩寄来的一大张装潢精致的羊皮纸证书，还盖有巨大的蜡印。我还以为，这下至少可以得到一笔年金了，谁知一看却只不过是科学院的一份证书④。不过话说回来，扩展自己的根基，看到自己的存在正影响着别人，这总是一件令人愉快的事。

---

① 索福克勒斯的另一个悲剧。
② 法文：作为精美食品。
③ 古希腊著名喜剧作家阿里斯托芬的喜剧《吕西斯特拉忒》的开头部分。
④ 斯德哥尔摩科学院院士证书。

我希望不久能从您那儿收到一批新的塞利尼文稿。

祝您身体健康，我珍贵的，我日益珍贵的朋友。我还一直沉浸在您给我留下的美好的思想之中，我希望能越来越熟悉它们。祝您身体健康。

席勒

102　致席勒

1797 年 4 月 5 日，魏玛

　　我的情形恰好相反。继我们在耶拿的凝神思索之后，我陷在诸多琐碎的事务里。精神大为松弛，这些事务会在一个时期里把我缠住不放；这期间我将做些轻松愉快的事。

　　您说得很对，在古希腊罗马文学的人物形象中，如同在雕塑艺术中那样，一个抽象概念正在出现，它只有通过人们称为风格的那种东西才能达到高峰。也有法国人那样的从表现手法衍生而来的抽象概念。当然，一切都以情节的成功为基础，由于在这方面花了大力气，所以人们是有把握的，但是大多数读者和观众不甚了了。……

　　我祝贺您获得院士证书；作为指示公众舆论的晴雨表，这类现象是不可忽视的。

　　顺祝安好，请经常给我来信，虽然我在下一阶段会疏于回信。

歌德

103 致歌德

1797 年 4 月 7 日,耶拿

我从当地图书馆借来了几本犹太教神秘教义和占星学方面的著作,其中有一篇关于爱情的对话,是从希伯来文译成拉丁文的,这不仅使我感到非常高兴,而且也大大扩展了我在占星学方面的知识。在这里,化学的、神话学的和天文学的知识熔于一炉,确实可供文学创作时借鉴。几个关于行星和人的肢体的妙不可言的对比我将让人抄录给您。不听听这些人自己怎么说,是没法了解那种巴洛克式的思维方式的。不过,我并不绝望,我觉得还是可以赋予这种占星学的材料以一种文学的价值。

读了最近您有关人物性格处理的论述,我颇感高兴,希望我们将再次见面,好请您帮我把一些概念弄清楚。事情建立在艺术的最本质的基础上,而人们从造型艺术中获得的感知肯定也能阐明许多文学上的问题。即便读莎士比亚,譬如读施莱格尔译的《裘力斯·凯撒》的时候,今天我也还是觉得很奇怪,他是怎样以一种极不平凡的大手笔刻画平民百姓的。这方面,在描绘平民方面,材料就迫使他多着眼于一种文学的抽象概念,少注意个人,所以我觉得他在这方面是极其接近古希腊人的。

……

但是莎士比亚以一种大胆的手法撷取几个人物,我是想说,从群众中撷取几个人,让他们代表全体民众说话,而他们则果真当了这个代表,可见他选择得十分成功。

　　只要搞清楚艺术必须吸取或扬弃现实中的什么成分,就给诗人和艺术家帮了一个大忙。情况就会变得更明朗,渺小和微不足道的就会消失,重要的就会得到发扬。在处理历史题材方面,这一点就具有极其重要的意义,我知道,这方面的模糊概念已经给我带来了多少麻烦。

　　我很想不久就能得到一些塞利尼的文稿,也许还能上 4 月的那一期,为此我当然就得在星期三晚上之前拿到文稿。

　　顺祝安好。我妻子向您热烈致意。今天我有很多信件要写,不然还会多写几句。

　　　　　　　　　　　　　　　　　　　　　　　席勒

104 致席勒

1797 年 4 月 12 日，魏玛

愿小恩斯特①很快度过危险期，以使您宽心！

兹寄上塞利尼，不久再寄上一小部分，届时他就要完全辞别而去了。我在探索宗法残余的过程中，偶然捡起《旧约》读了起来，又一次对摩西五经的混乱和矛盾惊诧不已。这摩西五经，众所周知，当然很可能是由各种各样流传下来的文字和口头的传说组成的。对于以色列人穿过沙漠地带的迁移我发表过一些规矩正派的意见，如今我心头产生了一个大胆的想法：莫非他们度过的那个伟大的时代是后世编造出来的？将来有机会我想写一篇短文，说明是什么使我产生这个想法的。

顺祝安好，向洪堡夫妇致意，请把随信附上的《柏林月刊》给他，尽快告诉我有关您和您家小的好消息。

歌德

---

① Ernst，席勒的儿子。

105 致歌德

……

您在摩西五经中的发现我觉得很有意思。把您的想法写下来吧。不定什么时候会有这样的机会呢。我记得,大约二十年前您就曾对《新约》发过难①。我必须承认,在一切带有历史性的问题上,我对那些文献断然表示不相信。所以,我觉得您对某一个别事件的怀疑还是很合乎情理的。我觉得,《圣经》里只有天真的那部分才是真实的;所有其余的部分,是带着一种真正的意识写的,我怕其中有一定的用意,盖源于后人手笔。

席勒

---

① 席勒在这里是指歌德 1773 年发表的《两个重要的,迄今未曾探讨过的〈圣经〉问题》一文。

106 致席勒

1797 年 4 月 15 日，魏玛

......

与此同时，我还一直陪伴着沙漠里的以色列后裔，鉴于您的原则，我可以希望，有朝一日我对摩西的研究可能会博得您的青睐。我的批判-历史-文学性的研究从下述立场出发：现存的书籍自相矛盾，破绽百出，我做的这件赏心乐事，其全部目的就在于，取其按常情判断有可能存在的，弃其有意添加、纯系虚构想象的，并找出各种证据证明我的意见的正确性。这类假设因其思想的自然和作为思想之基础的各种现象的丰富多彩而具有魅力。我内心感到愉快，我又一次可以在短时期内从事某项工作，而且会兴致勃勃地、真正轻松自如地去做。文学创作，一如几年来我们所做的，是一桩极其严肃的事情。顺祝安好，欣赏一下这个季节的美景吧。

歌德

107 致席勒

1797 年 4 月 19 日，魏玛

……

　　现在我正在匆匆研究《旧约》和荷马，同时在读艾希霍恩①撰写的前者的引言和沃尔夫撰写的后者的序。研读时我恍然大悟，明白了许多奇妙的道理，有些问题我们将来还得好好谈谈。

　　请您尽快将您的《华伦斯坦》大纲写好并告诉我。在从事现在这样的研究的时候，这种思考对我将极其有趣，对您也会有所裨益。

　　关于这部史诗的一个想法我想马上告诉您。由于这部史诗是应该怀着极其平静和愉悦的心情来阅读的，所以理性也许对它比对别的文学样式有更多的要求，而这一次通读《奥德赛》时我惊奇地看到恰恰是这些理性的要求充分得到了满足。仔细研究一下，对老语法学家和批评家所做的努力，以及对他们的天才和性格人们都在说些什么，我们就会清楚地看到，是那些理智的人不肯罢休，一定要让那些伟大的描写和他们的思维方式一致起来。

……

　　还有一条特殊的意见，《荷马史诗》里的几首诗，人们误以为完全是伪造的，是后人增补的，其实我的叙事诗②里也有几首这样

---

①　艾希霍恩(Eichhorn，1752—1827)，耶拿和哥廷根东方语言系教授。
②　即《赫尔曼与窦绿苔》。

的诗。全诗写完后，我自己又补写了几首进去，以便使全诗显得更明白晓畅，为以后的事件及时埋下伏笔。现在我很想知道，在我做完现在的研究后，我该对我的诗进行增补还是删减；在这期间，第一篇评论文章可能就会问世。

这部史诗的一个主要特色就是，它总是前进中有后退，所以全部延缓性情节①都是叙事性的。不过，本来的戏剧情节不可以成为真正的阻碍。

如果说在这两部《荷马史诗》中得到极大满足的、在我的叙事诗的写作提纲中也存在的这种延缓性的需要确实至关重要、不容免除的话，那么，所有平铺直叙、一泻到底式的写法就应完全予以摒弃，或被视作一种次要的、历史的文学样式。我的第二首诗的提纲②就有这个错误，如果说这是一个错误的话。我要留神，在我们把这方面的情况完全弄清之前，决不轻易动笔写诗。我觉得这个想法极其富有成效。如果这个想法正确，它就会推动我们大踏步前进，我就愿意为它贡献出我的一切。

我觉得剧本的情况与此相反，这方面的问题下次再谈吧。顺祝安好。

歌德

---

① 即延缓法，指文学创作中，特别是戏剧中，用插入的描绘来渲染紧张情节。
② 自 1797 年 3 月起，歌德便酝酿按《赫尔曼与窦绿苔》的风格写一首题为《追求》的新的叙事诗。这一写作计划后来扩展成为一部中篇小说。

108　致歌德

1797 年 4 月 21 日，耶拿

　　您最近那封来信引起我许多思考，我本想立即回信的，但是一桩意想不到的事务将占去我今晚一个晚上的时间，使我无法给您写信，所以只好现在草草涂上几笔。

　　从您的论述中，我越来越清楚地认识到，各个部分的独立性是这部史诗的一个主要特征。赤裸裸的、从内心深处挖掘出来的真实是史诗作家的目标：他只不过是按事物的本来面目给我们描写事物的平静的存在和作用，他的目标就在他的运动的每一点上；所以我们并不迫不及待匆匆奔向一个目的地，而是每走一步便深情地一回首。他使我们保持情感的最高自由，而由于他使我们得到这样大的好处，他给自己的工作带来了更大的困难，因为我们现在向他提出种种要求，它们都是建立在我们力量的完整性和全面、联合的活动的基础上的。悲剧作家则完全相反，他夺走我们的情感自由，他把我们的活动引向并集中到唯一的一个方面，从而大大简化了他自己的工作，使自己占了便宜，倒让我们吃了亏。

　　您关于史诗延缓情节发展的想法我完全可以理解。不过，按照我所知道的有关您那首新的叙事诗①的情况，我还没完全明白，

---

① 即歌德的《追求》。

何以见得这首叙事诗就没有那个特性。

　　您的其他的研究成果，尤其是戏剧方面的，我正热切地期待着。在此期间，我将对已论述的内容做深入的思考。顺祝安好。我妻子热烈问候您。

席勒

109　致席勒

1797 年 4 月 22 日,魏玛

我感谢您对这部史诗不断进行探讨,我希望,不久您将按照您的方式写出一系列文章,阐述这部史诗的性质的特点,这里我先提出几个推测。

我曾试图使延缓性的法则服从一个更高的法则,现在看来它似乎服从一个法则,这个法则要求:人们可能,甚至是必须知道一部好诗的结局,实际上只有"怎样做"才可以激起人的兴趣。所以,好奇心和一部这样的作品是根本无缘的,而他的目标可能,如您所说,就在他内心的每一个激动点上。

《奥德赛》的每个细节几乎都具有延缓性,可是大概也断言、承诺了五十遍:事情会有一个圆满的结局的。我以为这么多事先推断结局的预兆和预言可以重新带来对永远延缓的平衡感。在我的《赫尔曼与窦绿苔》里,计划的这种特性产生了特殊的魅力:一切都显得无可争辩、尽善尽美,通过倒叙的手法简直又出现了一首新的诗。

所以,叙事诗也有很大的优点,即它的引子不管多长,都丝毫不会使诗人感到不方便,诗人都可以把它安插到作品中去,在《奥德赛》里这一点就做得很富有艺术性,因为倒叙手法也是令人感到舒适的。但是我以为正因为如此,引子就给戏剧家带来许多麻烦,因为人们向他要求一种永恒的进展,凡是引子已经构成情节发展的一个部分的,我都称之为最好的戏剧素材。

不过现在我要回到开头谈到的问题上来,请您对以下论述进行检验。

我的新题材里一个延缓性要素也没有,故事自始至终平铺直叙。不过我的新作有这样的特点:要进行大量的准备,要求人们用理智和智慧调动许多力量,但是情节按一种与事先的准备完全相反的方式,亦即按一种完全意想不到,而又十分自然的方式展开。现在的问题是,这样一种计划是否也可以算作史诗式的,因为它是包含在这个一般规律之中的:要考察的其实是该怎样做,而不是做什么,抑或人们是不是必须将这样一部诗歌视为一种二流的历史题材的诗歌。您看吧,我的敬爱的,这类零星的、肤浅的想法怎样才能更好地加以归纳、整理? 现在,除了考察题材的特点,看它们在多大程度上需要进行这样或那样的处理以外,我没有做别的更有趣的考察。在这方面我一生失误颇多,所以我希望有朝一日能把这个问题弄清楚,至少将来也好不再因犯这个过错而吃苦头。

……

歌德

110　致歌德

1797 年 4 月 25 日,耶拿

延缓节奏的要求产生自一个更高的史诗的法则,而这个法则还可以用另一种方式来加以遵守,这一点我觉得是毋庸置疑的。我还认为,有两种延缓节奏的方式,一种在于所选择的路径的类型,另一种在于走路的方式,而我觉得,即便走最笔直的路,后一种方式也会很好地奏效。所以,对于您这样的写作计划来说,这种方式也可能是行之有效的。

不过,我不想完全像您那样来表述那个更高的史诗的法则。在"要考察的其实是该怎样做,而不是做什么"这个公式里,我觉得这个法则太过于一般化,可以不加区别地适用于所有实际存在的文学类型。如果要我简明扼要说出我对这个问题的想法,那么这就是我的想法。史诗作家和戏剧作家,两者都给我们描述一个情节,只不过这个情节在后者是目标,在前者是为达到一种绝对的审美目标服务的。从这个原则出发,我完全可以理解,为什么悲剧作家必须更快、更直接地推进情节发展,为什么叙事诗人更愿意延缓情节的发展。我觉得,这也说明叙事诗人放弃这样的题材是做对了,因为这种题材本身就会强烈地激起情感,或是好奇心,或是同情心。这样,为了使自己保持在单纯手段的限度内,情节作为目标便会太过于引人注目。我承认,我有些担心,怕您的这部新诗中有后面所说的这种情况,虽然我可以相信,您的诗才会让您完全将题材把握住。

我觉得，您想用以展开情节的那种方式，与其说是史诗，还不如说是喜剧所特有的。至少您将有许多工作要做，您得去掉情节中意外的、激起人们惊讶的成分，因为这种成分并不是那么有叙事性。

我热切期待着看到您的写作计划。令我感到有所顾虑的是，洪堡对此和我有同样的感受，虽然我们事先并未就此交换过看法。他认为，提纲中缺乏有个性的、带叙事性的情节。如同您首先谈到过的，我也一直在等待着真正的情节，我觉得您向我讲述的一切只不过是个别主要人物之间这样一种情节的楔子，我还以为这一情节刚刚开始，您就已经写完了。不过我完全理解，题材所属的文学样式更多是在离开个人，迫使个人进入群体和融入一个整体之中，因为理性是其中的主角，它更多是外向的，而不是内向的。

此外，不管您这首新诗在叙事性质方面情形怎样，和您的《赫尔曼与窦绿苔》对照起来，这毕竟是另一个属，所以如果《赫尔曼与窦绿苔》是叙事文学的范畴，不单单是叙事文学的一个种①的纯粹的标志的话，那么，由此就可以得出结论：这部新诗的叙事性少得多。可是，《赫尔曼与窦绿苔》仅仅是叙事文学的一个种，抑或是整个属，这恰恰是您想知道的，这样，我们就又回到这个问题上来了。

我倒想直截了当地称您的新诗为一部滑稽叙事诗，就是说，如果全然不顾喜剧和滑稽英雄诗歌②的一般性的、受局限的，以及从经验出发的概念的话。我觉得，您的新诗和喜剧的关系大体相当于《赫尔曼与窦绿苔》和悲剧的关系，区别就在于《赫尔曼与窦绿

---

① 这里的"属"和"种"是作者借用的生物分类学上的术语。
② 英雄诗歌系 5 世纪至 8 世纪民族大迁徙时期出现的日耳曼英雄诗歌。

苔》通过它的题材起作用,您的新诗则通过对题材的处理起作用。

但是我想先拜读您的提纲,然后再说我的看法。

您对雷根斯堡(Regensburg)的和平消息有什么看法? 如果您知道什么确切的消息,就请您来信告诉我。顺祝安好。

席勒

又,您称为最好的戏剧题材的(就是说,引子就已经是情节的一个展示部分),在莎士比亚的孪生姐妹①中就有。我不知道悲剧方面有哪个类似的例子,虽然《俄狄浦斯王》极其惊人地接近这个理想。但是我完全可以想象这样的戏剧题材,在那里,引子同时也是情节的展示部分。和《麦克白》一样属于此类悲剧的,我也可以举出《强盗》。

我根本不想承认叙事文学作家作品中有引子;起码不是戏剧家的那种意义上的引子。由于叙事文学作家不像戏剧作家那样把我们驱向结局,所以开头和结尾在其意义和价值上非常接近,引子之所以一定会使我们感兴趣,并不是因为它会导致某种东西,而是因为它本身就是某种东西。我以为,在这一点上人们必须多多原谅戏剧作家;正因为他将其目的置于情节发展之中和结尾之处,所以人们可以允许他更多地把开头作为手段来处理。他受因果关系范畴的制约,叙事文学作家则受物质性范畴的制约;那里,某种东西可能,也可以作为别的什么东西的原因而存在,这儿,一切都必须为了自身而表现出来。

_____

① 指莎士比亚的一个剧本。

111 致席勒

1797 年 4 月 26 日，魏玛

……

对于您在今天的来信中就戏剧和史诗所发表的议论，我是很同意的，如同我一直习惯于您向我叙述并解释我的梦那样。现在我没什么要补充的，我必须把我的写作提纲寄给您，或自己给您送去。到时候再来谈细节，现在我不想做泛泛之论。如果认为题材并非纯粹叙事性的，虽然它相当重要、相当有意思，那么就得说明，究竟该用什么别的形式来处理这个题材。……

歌德

112　致席勒

1797 年 4 月 28 日,魏玛

昨天,我琢磨着我这首新诗的情节,想将它草拟好寄给您之时,我再次为一股对这部作品的奇特的爱恋之情所攫住,按我们最近所商谈的结果来看,这种爱恋之情为这部作品提供了一种好的先入之见。现在我知道,只要我把写作提纲一泄漏或向某人一公开,我就会永远一事无成,所以现在我宁可先不向您通报,我们可以笼统地讨论一下内容,而我则可以根据讨论结果悄悄地审视我的题材。要是我还有勇气和兴趣的话,我就把提纲拟好,倘若拟好了,那么与开始时相比,就会有越来越多的内容有待思考;要是我对此丧失信心,那么总还会有时间把这个想法公之于众。

您读过《德国》杂志去年第十一期上施莱格尔论史诗的那篇文章①了吗? 您读去吧! 真奇怪,他这么一个聪明人怎么会上了正道马上又偏离正道。因为史诗不可能具有戏剧的统一性,因为人们不那么能证明《伊利亚特》和《奥德赛》中有这样一种绝对的统一性,倒是按近代人的思想把它们说得比事实上更零散,所以史诗既不应该具有也不应该要求统一性,这就是说,按我的理解,它应该终止成为一部诗。而据说这就是纯粹的概念,连经验都同这些纯概念相抵触,如果仔细观察便不难看出这一点来。因为

---

① 指施莱格尔的《论〈荷马史诗〉,兼论沃尔夫的研究》。

《伊利亚特》和《奥德赛》，经过了千万个诗人和编辑的加工，显示出诗人和批评家们趋向统一性的强烈倾向。而说到底，这个新的施莱格尔的论述却只有利于沃尔夫的观点，而沃尔夫却根本不需要人家来帮他这个忙。因为虽然那些伟大的诗歌是逐步形成的，未能达到完整的、尽善尽美的统一（尽管这两部史诗的结构远比人们想象的完善），但是从中还得不出这样的结论来：一部这样的诗歌既不能是，也不该是完整的、尽善尽美的、和谐一致的。

在此期间，我整理了您的来信，就我们迄今所商谈的结果撰写了一篇短文；请您把这项工作继续进行下去，它现在对我们俩在理论和实践方面都是至关重要的。

我又怀着极大的兴味通读了一遍亚里士多德的《诗学》，这是一项涉及理性与其最高现象的美好的事业：十分奇特的是，亚里士多德只遵循经验，而且可以说由此而变得有点儿太追求实利，但也就显得愈加正派可靠。所以，读到他以豁达宽宏的态度保护诗人免受吹毛求疵的评论家的攻击，读到他总是只着重事物的本质，对所有的其他问题都那样宽松，我不止一次地感到惊奇，这也是令我感到十分振奋的。然而，他对诗学的以及对特别受他宠爱的部分的整个观点也十分振奋人心，所以我最近还要读他，尤其是因为一些重要的段落还不完全清楚，我想好好研究一下那些段落的含义。不过对于史诗，人们是根本找不到尽如人意的启示的。

……

歌德

113　致歌德

1797 年 5 月 5 日,耶拿

我对亚里士多德非常满意,不仅对他,而且也对我自己非常满意;读完这样一个头脑清醒的人和冷静的立法者的作品后不失去内心的平静,这样的事不是经常会有的。对于所有不是盲目追求表面形式便是毫不理会形式的人来说,亚里士多德是一个真正的地狱裁判官。对于前者,他准会用他的自由思想,用他的精神使他们陷入恒久不变的矛盾之中;而对于后者,他从诗和悲剧的本质中特别推演出他那不可动摇的公式时,那种一丝不苟的精神一定是令人畏惧的。我现在才明白,他使法国的注释家、诗人和批评家们陷入了艰难的境地;他们也一直像男孩怕挨棍棒那样怕他。莎士比亚,尽管确实违反了亚里士多德的法则,但一定和他相处得远比整个法国悲剧都好。

不过,我感到很高兴,幸好我早先没有读过他,不然,我是享受不到现在读他时他给予我的极大乐趣和种种好处的。读他而要想有所得益,就得先弄清楚基本概念:如果对他论述的事情事先没有足够的了解,那么,向他去讨教就必然有危险。

但是,他肯定永远不能完全被人理解或受人正确评价。他对悲剧的全部观点建立在经验的基础上:对于大量演出过的悲剧,我们没有印象,他却记忆犹新;他从经验出发进行推理,我们则往往缺少他借以做判断的整个基础。他几乎从来不从概念出发,而是始终只从艺术、诗人，以及舞台表演的事实出发；如果他的判断，按其主流，是真正的艺术规则，那么，我们应该把这归功于一种机缘，因为当时有通过事实实现一种思想或用个别情况说明其文学样式的艺术品。

如果人们到他的作品里去寻找一种现代美学家理应具有的诗学哲学，那么人们不仅会感到失望，而且也会不得不嘲笑他的自由诗形式的风格，嘲笑这由一般性和最个别的规则，由逻辑学、韵律学、修辞学，以及诗学的原理等组成的奇特的大杂烩，就好比他一直退回到元音和辅音了。可是如果人们设想，他要完成一部悲剧，在询问写悲剧应予以考虑的各种要素，那么一切就容易解释了，人们会感到非常满意，他就可以趁此机会扼要重述组成一部文学作品的诸要素。

我对他重悲剧轻史诗的观点丝毫不觉奇怪，因为他认为，史诗的真正的和客观的文学价值不受影响，虽然他并不是完全清楚地表达了自己的意思。作为评判家和美学家，他一定对一种艺术样式最满意，那种艺术样式建立在一种永久的形式之上，对它是可以做出判断来的。他所看到的悲剧样板，情况显然就是这样的，而剧作家的更简单、更明确的工作却要容易理解、容易说明得多，它给理性指出一种更完美的技巧，而且恰好就是因为时期较短、范围较小。此外，人们清楚地看到，他对悲剧的偏爱来源于他对悲剧的一种比较清楚的认识，对于史诗他其实只了解史诗和悲剧共有的那些属类——诗学方面的规律，而不了解那些使史诗和悲剧相对的特殊规律。所以他也可以说，史诗包含在悲剧之中，一个人既然会评价史诗，他也就会鉴定悲剧，因为史诗一般的、实际的、诗学的特性自然是包含在悲剧之中的。

这篇论文表面看来有许多矛盾，但是在我看来这些矛盾只不过是赋予这篇论文以更高的价值罢了，因为它们向我证实，全文由连珠妙语组成，没有任何理论上的先入为主的观念，有些方面当然也可能要归因于译者。

我感到高兴，您来这里时，我可以和您一起深入细致地讨论这篇文章。

他研究悲剧时把主要注意力放在事件的联系上，这一着真是做对了。

他把文学和历史进行比较，承认前者比后者有更大的真实性，这样一个理智的人持这种看法，这也使我感到非常高兴。

有人认为，古人用政治，后人用修辞学让他们的人物说话，听听他对此怎么说，他对这种意见有什么看法，这也是很妙的。

……

有人责怪他过分偏袒欧里庇得斯，我却完全没有这样的感觉。我自己读完这部《诗学》后，根本就觉得，人们极大地误解他了。

……

席勒

114　致席勒

1797 年 5 月 6 日，魏玛

　　我很高兴，我们恰恰是在恰当的时刻打开了亚里士多德的书。要了解一本书的价值，就得先读懂它。我记得很清楚，三十年前我读这本书的译文时对这部作品也是不甚了了。我希望，不久能和您一道继续讨论这个问题。

　　……

　　最近这几天，由于我又仔细阅读了他译的荷马作品①，我不得不再次对它们的伟大之处表示赞叹和敬仰。……

歌德

---

① 　指福斯译的《荷马史诗》。

115 致歌德

1797 年 6 月 18 日,耶拿

……

到了瑞士后是否继续前行,您的决定对我也是至关重要的,我怀着焦灼的心情等待着您做出决定。我对人情世故愈是处之淡然,为数不多的友人对我的状况的影响也就愈大,而有着决定性的影响的则是您的决定。最近这四个礼拜您又帮我在心中树起了许多信念。它们正在日益改掉我的从一般走向个别的倾向(这在一切实际工作,尤其是一切文学创作上都是一种坏习惯),翻转过来把我从个例引向普遍的规律。您惯常观察事物的出发点一直是窄小的,但是它把我引向远处,使我从内心感到愉快。这样,我就不至于在另一条道路上踽踽独行,总是由远处走进窄小的胡同,我就不会有一种不舒服的感觉,生怕在结尾时看到自己比开头时更贫穷。

……

席 勒

116　致席勒

1797 年 6 月 21 日，魏玛

......

最近四个礼拜，我们在理论和实践上确实又取得了可喜的进步，如果说我的性格起到了约束您的性格的作用的话，那么，我从您那儿获得的好处就是，我有时也会被拽着越出雷池，至少我可以不至于长时间地在一块如此狭小的地段来回游荡。加诸还有那位前辈大师，他把一门陌生艺术的财富表现得淋漓尽致，所以，应该说并不缺乏良好的影响。我随信又把《手套》(*Glove*)附上，它和《潜水者》(*Diver*)①确实配成很好的一对，它以其自身的功绩进一步提高了那种文学样式的身价。顺祝安好，即复为盼。

歌德

---

① 《手套》和《潜水者》是席勒的两首叙事诗。

236

117 致席勒

1797 年 6 月 22 日，魏玛

由于在我现在内心不平静的情况下，我很有必要给自己找点事做做，所以我决心动笔写我的《浮士德》。我将已经刊印的部分重新修改并把已经写好或构思好的故事加以整理归纳，以此着手为其实只不过是一个想法的提纲做进一步的准备，就这样，我即使不能完成全部作品，起码也可以把作品大大向前推进一步。方才我又有了这个想法，并把这个想法做了一番叙述，现在心中感到相当坦然。不过我希望，您能费神在不眠的夜晚把这件事仔细考虑一下，向我提出您对整体的要求，并用这种方式，以一个真正的预言者的身份，给我讲述并解释我自己的梦。

由于这部诗剧的各个不同的部分，在情绪上可以用不同的方法加以处理（只要它们和整体的精神与气氛吻合），由于整个工作带有主观随意性，所以我可以分段创作这部作品，并且现在我也能有所作为。

……

歌德

118　致歌德

1797 年 6 月 23 日，耶拿

您决定着手写《浮士德》，这确实使我感到意外，尤其是现在您正准备去意大利旅行呢。不过我已经一劳永逸地放弃用常规逻辑来衡量您了，所以我事先就深信，您的天才会让您马到成功的。

您要我将我的希望和要求告知您，这不容易做到；不过我愿意尽我所能，设法找到您的思路，即使这做不到，我也愿意想象，仿佛我偶然找到了《浮士德》的残稿，要完成这部未完成的作品。这里，我只讲几点看法。《浮士德》，也就是这部诗剧，尽管有着种种富有诗意的个性，却不能完全拒绝对一种象征的深远意义提出的要求，这大概也是您自己的想法。人性的这种双重性，以及把人身上的神性的和肉体的东西联合起来的这种徒劳的努力，人们是会密切加以注意的，而因为情节鲜明、无定形，而且必须这样，所以人们就不愿意停留在题材上，而愿意将它传送到观念中去。简言之，对《浮士德》的要求既是哲学方面的，同时又是文学方面的，不管您愿不愿意，题材的性质决定您必须用哲学的方法去处理它，而想象力则只好勉强同意为一个合理的思想效劳。

不过我这些话对您来说是没有什么新鲜的，因为在已经完成的部分中您已经开始极大地满足这一要求了。

如果您现在确实已着手写《浮士德》，那么对作品的圆满完成我也就不再怀疑，这使我感到非常高兴。

……

席勒

119　致席勒

1797 年 6 月 24 日,魏玛

感谢您对重新振奋起来的《浮士德》发表的头一席谈话。对这部作品我们大概没有不同的看法,然而如果一个人看到别人描述出他的想法和意图,这顿时就会给他一种完全不同的写作的勇气,而您的关注从多方面看都是富有成效的。

我现在拿起这部作品,是极其明智的,因为考虑到迈耶的健康状况,我多半只好在北方过冬,所以我既不想因希望落空而自寻烦恼,也不想因此而给我的朋友们添麻烦,而是兴致勃勃地准备撤退,撤回到这个象征、观念和朦胧的世界。

暂且我只设法完成大量已构思好的和半改编好的材料,将已刊印的部分加以整理,我将一直这样干下去,直到全部任务完成为止。

顺祝安好,您对题材处理有什么看法,请您继续来信告诉我,把那首叙事谣曲寄给我。

歌德

120　致歌德

1797 年 6 月 26 日,耶拿

……

　　《浮士德》我又读了,我感到头晕目眩,颇费猜测。这是很自然的,因为事情是以一种直观经验为依据的,只要人们没有这个直观经验,那么,一种自身不是很丰富的材料便势必会使理智陷入窘境。令我感到担心的是,我觉得,按其气质而言,《浮士德》似乎也需要一种内容上的完整性,如果最后应该让人觉得这个思想已经得到阐明的话,而我却找不到一个有诗意的箍,用来把大量涌现的题材箍紧。噢,您会有办法的。

　　譬如,依我看来,《浮士德》理应被纳入生动的生活之中,不管您从大量生活素材中撷取哪一段,我觉得,它似乎出于本性的缘故需要十分细致的描写。

　　在题材处理上,我觉得,要在轻快和严肃之间应付自如,这是很困难的,我觉得,悟性和理性似乎在这个题材中进行着殊死搏斗。从现在尚未完成的这个浮士德人物形象身上,人们强烈地感觉到了这一点,但是人们寄希望于展开的整体。魔鬼通过其现实主义在悟性上保持正确态度,而浮士德则在情感上保持正确态度。但是有时他们似乎交换角色,魔鬼竟在浮士德面前为理性辩护。

魔鬼用其现实主义的性格抵消他的理想主义的存在，我认为这也是一种困难。理性倒是能相信他，而悟性却只能承认并理解现实中的他。

　　我很想知道，民间故事是怎样在整体上适应哲学部分的。

……

席勒

121　致席勒

1797 年 6 月 27 日,魏玛

　　《波吕克拉忒斯的戒指》(*Ring of Polycrates*)①写得很好。
国王的朋友——一切事情都发生在他的眼前,也就是发生在听众
的眼前——那余音绕梁的结尾,一切都写得非常好。我希望,我
那首与这配对的诗②也同样会获得成功!您对《浮士德》的意见使
我感到非常高兴。它们一如既往,同我的想法和意图是很一致
的,只不过我采用这种不规范的结构就比较方便,我只想接触,不
想满足这些最高要求。这样,悟性和理性就像两个职业击剑者,
白天大打出手,晚餐后便握手言好,一同休息。我将设法使各部
分优雅而有趣味,能引起某些思考;就这始终还是断片的整体而
言,这一史诗新理论可能对我是有用的。

　　……

歌德

---

①　席勒的一首叙事歌,取材于希罗多德《历史》第 3 卷第 40—43 节。波吕克
拉忒斯为萨摩斯岛的僭主(公元前 535 年—公元前 522 年)。
②　指歌德的《追求》。

122 致歌德

1797 年 6 月 27 日,耶拿

我在这里附上两首诗①,是昨天给《缪斯年鉴》寄的。请您仔细读一下,然后用几句话告诉我,您觉得诗写得怎么样,对作者有何看法。对这类风格的作品我没有公允的判断力,而我恰恰又希望在这个问题上能做出正确的判断,因为我的建议和意见对作者是有影响的。

……

席勒

---

① 即德国诗人荷尔德林的两首诗:《漫游者》(*Wanderer*)和《苍穹》(*Ether*)。

123　致席勒

1797 年 6 月 28 日，魏玛

　　现将给我寄来的两首诗给您寄回，我对这两首诗并非完全没有好感，它们一定会在读者中找到朋友的。当然，非洲沙漠和北极既没有通过感官上的也没有通过内心的观察加以描绘，它们是通过否定来加以刻画的，因为它们没有如同所希望的那样，和后面的德意志的——惹人爱的图画形成充分的对照。所以，另外那一首诗与其说具有诗意，还不如说带有博物学的色彩，它使人回想起那些油画上的动物，它们在天堂里聚集在亚当的周围。两首诗表现出一种温和的、容易知足的追求。诗人对大自然有明快的认识，不过，他似乎只从传说中了解自然。一些生动的画面令人感到惊异，虽然我不喜欢看到泉水涌流的森林静止不动，作为对沙漠的否定。个别词句以及诗律方面尚有一些问题值得商榷。

　　我还没见到作者更多的作品，不知道他是否在其他种类的诗歌方面还懂别的诗律并且有天赋，所以我不知道该给他出什么主意。我想说，两首诗都有可以造就一个诗人的良好成分，但是单凭这些成分还不能造就一个诗人。也许他最好还是选择一个十分简单的田园生活题材加以表现，这样，人们倒能看清楚，他在刻画人物方面才能如何，归根到底这是一切的关键。我看，《苍穹》不妨刊登在《缪斯年鉴》上，《漫游者》可以在《季节女神》上刊登。

歌德

124　致歌德

1797 年 6 月 30 日，耶拿

　　我感到高兴，您对我的朋友和被保护人并非完全没有好感。我觉得他的作品中的毛病是很明显的，但我不太清楚，我自以为在他的作品中所发现的那种好的东西是否也经得起检验。平心而论，我在这些诗里找到了许多我自己的形象所惯有的特征，作者使我想起我自己，这已经不是第一次了。他有一种强烈的主观性，并兼有某种哲学的精神和深邃哲理。他的状况是危险的，因为这种性格的人极难对付。不过在最近这几首诗里，我将它们和他以前的作品对照的时候，发现了某种好转的兆头；简而言之，此人就是若干年前您在我家里见过的那个荷尔德林。只要我有办法，可以把他从他自己的那个小圈子里拽出来，从外部施加一种有益的、持续不断的影响，我就不会将他抛弃不顾。他现在在法兰克福一个商人家里当家庭教师，所以在审美力和文学观方面囿于一己之见，在这种情况下他会变得日益孤陋寡闻的。……

席勒

125　致席勒

1797 年 7 月 1 日，魏玛

　　我也要向您承认，我感觉到这几首诗里确有些体现了您的风格的东西，一种相似的思潮不容忽视，但是它们既没有您的作品里的那种丰满，也没有您的作品里的那种力度、那种深度，不过正如我已经说过的，这几首诗里的某种妩媚、真挚及温和值得称道，而作者是值得您尽力去引导和指点的，尤其是因为您和他是旧交。……

　　枢密官希尔特正在此地，他在某些方面对我来说是个陌生人物；对这个美妙的国家的古代和现代艺术的纪念碑他都实地考察过，如今记忆犹新。作为一个理智的人，他善于将一种完善的经验很好地加以整理和评价，就如在他的本行建筑艺术方面他会做出很好的判断那样。把完美无缺的木结构建筑物的建筑方法以同样的象征的方式应用到石头建筑物上去，他很善于将这个著名的思想付诸实行，并从各个部分的实用价值中引导出使用和审美的价值来。在其余的艺术领域他也有广泛而丰富的经验。不过在做出真正的审美判断时，他仍站在我们早先已经抛弃了的立场上，至于古代知识，他和柏蒂格尔不能同日而语，因为他既没有那种广度，也没有那种机敏。总的来说，他的出场令我感到非常愉快，因为他的追求是执着的、严肃的，同时又是令人感到舒适的，不会令人讨厌……

歌德

126 致歌德

1797 年 7 月 4 日，耶拿

这三天里，希尔特让我进行了相当有趣的思索，并给我留下了某些我还将长期思考的问题。虽然他有些囿于成见，但是他的判断建立在一种多层次的、持续的观点的基础上，言简意赅地道出了生动的观察和彻底的研究所取得的丰硕成果。我觉得，在主要问题上他与您和迈耶是相当一致的，起码人们可以和他就最深邃、最核心的问题进行长谈，而不会觉得自己是在对牛弹琴。我倒是愿意在您和他谈论这些问题的时候当一个局外人，因为凭我的知识储备无法和人就造型艺术进行任何交谈，但当个旁听者一定会受益匪浅。

对米开朗琪罗他很有成见，我觉得，他把米开朗琪罗贬得太低，他只承认米开朗琪罗有折旧价。然而我觉得他在对米开朗琪罗做出严格评价时的推理很明智，现在我只对是否能正确陈述事实有怀疑，而事实正是他进行推理的基础。

此外，我还不太清楚，我究竟应该怎样看希尔特，结识时间较长以后他是否经受得住考验。也许某些东西并非他所特有的，而事实上正是他的这个特点给人留下深刻印象，至少我觉得，热情和活泼并不是他的性格中所固有的东西，虽然他善于用它们来表现某些内容。

……

席勒

247

127　致席勒

1797 年 7 月 5 日，魏玛

《浮士德》最近搁下了；北方的幽灵被南方的怀旧占去了一些时光，不过我已经拟好了全书的详细提纲。

您当面结识了我们的罗马老朋友①，我很高兴，将来您会更好地了解他及他的文章的。人们从他身上也可看到，一个理智的人身上的一种丰富的，几乎是完整的经验可以产生何等美好的结果。在这方面您对他的评价完全正确：如果前提正确的话，那么他的逻辑演算就会非常顺利地进行；可是他的一般前提往往不是错误的，便是偏狭的、片面的，因为只有在一个时期里才能顺利进行推论。所以说他对米开朗琪罗的反感也来源于一种固执的、根据不足的念头，而且他在我随信附上的这篇论拉奥孔的文章里②的观点是很正确的，然而就整体来说论述不够充分，因为他不明白，莱辛③的、温克尔曼④的、他的，甚至还有其余好几个人的见解加在一起才构成艺术的界限。不过，他在造型艺术上也努力追求性格特征和激情，这还是相当不错的。

---

① 即希尔特。
② 即希尔特的《拉奥孔》，刊登在 1797 年《季节女神》第十期上。
③ 莱辛（1729—1781），德国启蒙运动时期伟大的思想家、美学家和剧作家。
④ 温克尔曼（1717—1768），古希腊罗马问题研究者、艺术史家。

这件事使我想起了我几年前写的一篇文章①，因为我现在找不到这篇文章，所以我就凭我的记忆，按照我现在的（我一定也可以说，我们现在的）信念，把材料整理出来了。也许我可以在星期天把整理好的材料给您寄去。

……

歌德

---

① 即歌德的《论拉奥孔》一文，1798 年发表在歌德主持的杂志《普罗庇累恩》上。

128　致歌德

1797 年 7 月 7 日, 耶拿

我觉得, 现在恰恰是从性格特征方面阐明和检验希腊艺术品的合适时机, 因为一般来说, 温克尔曼和莱辛的观点还一直占着主导地位, 而我们的最现代的美学家们, 不论文学的还是雕塑的, 则正费尽心机, 要清除希腊人的美中的种种性格特征, 使这种美成为时新的标记。我觉得, 近代分析家们尽力抽象地用某种纯洁性表现美的概念, 从而几乎将它掏空, 把它变成了一句言之无物的空话; 我还觉得, 人们在以美对抗正确和中肯方面走得太远了, 对待抽象太粗暴了。

我认为, 许多人却又犯了另一种过错, 他们过分地把美的概念和艺术品的内容挂钩, 却不和论述挂钩, 所以他们一定会感到不知所措, 如果要他们把梵蒂冈的阿波罗①和类似的因其内容就已显出美来的形象, 同拉奥孔、一尊福恩②或其他令人难堪的或并不高尚的代表性作品放在一起, 用一个美的观念去加以理解的话。

在文学方面, 您是知道的, 情况和这完全一样。人们历来就煞费苦心, 如今仍在煞费苦心, 凭借从希腊人的美中形成的概念去挽救荷马及悲剧作家作品中的粗俗的, 往往是低下的和丑陋的

---

① 这里指阿波罗塑像。
② Faun, 罗马神话中的农牧和森林之神, 头上有角, 足似山羊, 性淫荡。

性格。但愿有朝一日，有人敢于抛弃"美"这个概念，甚至把这个词都废弃掉，因为所有那些错误的概念都是不可分离地和这个词联结在一起的；不仅废弃它，而且顺理成章地用最完美意义上的真实取而代之。

希尔特的这篇文章我很愿意在《季节女神》上刊用。一旦道路畅通，您和迈耶接洽讨论起来就愈加方便了，你们也会发现读者的思想准备是很充分的。如果能就希腊艺术品中的性格特征和激情这个题目很好地展开讨论，我也会感到满意的，因为我预见，我计划要做的对希腊悲剧的研究将把我引到这个题目上来。我殷切期待着拜读您的文章。

……

席勒

129　致席勒

1797 年 7 月 8 日，魏玛

　　希尔特的这篇文章立下了大功，它使人牢牢记住性格特征，它一经登出准会引起大家就此问题展开热烈讨论。我赞成《季节女神》刊用它。随信也将拙文①附上，请您过目，无论从整体还是从细节看，此文都显得粗糙。如同我很想听到迈耶对真实描绘艺术品有何评价，我也很想知道您对此文的论述方法和内容是否满意。

……

歌德

---

①　指歌德的《论拉奥孔》一文。

130　致歌德

1797 年 7 月 10 日，耶拿

您用寥寥数语便言简意赅地说出了全文的精华，并以一种确实值得钦佩的方式澄清了这个难题。的确，这篇文章是观赏、评价艺术品的一个样板，不过它同时也是运用原则的一个样板。在这两个方面我从此文中学到了许多东西。

详情容后面谈。……

席勒

131 致歌德

1797 年 7 月 21 日，耶拿

我永远不会内心没有所得就从您身边离去的，如果说我由于得到了您给予我的许多东西而能推动您和您的精神财富的话，这使我感到高兴。这样一种建立在相互完善的基础上的关系一定会永葆青春的。这种关系愈和谐，对立便愈少。我可以希望，我们会渐渐地在所有问题上互相了解，这完全是顺理成章的事；而在按其性质不能被理解的问题上，我们可以通过感觉而互相靠拢。

我利用我们的相互交流的最美好和最富有成效的方式是，把它们直接应用到当前的工作上，并且立刻在创作上使用它们。正如您在《论拉奥孔》引言中所说，艺术完整地体现在个别的艺术品中。所以，我认为，人们必须把艺术中所有一般性的东西重新变成最特殊的情况，如果思想的现实应该经受住考验的话。

……

席勒

132　致歌德

1797 年 8 月 17 日,耶拿

……

　　尽管经验不足,但我也清楚地了解到,总体来说,人们无法用诗歌去愉悦,却可以用它去败坏那些人的情绪。我觉得,既然此路不通,那么人们就必须另辟蹊径。人们必须搅扰他们,扫他们的兴,令他们感到不安和惊异。诗歌不是以守护神,便是以鬼怪的面目出现在他们的面前,二者必居其一。通过这唯一的途径,他们学会相信诗歌的存在,并且尊敬起诗人来了。我在哪儿也没见过有谁比这类人更尊敬诗人,虽然在哪儿也没见过对诗人的尊敬竟如此徒劳无益、没有热情。诗人的各种有利因素中存在某种东西,您可以是一个仍十分不信神的现实主义者,然而您不得不向我承认,这某种东西是理想主义的种子,只有它还在阻止现实生活,不让一般的经验破坏对诗意的种种敏感性。诚然,真正的美的和审美的情绪由此还远没有被激发起来,相反,它倒是常常由此而受到阻遏,一如自由受到道德倾向阻遏那样,这是事实;但是打开了经验的大门,这本身就是很大的成功。

……

　　您终于收到《伊俾科斯的鹤》(*Cranes of Ibycus*)①了。希望

---

①　伊俾科斯为公元前 525 年前后的希腊抒情诗人,关于他被强盗杀害而由鹤报仇的故事,古代文献里有不同的记载。席勒该诗的取材,最初由歌德提供。

您会对它感到满意。我承认，在仔细审阅素材时我遇到的困难比开始时所预料的要多，不过我觉得，我已经将绝大部分的困难克服了。我觉得，有两个关键的要点，其一是将一种粗线条的情节所没有的连续性注入故事之中，其二是为效果制造气氛。我还未能对作品做最后润色，因为昨天晚上我才完稿，我切望您趁热打铁，尽快读一读这首叙事谣曲。如能听到在关键问题上我和您的观点吻合，我将感到不胜荣幸。

……

席勒

133　致席勒

1797 年 8 月 23 日，法兰克福

……

《伊俾科斯的鹤》我觉得写得很成功，向剧场的过渡很美，复仇女神的合唱恰到好处。既然虚构了这一转折，那么，没有它整个情节也就不可能存在，如果我来改编的话，我也会采用这个合唱的。

另外，再谈几点看法。（1）作为候鸟，鹤应该是一大群，它们既从伊俾科斯，也从剧场[①]上空飞走，它们作为自然现象而来，所以和太阳及其他有规律的现象同属一类。神奇的色彩也由此而除掉了，因为它们不一定非得是同一批鹤，它们也许只是一大群迁徙之鸟中的一部分，这种偶然性，我以为，真正构成了故事中的不祥预兆和奇特性。（2）既然这样，那么我就要在厄里倪厄斯[②]们退场后的第十四节诗之后再插入一节，以刻画合唱内容在民众心头激起的那种情绪，并要从善良之人的认真观察转入丧尽天良之人的心不在焉、精神涣散，然后让凶手张口喊出他的话来，虽然显得愚蠢、粗野和喧闹，但是只有在邻人圈子里才清晰可闻，因此就会在他和最近的观众之间产生冲突，因此人们就会留神倾听，等等。按此办法，以及通过鹤群的迁移，一切便显得十分自

---

① 古代希腊剧场多是建筑在山边的露天剧场。
② 厄里倪厄斯，希腊神话中的复仇女神。

然,而且按我的感觉效果会更明显,因为现在第十五节诗开头太喧闹太显眼,而人们则几乎另有所望。如果您在有些地方用韵再稍微小心些,其他问题也就不难解决,我祝您这部佳作获得成功。

······

1797 年 8 月 22 日,法兰克福

昨天我就这首叙事歌谈了几点看法,今天我还得补充几句,以便澄清几个问题。由于您的中段写得非常成功,所以我希望您也能在引子部分加几节诗进去,因为这首诗反正不长。依我看,鹤群已经被漫游的伊俾科斯看见。······是的,如果人们觉得这样有好处,那么他也可以在航行时就已经看见过这些鹤。您看,我昨天已经说了,我关心的是,把这些鹤变成一种絮絮不断的现象,按我的想象,它又可以和复仇女神们的缠绕、绵长的线索很好地结合在一起。至于结尾部分,昨天我已经说了我的意见。况且,我已经才穷智竭,对您的这首诗提不出什么有用的建议了。

昨天荷尔德林也到我这儿来过,他神情有些沮丧,脸上略带病容,不过他确实可爱,而且谦逊,简直是坦率中带着谨慎。他探讨各种问题时所采取的方法,显示出您的治学的态度,某些主要思想他掌握得相当好,因此某些思想他又容易吸收。我竭力劝他写小诗,并且要为每一首诗挑选从人情角度看有趣的题材。他似乎还对中古时期颇感兴趣,在这方面我没法支持他。······

歌德

258

134 致歌德

1797 年 8 月 30 日，耶拿

······

方才收到您最后这封来信，我们感到不胜惊喜。衷心感谢您就伊俾科斯对我所说的话，您的指点我能做到的，我一定照办。这件事使我又一次清楚地感受到，一个新鲜的认识和经验即便在虚构情节方面也能发挥极为重大的作用。我仅仅是从为数不多的几个譬喻中认识鹤的，它们提供过这样的机会。由于缺乏生动的体验，我在这里忽略了一个事实，即这个自然现象是可以好好加以利用的。我将试图赋予这些鹤以更大的广度和深度，它们本来就是命运的主宰。向凶手的呼喊这一过渡我该怎样改写，我一时还不清楚，虽然我感觉到，这方面是可以有所作为的。不过情绪一来也许会找到办法的。

再次感谢您的来信。情况许可的话，后天我一定给您写信。顺祝安好。

席勒

135　致歌德

1797 年 9 月 7 日,耶拿

……

我按照您的建议对《伊俾科斯的鹤》做了重大修改,引子不再那么贫乏,叙事歌的主人公更有趣味了,鹤群使想象力更加丰满,引起人们足够的注意,使鹤群最后出现时不至于因先前发生的事而被人忘却。

不过说到您对情节展开做的提醒,在这方面我不能完全满足您的愿望——如果我只让最近的观众听到凶手的呼喊声,并且使这部分观众中产生一种骚动,然后这阵骚动才连同其起因一道波及全体观众,那么,我就得自找麻烦去加上一个细节;我满怀着焦灼不安的期待,而这个细节却会使我陷入莫大的窘境,使大批观众疲惫,并分散他们的注意力……我的叙述却不应该带有神奇色彩,写初稿时我就不曾有过这样的想法,不过我叙述得太不明确。纯粹的、自然的偶然必须澄清这场灾难。这个偶然指引鹤群从剧场上空飞过;凶手在观众中间;这场戏虽然没有真正使他动心和悔悟——我不这样认为——但是它令他回想起他的所作所为和当时的情景;他激动不安;所以鹤群的出现此刻一定使他感到突然;他是一个愚笨的粗汉,完全被瞬间的印象攫住了。在这种情况下这一声大喊是自然而然的。

因为我设想他坐在高处,那是普通民众的座位,所以他才能在鹤群盘旋于剧场中央上空之前就看见它们,这样我就可以让这一呼声在鹤群实际出现之前便喊出口来,而这一点是很关键的,这就是说,鹤群的实际出现就显得尤其重要了。既然他在高处喊,我就可以让他的喊声更清楚地被人听到。因为完全有可能使整个剧场都听见他的喊叫声,尽管并非所有的人都听懂了他的话。

我加了一节诗,专门描写他这一声呼喊造成的印象,但是罪行的真正的揭露,作为那声喊叫的后果,这我实在不愿意详细描绘了,因为寻获凶手的道路一旦开通(这是由那一声呼喊,还有那随之而来的不知所措的惊恐完成的),这首叙事歌也就随之结束,其余的事对诗人就是微不足道的了。

我已将这首叙事歌,将它的修改稿,寄给柏蒂格尔,想听听他的意见,看其中是否有什么与古希腊习俗相矛盾的地方。稿子一取回,我就最后润色一遍,然后立即将其付印。……

我很高兴,荷尔德林向您做了自我介绍,在给我的信中他只字未曾提及他想拜访您,所以他一定是突然下的这个决心。……

席勒

136 致歌德

1797 年 9 月 14 日,耶拿

......

趁此机会我倒要问问您:近代这么多有才能的艺术家喜欢将艺术文学化,这是否可以这样来解释,即在我们这样一个时代,除了通过文学外,没有别的审美的途径? 而正因为所有重精神的艺术家只被一种文学的感受所唤醒,所以他们在造型艺术中也只表现文学的想象。假如不是偏偏我们时代中文学的精神被用一种对艺术教育十分不利的方式逐一记载了下来的话,那么祸害也就不会太大了。然而,由于文学本身就已经大大偏离了其自身的类概念(仅仅通过它,文学接触到其他模仿性艺术),所以它自然也就不会是个好的艺术的引路人,它至多只能从反面(通过对平庸的本性的超越),但绝对不会从正面或积极地(通过对客体的规定)对艺术家施加影响。

我以为,近代的造型艺术家们的这种偏离正路也可以在我们关于现实主义和理想主义的观念中找到充分的解释,并且为我们的观念的真实性提供了一个新的例证。这件事情我是这样想的。

文学家和艺术家有双重性格:他既超越现实,又囿于感性。哪里两者结合在一起,哪里就有审美艺术。但是具有不利的、无定形的天性的人很容易带着现实性离开感性,从而具有理想主义的色彩;而如果他的理解力弱的话,甚至就会变得离奇古怪。抑

262

或如果他迫于其本性愿意并且必须局限于感性，那么他也就会乐意停留在现实性上，于是就会带有现实主义的（在这个词的有限意义上）色彩；而如果他完全缺乏想象，他就会变得卑躬和粗俗。所以，在两种情况下他都是不符合美学原则的。

将经验的形式简化为审美形式是桩难事，通常不是缺躯体便是缺精神，不是缺真实便是缺自由。我觉得，老的样板，不管是文学方面的还是造型艺术方面的，似乎主要有这样的用处，即它们提出了一个已经缩减为审美天性的经验天性。还有就是它们在加以深入研究之后，能对那个缩减活动给予提示。

具有丰富想象和才智的近代艺术家不能将他周围的经验天性缩减为一种审美的天性，他因而感到绝望，所以宁可完全离开经验天性，寻求想象的帮助以对付经验，对付现实。他将文学的成分注入他的作品中，否则他的作品就会空洞而贫乏，因为他没有那种只有从题材的深处才能吸取到的成分。

9 月 15 日续

……

柏蒂格尔对我的《鹤》非常满意，我就时间和场所问题向他请教，他觉得我的描写很令人满意。他借此机会承认说，他始终不太明白，在伊俾科斯身上怎么还会有什么文章可做。这一自白把我乐坏了，因为这非常鲜明地刻画出了他的性格。……

席勒

137 致席勒

1797 年 9 月 25 日，施特法

……

我感到高兴，由于我的建议，您的《伊俾科斯的鹤》的开头内容更充实了，关于结尾部分您的看法也许是对的。艺术家必须自己心中有数，他可以在多大程度上采纳别人的建议。……

歌德

138　致歌德

1797 年 10 月 2 日,耶拿

……

现在,由于《缪斯年鉴》已经了结,我终于又可以腾出手来写《华伦斯坦》了。我把已经写好的那几场又读了一遍,基本上对自己还算满意,只是我以为其中尚有几处显得枯燥,而这几处地方我完全可以解释清楚,并且也完全可以加以润色。它们产生自某种畏惧心理,怕落入我从前那种修辞风格的窠臼;它们还产生自一种过分谨慎的努力,想尽量接近客体。可是现在客体本身就已经有些枯燥,迫切需要文学的自由思想;因为两条弯路,散文体和讲究修辞,都应该仔细加以避免,所以这里就比其他任何地方都更有必要期望出现一种纯诗意的气氛。

我虽然还有大量工作要做,但是我知道,不会出什么新的差错了,因为整个剧本安排得富有诗意,可以说,素材已经变成一个纯粹的悲剧性故事。情节的要素是如此简洁,以至使情节完美的东西都自然地,甚至在某种意义上讲是必然地存在于其中,来自其中。其中没有任何暗含的东西,它向四面八方敞开大门,我让情节一开始就直落而下,使情节在不断的、急速的运动中奔向结尾。由于主人公的性格实际上起着延缓的作用,所以这些情况其实都在为危机的到来做铺陈,而这一点,据我看,会大大提高悲剧效果。

这几天我忙于搜寻一个像《俄狄浦斯王》那样的会给诗人带来同样好处的悲剧题材。这些好处是无法估量的,尽管我在这里只提一个,即人们可以以最复杂的,完全与悲剧性形式相抵触的情节为基础,而这个情节已经发生,所以和悲剧相去甚远。况且,这已经发生的,是不可改变的,按其性质而言要可怕得多,而且担心可能已经发生了什么事和担心可能会发生什么事,它们对情绪的影响是完全不一样的。

《俄狄浦斯王》仿佛只是一种悲剧性的分析法。一切都已具备,只有待将其展开了。这可以在最简单的情节中,在一个很短暂的瞬间发生,即便事情十分复杂,受到客观情况的制约。这对诗人多么不利!

然而我担心,《俄狄浦斯王》别具一格,不会有第二个《俄狄浦斯王》了:从不太美妙的时代里人们绝对不会寻获与此旗鼓相当的剧本。神的预示在悲剧中占有一定的地位,任何别的东西都无法替代;人物和时代已经改变了,如果人们还要保持主要情节,那么,现在振聋发聩的东西就会变得滑稽可笑。

……

席勒

139　致歌德

1797 年 10 月 20 日，耶拿

　　几天前柏蒂格尔寄给我两本您的装帧讲究的《赫尔曼与窦绿苔》，我们真是喜出望外。它终于问世了，我们要听一听，一位荷马式的行吟诗人的声音在这个新的擅长政治空谈的世界上会获得什么反响。我带着当年的印象、怀着新的激动心情重读了这首诗，它简直是这类文体中的完美无缺者，它充满着巨大的激情而且具有极大的魅力，简言之，人们不妨可以说，它是美的。

　　最近，我把《威廉·迈斯特》也重读了一遍，我还从未这样明显地感觉到，外在形式具有多么重要的意义。《威廉·迈斯特》的形式，一如每部长篇小说，是没有诗意的，它完全只存在和体现在悟性的领域里，受全部要求的制约，也具有全部局限性。可是因为运用这个形式表达诗情画意的是一位真正的诗圣，所以在平淡的情调和富有诗意的情调之间便产生了一种奇怪的摇摆，对这种摇摆我还没想出一个合适的名字。我是想说，《威廉·迈斯特》（即这部小说）缺乏某种富有诗意的勇敢精神，因为它，作为小说，总是想迎合读者的理解力，而它又缺乏真正的讲求实际的精神（它在某种程度上对此可有着强烈的要求），因为它出自一位诗圣的手笔。这些话您姑妄听之，我只是告诉您我的感觉罢了。

　　由于您所处的地位，您必须向自己提出最高的要求，客观必须和主观绝对融为一体，所以您的精神可以熔铸于一部作品中的那种东西,很有必要始终采用最纯洁的形式,不让其中的任何成分丢失在一种不纯洁的中间物里。使《赫尔曼与窦绿苔》如此令人着迷的,这一切谁不在《威廉·迈斯特》中感受到呢!《威廉·迈斯特》丝毫不缺少,绝对丝毫也不缺少您的精神,它用诗艺的全部力量打动人的心,给人以一种永无止境的享受,而《赫尔曼与窦绿苔》则把我引进(而且仅仅是通过它那纯诗歌的形式)一个神性的诗人世界,但《威廉·迈斯特》从不完全让我从现实世界中出来。

既然我已经批评开了,那么,我就再谈一点意见,这是我重读时在我脑海中涌现出来的。《威廉·迈斯特》里的悲剧气息显然太浓了;我是指那种预兆不祥的、不可捉摸的、主观神奇的气氛,这虽然与诗的深邃和朦胧相协调,但是与必须贯穿小说并且十分出色地贯穿了这部小说的明白晓畅不相容。碰上这种深不可测的事情令人厌烦,因为人们自以为到处都有可靠的基础;碰上这样的谜同样会令人厌烦,因为通常在理性面前一切疑团均可理得一清二楚。一句话,我觉得,您在这里使用了一种作品的精神没有授权给您的方法。

此外,我还得着重指出,即便这次是重读,《威廉·迈斯特》也使我充实、使我振奋、使我陶醉——我感到,书中流淌着一泓清泉,我可以从我心灵的每股力量,尤其从那股构成一切效应中的联合效应的力量汲取养料。

席勒

140 致歌德

1797 年 11 月 24 日,耶拿

我从来没有像从事我现在这项工作①时这样如此深信不疑,在诗歌中内容和形式,哪怕是外在的形式,多么紧密地连在一起。自从我将我的散文语言变成一种诗的——有节奏的语言以来,我就一直受到一种与先前完全不同的法则的支配,甚至连许多在散文叙述中显得十分妥帖的题材现在我也不能再用;它们只适用于平常人的理解能力,而散文则似乎是其喉舌,可是诗全然要求诉诸想象力,所以我不得不用更富有诗意的笔触来处理我的好几个题材。起码开始时人们确实应该用诗的形式来撰写一切必须超越平庸的东西,因为如果把平庸的内容用诗体形式说出来,平庸就更容易暴露出来。

在从事当前的写作的时候,我心头曾产生过一种看法,或许您也曾谈过这种看法。似乎诗的一部分利害关系存在于内容和描写之间的对抗中:如果内容很有诗意、很有价值,那么描写朴实无华、语言通俗简单就很适宜,因为没有诗意的通俗的内容——在一个比较大的整体中这样的内容往往是必要的——通过生动、丰富的语言反而获得了诗的价值。据我看,必须要有亚里士多德所要求的辞藻,原因也就在于此,因为在一部诗作中是不应该有

①　指写作《华伦斯坦》。

任何平庸的东西的。

在一部戏剧作品中，节奏还起着这样一种重大的作用，即由于它按照一个法则处理所有的人物和情况，并且不管其内在的差别而用一种形式去表现它们，这就迫使诗人及其读者要求所有在性格特征上尚有很大差异的人物带有某些普遍的、纯粹人性的东西。一切都应该联合在诗的这个类属概念之中，而节奏既可作为这个法则的代表，也可作为它的工具，因为它是按照其自身的法则来理解一切的。它用这种方式来创造诗歌创作的气氛，比较粗俗的落在后面，只有洋溢着才智的方能为这个薄弱的要素所承受。

······

席勒

141　致席勒

1797 年 11 月 25 日，魏玛

……

　　刚才收到信和邮包，我谨向您表示衷心感谢，并在此匆匆谈几点即兴想法。我不仅同意您的意见，而且走得更远。一切富有诗意的题材应该有节奏地加以处理！这是我的信念，而人们渐渐地可以引进一种富有诗意的散文，这一点只不过表明人们完全忽略了散文和诗的区别。这就好比有人在他公园里一块干涸的湖面上耕作，而园艺家用开挖一块沼泽的办法来解决此项任务。这些中间属类只对爱好者和半瓶醋有用，犹如沼泽对水陆两栖类有用。现在在德国弊病已经变得如此之大，以至没有人看得见它了，人们反而像患甲状腺肿的瑞士人那样，认为健康人的脖子是上帝的一种惩罚。所以戏剧作品（也许首先是喜剧和闹剧）本来都是应该有节奏感的，这样人们就可以更容易看出，谁能干些什么。可是现在剧作家除了适应环境以外几乎没有别的办法，在这个意义上，您愿意用散文写您的《华伦斯坦》也是无可非议的；但是如果您认为它是一部独立的作品，那么它势必就得带有节奏感。

　　我们无论如何也只好忘记我们这个世纪，如果我们想按照我们的信念写作的话。因为这样一种现在流行的空谈原则的风气，世界上大概还未曾有过，至于近代哲学会做出什么好事来，我们还要拭目以待。

诗歌本来就是建立在以经验为依据来描述人的病理状况的基础上的,可是现在我们优秀的专家及所谓的诗人当中又有谁承认这一点呢？一个像加尔韦①这样也自称曾思考过一辈子、被认为是一位哲学家的人对这样一条公理会一知半解吗？……我多么愿意允许这些平淡无奇的人物在这些所谓的不道德的内容面前被吓得退缩回去,假如他们对更崇高的、合乎道德的、有诗意的内容,比如《波吕克拉忒斯的戒指》和《伊俾科斯的鹤》里的,有一种感受力并且为此感到欣喜的话。

……

歌德

---

① 加尔韦(Garve,1742—1798),布雷斯劳(现属波兰)的通俗哲学家。

142　致歌德

1797 年 11 月 28 日,耶拿

……

我这几天在阅读莎士比亚取材于玫瑰战争的几出戏,现在读完《理查三世》,我真的惊叹不已。这个剧本是我所知道的最崇高的悲剧之一。此刻我真不知道,即便是莎士比亚自己写的剧本,是否有一个能够超过此剧。在前面几部剧中引出的一些宏伟的命运,在此剧中以一种确实壮观的方式得到终结,它们依照最为崇高的思想得以关联起来。此剧的题材已经把一切柔弱缠绵哀愁悲切的成分排除在外,这对剧本产生崇高的效果极为有利,剧中一切都强悍有力,气势恢宏,毫无人性中卑微琐细之物来破坏人们得到的纯美学的感动。人们享受到的仿佛是悲剧恐惧之物的纯净形式。一位崇高的复仇女神变幻出各种形态,漫步走过全剧,使人从启幕到剧终都摆脱不了这种感觉。值得赞佩的是,诗人始终善于从这点冥顽蠢笨的素材中提取诗意的精华,十分巧妙地把无法表现的东西展现出来,我指的是在真实情况无法表现时,善于使用象征的艺术。只有一个莎士比亚的剧本这样强烈地使我想起古希腊悲剧。

……

席勒

143 致歌德

1797 年 12 月 12 日，耶拿

这几天在写《华伦斯坦》第二幕里的爱情场面，我想到舞台和该剧的戏剧使命时心中不无压抑之感，因为整体的安排要求爱情不仅通过情节，而且通过其对自身以及对爱情不受任何实用目标约束的执着坚持来对抗另外一个情节（这个情节恰好是对一个实用目标的惶恐不安的、计划周密的追求），并且由此完成某种对某些人物的塑造。但是具有了这样的特性，爱情便不具有戏剧性，至少在可以用我们的表演手段加以阐明并可以为我们的观众所理解的那个意义上是不具有戏剧性的。所以，为了保持诗的自由，我不得不这么久地排除任何希望上演的念头。

由于它那充满激情的力量，悲剧真的不适合您的本性？在所有您的作品中我看到了全部悲剧性的力量和深度，这足以构成一部完美的悲剧，就情感而言，《威廉·迈斯特》中所蕴蓄的，超过一部悲剧；我认为，悲剧作家迈步前进时所必须遵循的那条严格的笔直的线，不适合您那处处都要无拘无束、从容不迫表现自己的本性。而且我也认为，悲剧作家无法摆脱的对观众的某种关心，对一个目标、对采用这个文学样式时不能完全免去的外在印象的考虑，使您感到受拘束，也许您之所以不太适合当悲剧诗人，恰好仅仅是因为您天生就适合当属类意义上的诗人。至少我认为您身上充分具备悲剧诗人的各种富有诗意的特性，假如您果真还不能写出真正的悲剧来，那么原因多半是在那些并非诗意的需要之中了。

席勒

144　致席勒

1797 年 12 月 23 日，魏玛

随信附上我的一篇文章，请您斧正①。这几天我读《伊利亚特》和索福克勒斯，以及我无意识地试图加以说明的一些叙事性和悲剧性题材时，都曾运用过这些标准，我觉得它们很有用，甚至有决定性的作用。

我感到很奇怪，我们现代人怎么就喜欢把这些文学样式混为一谈，我们简直没有能力把它们区分开来。之所以会这样，似乎仅仅是因为本来应该在纯粹的条件下创作艺术品的艺术家，却屈从于观众和听众力求一切具有充分真实感的渴望。迈耶曾发表过这样的看法，即人们曾经想把各种类型的造型艺术上推至绘画，因为它通过造型和设色可以将摹本描绘得非常真实。所以人们也在诗歌发展进程中看到，一切都涌向戏剧，去表现完全当代的题材。这样，书信体小说就完全具有戏剧性，人们因此也就理所当然可以插入正式的对话，理查逊也正是这样做的；与此相反，掺和着对话的叙事小说却要受到指责。

您一定无数次听说过，人们读完一部好小说后希望能在舞台上看到这个故事，就这样，不知出现了多少个蹩脚的剧本。那些人同样也希望看到有人立刻把每个有趣的场面制成铜版，这样他们也就用不着动脑子了，所以一切都应该具有感官上的真实性，

---

① 歌德请席勒"斧正"他的一篇文章。此文经席勒修改后于 1827 年发表，取名《论叙事文学和戏剧文学》(见本信附录)。

完全是当代题材,带有戏剧性,而戏剧性本身则要和现实真实性平起平坐。这种实际上幼稚、未开化、退化的倾向,如今艺术家要竭尽全力加以抗拒,要用捉摸不透的魔力把艺术品分门别类,维护每个艺术品的地位和特征,犹如古希腊人和罗马人所做的那样,他们正因为那样做了才成为那样的艺术家。但是谁能把他那正在随波逐浪的船和波浪分开呢?顶风行船只能走一小段距离。

譬如古人的一个浅浮雕是一件表面稍稍凸出的作品,在平面上勾画出一个浅的、和谐一致的形象,不过艺术家是不会止步不前的,表面凸出来一半,完全凸出来了,四肢分离了,人物形象分离了,安上了远景,街道、云彩、山和景表现出来了;由于这也是由有天赋的人来做的,所以这种完全不可容许的东西便很容易为人们所理解,因为这样凸现以后它就更容易为普通人所理解。所以在迈耶的论文里出现了这个娓娓动听的、属于这一范畴的故事,叙述人们在佛罗伦萨怎样给泥人上釉,怎样先画单色,后画彩色并涂上瓷釉。

现在回过头来谈谈我的这篇文章,我曾用文中提出的标准衡量过《赫尔曼与窦绿苔》,如今请您也这样做,这方面是可以提出相当有趣的意见来的,诸如:

(1)其中没有单纯叙事性的主题,也就是说没有倒叙主题,而是只有另外那四个叙事诗和剧本共有的主题;

(2)它描绘的不是在自身之外的而是返回自身的人,所以也就背离了叙事诗,而接近剧本;

(3)它合乎情理地不用比喻,因为处理一个更合乎道德的对象时贸然使用自然天性的比喻只能成为更大的累赘;

(4)它还一直从第三个世界接受足够的影响,虽然这种做法并不引人注目;而这重大的世界命运则部分是真实的,部分是通过人物象征性地插入的，而且对惩戒，对一个看得见和看不见的世界的内在联系也勾画了轻微的痕迹。凡此种种，按我的信念，正在取代旧的偶像，而这些偶像的自然的诗的威力并不因此而被取代。

最后我还得对一项特殊任务说上两句，我出于种种考虑给自己定下了这项任务，就是要研究：莫非在赫克托耳（Hector）的死和希腊人驶离特洛伊海岸之间还有一部史诗？抑或没有？我猜想恐怕是没有。原因如下：

（1）没有任何追溯既往的故事，一切均系连续向前推进的；

（2）所有尚有几分追溯既往性质的故事会冲淡对好几个人的兴趣，虽然它们大量存在，但是看上去都像个人命运。我觉得，阿喀琉斯①之死是一个极好的悲剧性题材，古希腊人还给我们留下了埃阿斯②之死及菲罗克忒忒斯③的归来。波吕克赛娜（Polyxena）和赫卡柏（Hecuba），以及这个时代的其他题材也加以处理了。特洛伊的占领本身，作为一个重大命运应验的要素，既不是叙事性的，也不是悲剧性的，做真正的叙事性处理时只能于前进或后退中在远处被人看见。在这方面，维吉尔④是不能予以考虑的。

就谈这些我目前所认识到的吧，因为，如果我没有搞错的话，这个题目，和许多别的题目一样，是很难从理论上说清楚的；天才已经做了什么，我们可能见到了，谁愿意预言，天才可能会或应该会做什么呢？

……

歌德

---

① 古代希腊神话中的英雄。

② Ajax，古代希腊神话中的英雄。

③ Philoctetes，古代希腊神话中的英雄。

④ 维吉尔（公元前 70 年—公元前 19 年），古罗马著名诗人。

论叙事文学和戏剧文学

歌德、席勒合著

叙事文学作家和戏剧作家两者都受一般的诗的规律,尤其是统一律和展开律的支配。此外,他们处理相似的题材,各种主题他们都能使用。他们的重大区别在于,叙事文学作家把事件当作**已经完全过去的事来加以叙述**,而戏剧作家却把它当作**完全是现在的事来加以表现**。如果人们想从人的本性中推导出两人行动规律的细节来,那么人们就得始终设想有一个行吟诗人和一个伶人,把两个人都看作诗人,前者的周围是一群静静谛听着的人,后者的周围则是一群焦灼地观看和倾听的人,于是就不难看出,什么对这两种文学样式中的每一种最有好处,每种文学样式会优先选择哪些题材,它将优先使用哪个主题;我说“优先”,因为正如我一开始就已提到的,哪种文学样式都不敢独断专行、恣意妄为。

史诗和悲剧的内容应该是纯粹合乎人情的,是重要而充满激情的:人物最好具有一定的文化程度,他们的主动精神还要依赖自身,他们不是通过道德、政治、机制,而是通过自己起作用。在这个意义上,古希腊英雄时代①的神话对诗人们是特别有利的。

叙事诗优先介绍局限于个人的活动,悲剧则优先介绍局限于个人的痛苦。叙事诗刻画处在自身之外的人,会战,远行,每一个要求具有某种广泛感性的行动;悲剧则表现返回自身的人,真正

---

① 公元前 12 世纪到公元前 6 世纪是古希腊从氏族公社向奴隶社会过渡,以及奴隶制国家形成的阶段。在此期间,古希腊人在与大自然的斗争过程中,创作了大量的民间口头文学,比如神话和史诗。这个时期,在古希腊历史上一般被称为英雄时代,或称荷马时代。

的悲剧的情节因此也就不需要占据多大的空间。

写作手法我知道的有五种：

（1）顺叙，推动情节的展开，戏剧主要就运用这种手法；

（2）倒叙，使情节离开其目标，叙事诗几乎只运用此种手法；

（3）插叙，阻碍进展或延缓过程，两种文学样式使用这种手法都有极大的好处；

（4）补述，它可以补叙诗歌时代之前已发生的事件；

（5）伏笔，对将要在诗歌时代以后出现的事件预做提示，叙事诗人和戏剧诗人需用两种手法，方能使其诗歌臻于完善。

应该加以观察的世界对二者来说是共同的：

（1）自然的世界，首先是指最近的、被刻画的人物属于这个世界并且为它所围绕，在这个世界里，戏剧家通常牢牢站定在一个地方，叙事文学作家在一个更大的场所活动得更自由；其次是指比较远的那个世界，我把整个自然界都算作这个世界，叙事诗人总是求助于想象力，用戏剧家使用得比较谨慎的比喻来阐明这个世界；

（2）道德的世界对二者来说完全是共同的，用生理学和病理学方面的简单道理可以将其描绘得淋漓尽致；

（3）幻想、预感、现象、偶然事件和命运的世界。这个世界向二人敞开着，不过显而易见的是，它会向道德的世界靠拢；对于现代人来说，在靠拢的过程中会出现一个特殊的困难，因为我们不容易为古希腊人中的怪物——众神、预言者和贤哲找到代替的人。

就一般的题材处理而言，吟咏已经完全过去的事情的行吟诗人将以一位智者的身份出现，从容镇静地综观已发生的事，他的吟咏以抚慰听众为目的，好使他们乐意并长时间地听他吟咏，他将用同样的方式分配兴趣；因为他没有能力迅速使一个十分生动的印象保持平衡，他将任意前进、后退和漫步，人们将到处跟着他，因为他只不过是想象力有问题，他自己给自身制造幻象，至于他唤起什么样的幻象，这在某种程度上对他是无所谓的。行吟诗人作为一个比较高贵的人物在他的诗歌中不应该亲自出场，他最好是在幕布后面吟诵，这样，人们就可以撇开任何个人，以为总的来说只听见了缪斯的声音。

而戏剧作家的情形则恰恰与此相反：他表明自己是某一个人，他希望人们一心一意关心他和他周围的人，他希望人们也会感受到他的心灵和他的肉体的痛苦，分担他的困窘，为他而忘却自身。虽然他也是拾级而上，但是他可能敢于争取强烈得多的效果，因为只要感官清醒，甚至连较为强烈的印象也是可以被一个比较淡薄的印象抹掉的。按理说，观众本来就必须不断努力用感官去感受，他不可以诉诸思考，他必满怀热情地听从感官的要求，他的想象已经完全沉寂下来，人们不可以向他提出什么要求，即使是所叙述的故事，也必须用舞台形式加以表现。

145 致歌德

1797 年 12 月 26 日，耶拿

把行吟诗人和演员及其双方各自的听众放在一起加以对比，我觉得要讲清楚这两种文学样式的区别，这是极妙的一着。单单这一方法本身就足以避免在为文学样式选择素材或为素材选择文学样式时严重失误。经验也可以证明这一点，因为我不知道，是什么使一个人在撰写一部剧本时不越出这个文学样式的雷池一步，而一旦越出雷池，又是什么如此准确无误地把他带回其中来。……

我还想推荐可以形象说明这一区别的第二种辅助手段。戏剧情节在我面前运动，我自己围绕着叙事情节运动，而这叙事情节似乎是静止不动的。据我看，这个区别很有些讲究。如果是事件在我面前运动，那么我就会受到感性的严格束缚，我的想象力就会失去全部自由，我内心产生一种焦虑，它持续不断地笼罩在我的心头，我必须一直抓住目标，我无法做任何回顾，无法做任何思考，因为我受一股陌生的力量的支配。如果是我围绕着事件运动，而这事件又不能从我身边逃遁，那么，我就可以保持一种不均匀的步伐，我就可以按照我的主观需要停留得或长久些或短暂些，就能追述或伏笔，等等。这和过去的事这个概念也很相符，因为它可以被想象为静止不动，这和叙述这个概念也很相符，因为叙述作品的作家在开始和中间就已经知道结尾了，所以情节的每一个瞬间对他具有同等的效力，就这样，他完全保持着一种平静的自由。

叙事文学作家把他的事件当作完全过去的事来处理，而悲剧作家则把他的事件当作完全现在的事来处理，这一点我完全清楚。

我再补充几句。由此作为属的文学和作为种的文学出现了一种诱人的冲突，这一冲突在自然界和艺术上都一直是很巧妙的。诗艺本身使一切都具有感性，这样，它也就迫使叙事诗人具体想象已经发生的事，只不过是过去的事的性质不可加以抹杀罢了。诗艺本身使一切现在的事变成过去并去掉一切亲近的因素（通过观念性），这样，它就迫使戏剧家去阻止我们接近以独特的方式向我们靠拢的现实，并在处理素材方面给人以一种诗人的自由。最高观念形态上的悲剧将永远具有向上趋向叙事文学的性质，并且只有通过这个途径才会变成文学。叙事诗将同样具有向下趋向戏剧的特性，并且只有通过这个途径才会完全实现诗的类概念；只有使两者成为具有诗意的作品的东西，才会使两者互相接近。将它们区分开来并互相对立起来的标志总是使诗的类概念的两个组成部分之一陷入困境，这在史诗是感性，在悲剧则是自由。所以，可以抵消这个缺陷的，将永远是一种可以构成对立文学样式特殊标志的特性。因此，每一种文学样式将为另一种效力，将保护种类免受样式的干扰。这种相互趋附的倾向不至于蜕化为一种混合物、一团乱麻，这正是艺术的真正的任务，艺术的最高使命始终就是使性格与美、纯洁与丰富、单一与总体等协调一致。

您的《赫尔曼与窦绿苔》的确有某种悲剧倾向，假如人们把它和史诗的纯粹、严格的概念加以对照的话。内心活动更深切、更真实，作品中病态的兴趣多于诗的冷漠，所以活动场所窄小、人物数量少、故事简短都是属于悲剧的。反之，拿严格的悲剧的概念一对照，您的《伊菲盖妮娅》显然属于叙事文学的范畴。对《塔索》我不想说什么。对于一出悲剧来说，《伊菲盖妮娅》中的情节太平缓，间歇太大，更不用说这场灾祸了，这和悲剧是相抵触的。我部分从我自身，部分从别人身上感受到的这个剧本的每一个效应，都属于诗歌这一属类，不是悲剧性的，而且情况永远都是这样的，如果一出悲剧，像叙事文学的风格，因而达不到预期效果的话。但是在您的《伊菲盖妮娅》中，这种向叙事性的接近是一个错误，这是按我的理解；在您的《赫尔曼与窦绿苔》中，那种悲剧倾向显然不是错误，至少按其效果来说完全不是的。莫非这是因为悲剧应用一种确定的方式加以使用，叙事诗则应用一种一般的、自由的方式加以使用？

今天就此搁笔。我始终没有能力去做什么像样的工作，这期间只有您的来信和文章让我忙了一阵。顺祝安好。

席勒

146　致席勒

1797 年 12 月 27 日,魏玛

虽然听说您身体没有完全康复使我深感惋惜,但令我感到欣慰的是,我的信和文章引起了您的某些思考。我感谢您的来信,它将一项对我们来说必定是至关重要的事业继续向前推进。可惜我们这些创新者有时也是生就当诗人的,我们含辛茹苦,探索着这个文学种类的全部奥秘,却对我们究竟该怎么办不甚了了,因为特殊的使命,如果我没有搞错的话,应该来自外部,而机遇则造就天才。为什么我们难得作成一首古希腊人意义上的警句诗?因为我们很少见到配得上写一首警句诗的事物。为什么我们写叙事文学作品很少获得成功? 因为我们没有听众。还有,为什么戏剧作品的追求如此热烈? 因为在我们这里戏剧是唯一具有感官吸引力的文学样式,人们是可以希望从中得到某种眼前的享受的。

这几天我一直在研究《伊利亚特》,在考虑在它和《奥德赛》之间是否还有一部史诗。但是我只发现了真正悲剧性的材料,可能情况确实就是如此,要不就是我找不到那部史诗的材料。

阿喀琉斯及其周围的人的死可以用叙事性方式处理,并且在某种程度上也要求用这种方式处理,因为有待改编的材料很芜杂。于是就会产生这样的问题：人们是否会在某种情况下用叙事性方式来处理一个悲剧题材呢？种种说法都有，有赞成的，有反对的。至于效果，那么，一个为今人写作的作家总是会在这方面处于优势的，因为没有病态的兴趣，人们大概难以博得时代的青睐吧。这次就写这些。

......

歌德

147　致歌德

1797 年 12 月 29 日,耶拿

……

您现在所做的区分这两个文学种类并使它们更加纯洁的工作,无疑具有极其重要的意义,但是您会和我一样深信,为了将一个艺术品中的这个种类一切不应有的成分剔除,人们必然要把这个种类理应有的一切成分都包含在这个艺术品里。而现在缺乏的恰恰是这个。因为我们不能积聚这两个文学种类中的每一个应具备的条件,所以我们只好将它们混合在一起。假如有行吟诗人并且有一个供他们活动的广阔园地,那么叙事诗人就不需要借用悲剧性题材了;假如我们有希腊悲剧的辅助手段和坚强力量,而且有可以让我们的观众连着看七场演出这个有利条件,那么,我们也就不需要把我们的剧本写得过长了。观众和听众的感受能力必须得到照顾,必须在其所有点上都得到触及,这种能力的直径就是诗人的尺度。因为道德的天性是最发达的,所以它也是最会挑剔的,而我们则可能冒着风险去荒废它。

既然戏剧的确受到时代的一种如此坏的习气的保护,对此我并不怀疑,那么,人们就得从改革戏剧入手,排除对自然的平庸模仿,从而给艺术注入新意。而这个,我觉得,最好是用象征性应急措施来加以解决,因为它们在所有那些不属于诗人的真正艺术世界中,所以也在不应加以描绘而应加以暗示的领域中代表部分对象。诗歌中的象征性，这个概念我还说不清楚，不过我总觉得这个问题至关重要。假如对这个概念的使用有了定规，那么结果必然就是，诗歌会纯净自己，诗歌的世界会缩小、凝练，诗歌在这个世界内部会更有成效。

我对歌剧一直怀有某种信任，跟古老的巴克斯①节的合唱一样，歌剧也会演变成形象比较高贵的悲剧。在歌剧里，人们确实可以不必做那种卑屈的对自然的模仿，虽然只有在宽容的名义下理想的东西才可能通过这个途径偷偷溜进剧场。歌剧通过音乐的力量，通过更自由、和谐地刺激感官，使人内心产生一种更加美好的感受，即便表演激情歌剧也比较自由，因为有音乐给它伴奏，而这种在歌剧中被容许的神奇的东西，必然会使人觉得素材并不怎么重要。

······

席勒

———————————

① 古罗马神话中的酒神，即古希腊神话中的狄俄尼索斯。

1798

148　致歌德

1798 年 1 月 2 日，耶拿

新的一年里的头一封信是写给您的，这对我来说应该是一个好兆头。愿您今年和以往两年一样幸运，这是我对您的最好的祝愿。但愿今年也会赏赐给我这样的欢乐，使我的天性中最好的东西能在一部作品中得到升华，一如您曾经做过的那样。

您那交替进行反思和创作的独特方式的确是值得羡慕、令人赞叹的。两桩事务在您身上完全分离开来，而这正好就使这两桩事得以如此纯净地进行。只要您在写作，您就的确处在黑暗之中，光明只在您内心；如果您开始进行反思了，那么内在的光明就从您心灵里脱离出来，为您和别人照耀各种物件。在我身上这两种活动混合得对事情并不是十分有利。

最近我在《纽伦堡报》（*Nürnberg Gazette*）上读到一篇关于《赫尔曼与窦绿苔》的书评，它又一次向我证明，德意志人只懂得一般性的、理智的、有道德的事物。评论充满良好的愿望，可是没有表现出任何对诗有情感或对整体的文学结构有识别力的迹象。

……

席勒

149　致席勒

1798 年 1 月 3 日,魏玛

……

　　说到材料,我在《赫尔曼与窦绿苔》里迎合了德国人的意愿,他们是极其满意的了。现在我在考虑,人们是否可以就用这个办法写一个剧本。这个剧本可以在所有剧院上演,人人都会认可它是个优秀剧本,哪怕作者本人并不这样以为。

……

歌德

150　致歌德

1798 年 1 月 5 日,耶拿

……

我感到非常遗憾,您的这次出访竟会如此受拖延,因为按照您早先的一封来信所说,圣诞节就可能成行的。在这期间,我的写作①倒又前进了几大步,我可以将超过序幕②四倍的东西拿给您看,虽然第三幕还没写出一个字来。

现在,我面前放着经一位陌生人誊清过的我的文稿,由于它使我感到分外陌生,所以这文稿确实令我感到愉快。我明显觉得,我超越了自我,这正是我们的交往结出的果实;因为只有与一个客观上和我的天性十分对应的人的这四次连续交往,只有我对此人做的热烈追求,以及要求观察和想象此人的那种综合努力,才能使我有力量摆脱我的主观局限性。我觉得,明白晓畅和深思熟虑是后一个时期的成果,它们丝毫也没有使我丧失掉前一个时期的热情。不过这种话您不宜从我这儿听到,还是我从您嘴里听到的好。

……

席勒

---

① 指《华伦斯坦》的写作。
② 即《华伦斯坦的军营》。

151　致席勒

1798 年 1 月 6 日, 魏玛

我祝贺您对您的作品已完成的部分感到满意。既然您对应该向自己提出什么要求明白无误,我也就不怀疑您的证词的充分有效性。我们两个人的天性的有利碰撞已经给我们带来了某些好处,我希望,这种关系将永远这样起作用。如果说我给您充当了某些客体的代表的话,那么,您则把我从一丝不苟地观察表面事物、观察这些事物的相互关系引回自己身上来了,您教我用更加公正的眼光去观察人的丰富多彩的内心世界,您使我获得了第二次青春,使我又变成诗人,而在这以前我几乎已经不是诗人了。

......

歌德

152　致席勒

1798 年 1 月 24 日,魏玛

　　我今天就可以将一份颜色学未来史的提纲修改稿寄出,此稿将来有机会还应加以修改。如果人们看到真正构成科学史组成部分的那一系列智力上的事件的话,那么,人们也就不会再去嘲笑写一部未来史这个主意了,因为确实一切事物都是从人的才智的前进和倒退中,从进取而又延宕的本性中发展而来的。

　　……

歌德

153 致席勒

1798 年 1 月 31 日，魏玛

······

　　昨天我们看了一部新歌剧，在这部作品中，契玛罗萨①显示出了卓越的才能，剧本是按意大利风格写的，我表示了这样的看法：愚笨，甚至是荒谬，和音乐的审美的美妙竟如此完美地结合在一起，这怎么可能呢？ 这完全是通过幽默实现的，因为这种幽默，即使没有诗意，也是一种诗，按其本性就会使我们超越对象。这一点德国人很难理解，因为他们的市侩习气使他们把任何一种表现出情感或理智假象的愚昧都奉为至宝。

······

歌德

---

① 契玛罗萨(Cimarosa,1749—1801)，意大利歌剧作曲家。这里所说的"新歌剧"，指契玛罗萨的代表作《秘婚记》。

154 致歌德

1798 年 2 月 2 日，耶拿

您对这部歌剧①的看法使我回忆起我在《审美教育书简》中详细论述过的那些思想。毫无疑问，美感与轻浮的矛盾，尽管美感和空洞也不相容，远不如美感与严肃的矛盾；而由于对德国人来说，研究自我、认识自我远比无拘无束地下判断来得自然，所以人们只要使他们摆脱材料的重压，就永远会从他们那儿得到一些美的享受，因为他们的天性足以确保他们的自由不至于完全没有力量和内容。

所以怀着这样一种游戏的心情，我喜欢商人和市侩压根儿就远远甚于喜欢闲暇的博雅之士，因为在这些人身上这种游戏始终都是力量贫乏、内容空洞的。人们总得按各人的需要来侍候每个人，所以我将让一部分人去看歌剧，让另一部分人去看悲剧。

……

席勒

---

① 即契玛罗萨的《秘婚记》。

155　致席勒

1798 年 2 月 10 日,魏玛

......

　　哲学之所以变得对我越来越重要,是因为它每天都在孜孜不倦地教我怎样和我自身分离,这件事我可以日益频繁地去做,因为我生性就像分离开的水银珠,很容易迅速聚合。在这方面,您的做法对我是个很好的帮助,我希望不久可以完成我的颜色学提纲,这样我们就有机会进行新的交谈了。

歌德

156　致歌德

1798 年 2 月 13 日,耶拿

因为自今冬以来读了许多游记,所以我禁不住就想搞清楚,诗人可以把这样一种材料派作什么用途,最近在研究过程中我逐渐把叙事性处理和戏剧性处理之间的区别搞清楚了。

毫无疑问,一个像库克①这样发现世界或乘帆船做环球航行的人是可以或者自己提供,或者造就一首叙事诗的好材料的,因为一首叙事诗的全部要素——对此我们曾取得过一致意见——我都可以在其中找到,而且这方面也有很有利的条件,这就是手段和目的本身具有同样的价值,都有独立的意义,还有就是目的更多是为了手段而存在。叙事诗只需要一定数量的人物,我觉得这是史诗的本质特征,而物质性就可以和道德性结合成一个美好的整体。

可是当我把这个材料设想为适合写一个剧本的时候,我却突然认清了这两种文学样式的巨大差别。于是那感性的广度既使我厌烦,同时又吸引着我;物质性看来好像只是一种导致道德性的手段,它因其重要性和它所提出的要求而成了累赘。

不过我确实感到奇怪,这样一种材料居然还没有让您受到引诱,因为您会从中发现那十分有必要但又十分艰难的东西,即自

---

① 库克(Cook,1728—1779),英国环球旅行者。

然人个人的和物质的效力与某种只有艺术才能给予他的内容联合起来了。游历非洲的勒·瓦扬①的确是一位富有诗意的人物，是一个真正的强人，因为他把只有文化才可提供的优越性、动物性力量的全部强度，以及所有直接从自然中汲取的辅助手段结合了起来。

......

席勒

---

① 勒·瓦扬(Levaillant，1753—1824)，法国游记作家，著有《非洲腹地旅行记》。

157　致席勒

1798 年 2 月 14 日,魏玛

……

我和您一样完全深信,一次游历,尤其是您描述的那种游历,蕴含着美好的叙事性题材,不过我大概是永远不敢去处理这种题材的,因为我缺少直观形象,而且我觉得在这种体裁中感性和题材的一致是必不可少的,可是通过描写永远不能取得这种一致。

此外人们可能还得和《奥德赛》进行较量,它已经把最有趣的题材拿走了。一个女人为一个陌生男人的到来而动情,这个最美的题材,在瑙西卡①之后根本无法再用。甚至在古希腊罗马时代,美狄亚(Medea)、海伦(Helena)、狄多(Dido)的形象就已远远不如阿尔喀诺斯(Alcinous)的女儿的形象光彩夺目。这样我可就回到我的第一个论点上来了:直接经验也许会给我们机会,去了解有着足够魅力的情况。而直观又是多么必要,这一点可以从下述情况得到解释。

《奥德赛》虽然使我们这些北方国家的人心醉神迷,但是真正对我们产生影响的,仅仅是该诗的合乎道德的部分,而对整个描写部分,我们那有缺陷的、贫乏的想象力实在爱莫能助。可是当我在那不勒斯和西西里岛读那首诗的各个章节的时候,这部史诗

---

① Nausicaa,《奥德赛》中费喀亚国国王阿尔喀诺斯的女儿,雅典娜曾给她托梦,让她把俄底修斯领回王宫。

闪烁着何等耀眼的光彩浮现在我的眼前！就好像有人在一幅裱过的画上涂上一层干性油，使得这部作品显得既清晰又协调。我承认，我觉得它已经不是一部诗了，它似乎就是大自然本身，这对古希腊罗马人来说尤其需要，因为他们的作品是在露天剧场演出的。我们的诗歌当中有多少首经得住在集市广场或别的什么露天地方当众朗诵的考验呢？顺祝安好并代我向您的夫人问好。

歌德

158　致歌德

1798 年 2 月 27 日,耶拿

……

现在我正在悄悄地一个段落一个段落地完成我的写作任务,心里乱纷纷的,装满了故事情节。我尤其感到高兴的是,我处理好了一件事,完成了一项任务,这就是做出了对华伦斯坦罪行的极其普通的、符合道德准则的判决,并且用富有诗意的、机智的笔触,去处理这样一种本身就是平凡的、没有诗意的题材,可是又不抹杀道德的本性。我对任务的完成情况感到满意,并且希望能在相当程度上博得我们亲爱的道德的观众的喜欢,虽然我并没有进行说教。不过在处理这件事的时候我明显感觉到,真正有道德教育意义的东西是多么空洞,因此主体必须做出很大努力,方能使客体保持诗的高度。……

席勒

159 致歌德

1798 年 3 月 6 日,耶拿

从您的——最近向我披露的——决心中,我推知,您还要在
科学领域里驻足相当长的一段时间,这使我为文学创作感到惋
惜,尽管我充分认识到这样做有好处,而且也有必要。您对自然
和艺术,以及对最后连接两者的第三理想目标的广博而丰富的经
验与反思必须全说出来、整理好并记录下来,不然的话它们就只
是妨碍您前进的障碍了。可是这项研究活动规模会很大,工作会
接踵而来。在无损于作品对某种尽善尽美的合理要求的情况下,
您将给这部作品划定什么界限,对此我迄今还不甚清楚,这是一
种本来就符合您天性的合理要求,虽然对象没有提出这个要求。
所以我热切期待着看到您的写作提纲。这份提纲就会给我指出,
我可以在哪里带着我的思想以一种与整体协调的方式加入进来。
我将愉快地做您要我做的那一份工作,而既然这是一部社会的作
品,那么,有第三者说话,这可能会相当不错。……

席勒

160　致歌德

1798 年 4 月 6 日，耶拿

……

现在我想试着重新埋头写作，先把大体想法勾勒出来，随后我就可以更仔细地观察它。我感到高兴，因为我可以设想您基本上会对我的《华伦斯坦》感到满意，尤其高兴的是，您既没有指责作品与题材相悖，也没有指责作品与题材所属的艺术类型有矛盾；因为一旦悲剧性-戏剧性方面的要求得到满足，戏剧表演艺术方面的要求也就好解决了。

今天就此搁笔。我妻子向您致意，我们俩都很惦记您。

席勒

161 致歌德

1798 年 4 月 27 日，耶拿

……

现在我的健康情况一日好过一日，然而我心绪还是不佳，不想写我的作品。这几天我倒是怀着一种前所未有的愉快心情读了荷马的作品，这方面，您给我的指点使我受益匪浅。人们畅游在一片诗歌的海洋里，简直完全沉浸在其中了，一切都完美无缺，带有最具感性的真实性。……

席勒

162　致歌德

　　1798 年 5 月 1 日,耶拿

　　……

　　这几天我读到《奥德赛》里的一段文字,根据这段文字可以推知,有一部诗丢失了,而且这部诗的故事发生在《伊利亚特》之前。这段文字在《奥德赛》第 8 卷自第 72 行诗开始。也许您知道多处这类段落。……

席勒

163　致席勒

1798 年 5 月 2 日，魏玛

······

《奥德赛》中的那一段似乎很可能和无数行吟诗中的一首有
关，而这两部流传下来的史诗正是后来从这些行吟诗中十分成功
地编纂而成的。也许那些行吟诗之所以散佚，恰恰是因为《伊利
亚特》和《奥德赛》构成了一个整体。无数警句诗就是这样让我们
给丢失的，因为有人整理出版了一部警句诗集；古代法学著作就
是这样被毁掉的，因为有人把它们汇编成《学说汇纂》①；如此等
等。请您原谅我这个有点过激的看法，不过我似乎日益领会到，
那些天资平平，甚至仅仅拥有常识的人怎么就把大量的行吟诗天
才作品编纂成这两部艺术作品留给我们了。是呀，谁妨碍我们认
为，这种同时性和连续性通过精神向行吟诗人提出的要求就已最
大限度地准备就绪？我甚至要认为，人们并没有把所有合适的内
容都放进《伊利亚特》和《奥德赛》，人们并没有添加什么，而是删
掉了一些内容。

歌德

---

① 6 世纪东罗马皇帝查士丁尼命令汇编的法学家学说摘录，共 50 卷，作为法
学的基础。

164 致歌德

1798 年 5 月 4 日,耶拿

我简直不知道,我对施罗德该怎么办才好,我几乎决心要放弃演出《华伦斯坦》的全盘计划。这么快完成全书的写作,好让他在 9 月或 10 月初扮演华伦斯坦,这是不可能的,因为按照施罗德对柏蒂格尔所做的解释,他需要花费好几个月的时间去背诵这样一个角色的台词,所以必须至迟在 7 月中旬拿到剧本。万不得已,我虽然可以届时完成全书的草稿,供舞台演出用,可是这种急就章式的写作方式会败坏我的纯正的心绪,使我无法平静地写作。何况,即使有施罗德在,剧中的几个主要角色也可能会完全失败,我不愿意遭此厄运。正如您自己在信中所写的,在最幸运的情况下,好演员也只不过是消极渠道或念台词的人,这样我会为我的两个彼柯洛米尼以及为我的特尔茨基伯爵夫人感到特别惋惜。所以我想继续自由地走我的路,不去考虑剧院的某些需要,并且尽可能保持自己的心绪。《华伦斯坦》一旦完成并刊印出来,我就不再对它感兴趣,到那时再去思虑这些事也还不晚。

我们不久又要在这里和您相会,对此我深感欣慰。您下回来这里时我们一起读一读荷马,这倒也相当不错。除了可能会为您的写作带来美好的心绪之外,这也许会为我们交流思想提供最好的机会呢。届时,文学中的最重要的问题想必是会谈到的。……

席勒

165　致席勒

1798 年 5 月 5 日，魏玛

……

关于《华伦斯坦》我没什么好奉劝您的，不过我倒是认为，考虑到您的工作方式，考虑到这个剧本，我所知道的这个剧本，还考虑到外部情况，您向我表示的这个决心倒不失为最好的决心。一仆不事二主，在所有的主人当中我是绝对不会挑选坐在德国剧院里的观众当我的主人的。我曾有过结识他们的机会，对他们深有了解。

现在我几乎什么也不想，一心只想着，我一到您那儿，就可以进一步熟悉荷马的诗歌，一道阅读将成为最好的进入办法。

我把我的《浮士德》大大向前推进了一步。旧的、现存的、紊乱不堪的手稿我誊写了一遍，各个章节按一个详细提纲的编号，分门别类依次排列好；诗兴一来，我随时都可以继续撰写各个章节，迟早会把全书写成的。

在这过程中出现了一个很特殊的情况：几个悲剧性的场面原来是用散文写的，它们自然而有力，和别的相比，却显得很不合拍，所以现在我试图把它们写成韵文。……

歌德

166　致歌德

1798 年 5 月 8 日,耶拿

我祝贺您的《浮士德》取得进展。您既然心中有数,知道还要怎样去处理这个材料,那么事情也就好办了,因为我总觉得心中没底才是最困难的。您最近认为,用散文描写的几个悲剧性场面有极大的侵蚀作用,这个观点证实了一条以往的、您在刻画《威廉·迈斯特》中的玛丽安妮时所获得的经验。在那里,纯粹的现实性在一种充满激情的情况下同样也可以产生强烈的效果,生出一种并不具有诗意的严肃性来,因为按照我的理解,诗歌中严肃性与游戏总是相结合的,这是诗歌的一种本质。……

席勒

167 致席勒

1798 年 5 月 12 日，魏玛

收到您的来信时，正如您所希望的，我恰好正在研究《伊利亚特》。如今我越来越喜欢回到这个题目上来，因为人们总觉得，好像在一只氢气球里，正在超脱一切尘世间的事物，真正飘荡在众神来回翱翔的空间。我继续进行归纳、研究，自以为又占领了几个通向我的未来的事业①的关口。现在我正在物色最好的种子，土壤也不能不好好翻耕，剩下的可能就得靠老天爷了。

我当前的研究中最重要的是，把一切主观和反常的成分从我的研究中剔除。如果我想成功地写出一部与《伊利亚特》有某些共同点的诗来，那么就连古人的那些受到责备的原则我也必须遵循，甚至我还必须接受我自己都感到不愉快的东西；只有这样做了我才会有几分把握，不至于完全偏离正题。对神的影响和比喻的运用，对这两个重要问题，我自以为是清楚的，关于后者我可能已经谈过一些看法。我的计划正从里向外扩展，随着认识的增长也会带有更多的古希腊罗马色彩。我必须把一切都记下来，以防精神分散，把什么都给遗忘了。……

歌德

---

① 指歌德计划写作的叙事诗《阿喀琉斯》。

168　致歌德

1798 年 5 月 15 日，耶拿

……

　　荷马作品中您所不喜欢的东西，您一定不会故意去模仿的，但是如果它掺和到您的作品里去了，那么它就会证明您进入荷马角色的彻底，以及您的心绪的真实。

　　读索福克勒斯时，我多次发现极其严肃的对话中有一种戏谑，这对一个现代作家来说是决不可以容忍的。可是这跟古希腊罗马人很相称，至少它并不破坏气氛，而且这颇有助于在充满激情的场面中用自由的气氛去感染人。不过我觉得这似乎是一种坏习惯，丝毫不值得效仿。……

席勒

169　致席勒

1798 年 5 月 16 日，魏玛

收到您的来信时我又是在读《伊利亚特》！每逢研究这部史诗，我心中总是交织着欣喜、希望、理智和绝望。

我比任何时候都更坚信这部史诗是统一且不可分割的，根本就不会有一个活着的人有能力去评价它，而且以后也不会诞生这样的人。至少我觉得我自己随时都会又一次做出主观评价。我们的前人的情况是如此，我们的后人的情况也将会如此。然而，我对《阿喀琉斯》的初步估计是对的，假如我愿意而且应该写出有这样特色的作品，那么我就必须坚持我的这种看法。

我觉得《伊利亚特》完美无缺，不管人们怎么说，任何增删都是不可能的。

……

《阿喀琉斯》是一个悲剧性题材，但是它并不因有某种广度就排斥叙事性的处理。

它完全是伤感的，因有这种双重特性而适宜写成一部现代的作品，一种完全现实主义的处理方法可以使这两种内在的特性得到平衡。另外，这个题材包含一种纯粹的个人和私人兴趣，而《伊利亚特》却对各个民族、各个国家、地上和天上都具有吸引力。

这一切希望您会加以注意；如果您认为，根据这样的特性，值得花费一些心血去写一部大部头的诗，我随时都可以动笔，因为对于怎样写我通常都是心中有底的，但将按照我的老规矩，对此一直保守秘密，直至我自己能读到写好的章节为止。

......

歌德

170　致歌德

1798 年 5 月 18 日,耶拿

即使再出一个荷马,再来一个希腊,也不可能在《伊利亚特》之后再出现一部《伊利亚特》,这是完全对的,所以我不希望别的,只希望您仅仅把您的阿喀琉斯,您现在想象中的阿喀琉斯和您自己比较,仅仅在荷马作品中寻觅情绪,而不是去把您的创作和他的创作进行比较。您一定会用适当的方式去塑造您的材料,使其适合于您采用的形式;反之,您也绝对不会给您的材料选错形式。您的本性,以及您的睿智和经验可以为这两条做出担保。材料的悲剧的、伤感的特性,您肯定会用您那主体的诗人性格去加以平衡的,至于内容迎合了我们这个时代的要求,那么可以肯定地说,这与其说是内容的一个短处,还不如说是内容的一个长处,因为要诗人完全离开他的故土,真正去和他的时代对抗,这对于他来说既不可能,也是吃力而不讨好的。您的美好的职业就是,成为两个诗人世界的一位同时代人和公民,而正是为了这种更崇高的优越性,您将不会单独属于其中的一个世界。

再者,不久我们将有机会对这问题进行深入交谈。……

席勒

171　致歌德

1798 年 8 月 21 日, 耶拿

……几乎一个星期没有看见您的身影、听到您的音信了, 我真感到不习惯得很; 在此期间我写了几十行诗, 我正在写一首叙事歌[①]……

我给您朗读了《华伦斯坦》的最后两幕并确信会受到您的欢迎, 这使我感到莫大的欣慰, 将给我勇气, 并且我将保持这种勇气, 而这种勇气正是我完成这个剧本所迫切需要的。……

席勒

[①]　席勒于 1798 年 8 月 18 日开始创作叙事歌《屠龙大战》, 是年 8 月 26 日完稿。

172 致歌德

1798 年 8 月 24 日，耶拿

　　由于我们的公爵又回来了，所以您前来此地的行期似乎又要
推迟；在此期间我将设法把年鉴的一应事务了结掉，这样，等您一
来，我们又可以倾心长谈，那时候，我就可以为完成《华伦斯坦》迈
出那最后的、最艰难的一步了。……

　　我渴望听到您对史诗和悲剧的新见解。我正在写一部悲剧
作品，所以就特别明显地感觉到，这两种体裁多么迥然不同。我
是在写作第五幕时意外地发现这一点的。写作第五幕使我和一
切平静的心绪完全隔离，因为在这里必须把一个必然一闪即逝的
瞬间记录下来。……这样，我就多了一个证据，证明悲剧只描写
人类个别的不寻常的瞬间，而史诗中却不会出现那种气氛，它描
写那顽强的、平静展开的整个人生，因此也会使心绪各异的人感
到满意。

　　我让我的人物多讲话，让他们侃侃而谈；对此您没有同我说
过什么，似乎并无责备。不仅在戏剧中，而且在叙事性作品中，您
自己的习惯都可以向我说明这一点。这个办法可靠，人们用不多
的话就可以将悲剧的情节展开，而且这似乎也更符合出场人物的
本性。古希腊人也这样处理，在亚里士多德称为思想和意见的那
个领域毫不沉默寡言，可是这些古希腊人的榜样似乎预示了一个
更高的文学法则，这个法则简直要求在这方面偏离现实。一旦人

们回忆起，所有文学作品里的人物都是象征性的，他们作为文学形象总是要刻画和表现人类的一般特性，一旦人们还想到，诗人和艺术家一样根本就应该以一种坦诚的方式离开现实并提醒人们注意他正在这样做，那么，对这个习惯也就无可厚非了。此外，我觉得，一种更简明扼要的处理方式不仅会显得太贫乏、干枯，而且也会变得太过于现实主义，变得严酷，在激烈的场合就会令人无法容忍。与此相反，即使是处在人们所描写的那种最暴烈的状况下，一种更广泛、更丰满的处理方式也始终可以创造出某种静谧和安适的情调。

······

席 勒

173 致歌德

1798 年 9 月 9 日，耶拿

很抱歉，我星期六答应要来，现在又来不了了，不过我完全是无辜的，因为在最近四天里我度过了两个彻夜不眠的夜晚，这大大损伤了我的精神。这是我自己的不幸，我整整一个夏天平安无事，偏偏这几天里头一次遭此厄运。现在我已经丧失了勇气，再也不敢对我的到访定什么明确的期限，不过假如我今晚能睡着，稍稍恢复一下身体，我明天就来。……

席勒

174 致歌德

1798 年 9 月 18 日，耶拿

回来后我立刻动笔写序幕①，从它应该自成一个整体的角度出发又对它进行悉心研究。得出的结论是，为了使它更切合这个目标，必须做两件事：

（1）作为时代的性格和风俗画面，还必须对它加以充实和完善，以便使某种存在真正具体化；

（2）由此也就可以使观众因大量人物和细节的描写而不可能密切注视故事线索，不可能对其中出现的情节有什么概念。

所以我不得不又加进去几个人物，对原有的几个人物增加了一些内容，不过我将永远记住我们的魏玛演员。星期六您将收到这篇序幕。

……

席勒

---

① 指《华伦斯坦的军营》。

175 致歌德

1798 年 10 月 4 日,耶拿

兹寄上序幕,愿它能满足您的要求。如果您还希望我做什么修改,那就请您让送信人回来时告诉我。我觉得,在真正诵读时,还是将那些我放入括弧内的句子删掉的好。有些内容阅读起来相当不错,但在舞台上说出来就有些糟糕;朗诵序幕时的背景情况,那必不可少的庄严气氛,都会带来某些在书斋里难以估计到的局限。序幕的篇幅反正已经相当大,所以,我想,我们在最后一个段落之前结束它吧。

……

我很想知道您的演员们对这个序幕有什么看法。顺祝安好。我妻子热烈问候您。

席勒

176 致席勒

1798 年 10 月 5 日，魏玛

　　序幕写得很成功，符合原来的意图，我读了感到非常高兴，为此我要向您表示衷心的感谢。我才把它通读了几遍，只对全貌有了一个初步印象，所以我还不能决定什么可以删掉，是否还可以在有些地方略加改动以提高戏剧效果。……

歌德

177 致歌德

1798 年 11 月 9 日，耶拿

昨天我终于着手写《华伦斯坦》的富有诗意而又最重要的、迄今一直未曾触及的部分了。这部分是献给爱情的，是完全人性的，完全不同于其他事务的繁忙状态，就精神而言甚至是和这种本质对立的。现在，既然我已尽我所能赋予它以具体形象，我就可以把它忘怀，允许另一种完全不同的情绪支配我，我必须设法确实把它忘怀，但还需要一些时光。现在我最担心的是，这一重要部分对业已描写过的固定情节的合人情的兴趣很容易会有某些转移，因为按其本性而言，这个插曲应该具有举足轻重的地位，而我对这个情节描写得越是成功，其他的情节就越是会受到挤压。因为放弃一种对感情的兴趣，比放弃一种对理性的兴趣要艰难得多。

目前我要做的事情就是，紧紧把握住我在整个剧本里为这个片段做铺陈的，以及蕴含在这个片段中的全部题材，并且用这种方式让适宜的情绪在自己心中酝酿成熟，哪怕这个过程进展缓慢。我认为我这个办法是完全正确的，因此希望不会半途而废。

不过我必须事先说清楚，在第三幕，不算最后的加工润色，在真正完全脱稿之前，我不能把彼柯洛米尼交付给演员们。所以现在我只希望，阿波罗会给我开恩，保佑我在今后的六个星期走完我的路程。

为了不去看我迄今已完成的稿子，我现在立刻就把它们寄给您。实际上只留下了两个小小的缺陷，一个涉及奥克塔维阿和华伦斯坦之间的一段秘密的、神话式的故事，另一个涉及克韦斯滕贝格向将军们提出的建议，在初稿中此处描写有些生硬，我还没有想到合适的措辞。除此之外，您看得出来，头两幕及最后两幕已经写好，第三幕的开头部分也已誊清。

　　也许我原不必费神把这手稿给您寄到魏玛去，因为按照您最近的一封来信中所说，我随时都有可能见到您。

　　我真诚祝贺您的颜色学研究获得成功，如果您心里的这一块石头落了地，这将是很大的收获，再说冬天也不会让您有创作的情绪的，所以您反正不能更好地利用这段时间，倒不如在照料《普罗庇累恩》之余，就致力于这项研究工作吧。

　　……

席勒

178　致席勒

1798 年 11 月 10 日，魏玛

兹将印好的份数悉数寄上，我自己也不知道印了多少份。

明天傍晚我去您那儿，希望能逗留一些时光。但愿我的希望不会落空！

谢谢您寄来《华伦斯坦》，今天早晨我怀着极其愉悦的心情读了头两幕。第一幕我是十分熟悉的，我认为这一幕几乎完全符合戏剧表演艺术的要求。几个家庭场面写得很成功，具有那种使我感动的特性。在接见场面里，一些具有历史意义的细节还可以说得更清楚些，就像我在我刊行的序幕中曾两次提到华伦斯坦的名字那样。人们并不以为有什么理由要把所有的话都说清楚。不久我们便可面谈，届时这一切会得到澄清的，我正十分高兴地期待着这次会晤。顺祝安好，我就此搁笔。

歌德

179　致歌德

1798 年 11 月 30 日,耶拿

……

您在颜色学上付出的长期劳动,以及您那严谨的治学态度必将得到酬报,获得非同寻常的成功。您必须,因为您有这个能力,做出一个榜样,告诉人们应该怎样做物理学方面的研究,而这部著作的科研成果必将和它的治学方法一样对学术界富有教育意义。

考虑到文学作品的命运受到语言的命运的约束,而语言又难以停滞在现有的水平上,所以学术上的一个不朽的名字是很值得追求的。

……

席勒

180　致歌德

1798 年 12 月 4 日，耶拿

今天我不得不拿一个占星学的问题来打扰您，请您在一件错综复杂的事情上给我提出审美-批评性的意见。

由于彼柯洛米尼的范围扩大了，所以我只好决定选用占星学方面的主题，这应该会导致华伦斯坦的叛离，在他心中唤起对取得行动成功的大胆信念。按初稿所述，这应该通过被认为是吉祥如意的星座位置来加以实现，天文观察要在那个所说的房间里当着观众的面进行。可是这没有戏剧趣味，干巴、空洞，而且会因技术术语而令观众模糊不解。它对想象力不起作用，将永远只是一张可笑的丑脸而已。所以我曾试图用另外一种方式去表现它，并且已经将其付诸实施。这一点您从附件中可以看出来。

按照新的安排，彼柯洛米尼的第四幕一开始便是这个场面，紧接着便是华伦斯坦得知塞辛被俘和长篇独白的这一场戏，这就可能出现一个问题，即人们是不是可以完全摆脱那间占星学的房间，因为它对故事情节没有任何用处？

我希望知道，我用这个我所选择的方法，是否果真可以达到我通过这一惊人之举给华伦斯坦以瞬间的推动这一目标，我所使用的这张丑脸是否具有某种悲剧的内蕴，它是否不单单因可笑而引人注目。事情很棘手，人们怎么加以抨击都可以，它既愚蠢、俗气，又严肃、合理，这使得它永远令人讨厌。而我又不可以背离占星学的特性,我必须跟上时代精神,这个精选的主题很符合这种时代精神。

华伦斯坦对此所做的反思,我也许还要继续陈述下去,只要事情本身和悲剧性并不相悖,和严肃性并不一致,那么,我就希望通过那种反思来提高他的形象。

烦请您把您在这方面的意见告诉我。

眼下这恼人的天气使我大伤元气,我痉挛、失眠,又丧失了几个工作日。

我妻子向您致意,我们衷心感谢您送来的烤肉。它很受欢迎。

席勒

181　致席勒

1798 年 12 月 5 日，魏玛

收到您的来信时，正值我精神十分涣散，忙着处理一些与对戏剧题材做审美评价毫无共同之处的事务。所以我不得不请求放宽期限，等我能凝神思考时再回答您的问题。乍一看，我觉得您的想法似乎很可取，我应该想到，人们也许会心安理得的。因为，您自己也会发现，在这张丑脸和悲剧性的尊严之间总会遗留下这样一道无法弥补的裂缝，也许问题始终只能是：您的这个想法是否会产生什么尊贵庄严的结果？我觉得这一回似乎已经做到这一点了。

因为即便政治性的材料也并不比占星学方面的材料好多少，而且我觉得，人们大可不必直接把占星学和悲剧性对立起来，占星学也许可以作为一种历史-政治-未开化的暂时现象，和大量其他现象一道与悲剧性对比，与它相结合。那五个字母我虽然喜欢，可是它们是否能取代那间占星术房间，对此我还没把握，似乎两者都有可取之处。最后我必须说明，正如我一开始就说的，今天我既不能纯粹地感受，也不能正确地思考。

所以只好就此搁笔，代向尊夫人问好。

歌德

182 致席勒

1798 年 12 月 8 日,魏玛

我简要陈述我的想法,只谈我们不一致的地方。

经过反复考虑后我认为占星学的题材比这个新题材好。

占星学迷信建立在对一个庞大天体的朦胧感觉上。经验表明,最近的天体对气候、对植物的生长等有明显的影响,人们只可以一级一级地不断向上攀登,至于这种影响在哪里停止,就不好说了。因为天文学家发现,到处都有一个天体受另一个天体干扰的现象。因为哲学家喜欢,甚至是不得不假设有一种作用力,可以影响最遥远的地方。就这样,对自身能力有着清醒认识的人类会走得远一些,并且可以把这种观念扩展到道德,扩展到幸运和不幸。我根本不想把这样的及类似这样的幻觉称为迷信,它十分接近我们的本性,比任何一种信仰都更过得去,更可原谅。

不仅在某些世纪里,而且在人生的某些时期,甚至在某些具有一定性格的人身上,这种幻觉出现得比人们所能想象的更为频繁。那位已故的普鲁士国王之所以寄希望于华伦斯坦,仅仅是因为他期待着这种特性,以便可以得到认真对待。

现代的预言——迷信也有某些文学价值,不过我觉得,您所选择的那种并不是最好的,它是一种颠倒格字谜①,两行短诗式拉

---

① 一个词倒过来读可以成为另一个词,例如由 Regen 变为 Neger,这叫颠倒格字谜。

丁铭文谜①，可以顺着和倒着读的妖诗，所以它和不可救药的单调乏味有一种低级庸俗的、学究式的亲缘关系。您处理这一场戏的那种方式确实在一开始就把我完全吸引住了，以至我竟然没有察觉这些特性，后来经过反思才想起这一点来。另外，我可以根据我的戏剧经验随意遐想，这种字谜的本质却无法加以具体说明。字母要么模糊不清，就像 Mattias 中的 M；要么就得把字母 F 放进一个圆圈里，可是即使把它放得很大，人们从远处也认不出来。

这些就是我想到的问题，对这些问题我没什么要补充的了。我已经和迈耶商谈过此事，他也同意我的意见。您就汲取其中的精华部分吧。我最热切的愿望就是，您的创作能进展顺利。

……

歌德

---

① 指一种拉丁铭文诗句，句中藏有罗马数字（Ⅰ、Ⅴ、Ⅼ、Ｃ、Ｍ等），以其相加数表明某一史实的年代。

183 致歌德

1798 年 12 月 11 日，耶拿

得到一位睿智而细心的朋友，无异于得到了一件天赐的礼物，这一点我在这件事上再次体验到了。您的意见完全正确，您列举的理由令人信服。我不知道，哪个凶神迷住了我的心窍，使我一直不太愿意认真对待《华伦斯坦》中这个占星学的情节，因为按我的天性，我本来是不会从轻率的一面，而是会从严肃的一面来看待这些事情的，准保是材料的特性一开始就把我吓退了。但是现在我充分认识到，我还必须为这一题材做一些至关紧要的工作，这大概也会做成的，虽然这又要延长写作时间。

遗憾的是，这个对我来说十分紧迫的完稿时间适逢一个很不利的时期，我现在通常下半夜就不能睡觉，必须竭力挣扎，才能使自己保持必要的清醒神志。要不是我能凭意志力比别人在相似的情况下稍微多做一些事的话，我现在就只好彻底停笔了。

……

席勒

1799

184 致歌德

1799 年 1 月 1 日,耶拿

······

我的作品①现在已在您的手里,在我写这封信的时候,您已经卜出了它的命运。与此同时,我已经开始把我的心思转向第三个剧本②,以便等我一到魏玛,就可以立即动手。虽说还有许多事情要做,可是写起来,一定比较迅速,因为情节已经确定,颇有动人之处。······

席勒

---

① 指《华伦斯坦》三部曲中的第二部《彼柯洛米尼父子》。
② 指该三部曲中的第三部《华伦斯坦之死》。

185 致席勒

1799 年 1 月 2 日,魏玛

......

柔情缠绵的场景写得十分传神,这些场景里引入的占星术也写得极为精彩。

其他各个方面我就什么也不说了,因为此刻我有急事,也因为我希望不久能见到您。请您不要拖延太久,因为有成百件事情需要讨论。我希望您到这里,会发现您下榻之处的一切布置都还差强人意。向您夫人致意。

歌德

186 致席勒

1799 年 1 月 17 日，魏玛

此刻我完全搁笔，而在这种时候，我迫切请求您的事情是：请把《彼柯洛米尼父子》的剧情梗概寄给我，以便我尽快在新的报纸上撰文。此剧一旦上演，柏林人肯定会大加评论，直如洪水泛滥，为此我们必须加快速度。顺祝安好。

歌德

187　致席勒

1799 年 1 月 30 日，魏玛

伟大的日子终于来临，我急于看到这个夜晚，心情极为急迫。这儿再提出几点：

（1）您在开头几场戏里不想让福斯①穿着胸甲上场吗？他穿着短上衣可是显得太平淡了；

（2）同样，也别忘了给华伦斯坦准备一顶平顶礼帽，在帽子上要插上鹭羽之类的东西；

（3）您是不是要给华伦斯坦再披上一件红色的大氅？从后面看过去，他和别人太相似了。

我希望中午在我家里能见到您。

歌德

---

① Vohs，演员，在剧中扮演彼柯洛米尼。

188　致席勒

1799 年 2 月 3 日,魏玛

　　听说昨天的演出比第一次演出精彩得多,我很高兴。现在应该考虑一下,休息一阵之后,再继续进行第三次演出,为此我们该做些什么?

　　……

歌德

189　致歌德

1799 年 3 月 1 日,耶拿

　　经过八周停顿①,通过送信的女佣,我们的通信又重新开始。我感到过去的时间似乎比实际情况更为长久。戏剧事业,和外界的种种交往,我们持续不断的相处,这些已经大大地改变了我的处境。等我摆脱《华伦斯坦》这块巨石,我将感到自己焕然一新。

　　……

　　我今天收到席默曼夫人②的一封信,这封信使我有适当的理由,对那件熟悉的事情③提出控告。从这封信里我也不胜惊讶地获悉,《华伦斯坦的军营》已经到了哥本哈根,因为这个剧本已经在席默曼伯爵家里朗读过,甚至在他生日那天,他的好朋友们还上演了这出戏。除了从魏玛传出去,我想不出还有别的途径。我担心乌比库埃(Ubique)④在这件事上又插了一手,劳驾,请把这事调查一下,我特别请求您,把《彼柯洛米尼父子》一剧拿到您的家

---

① 　1 月 4 日至 2 月 7 日,席勒在魏玛,然后与歌德一同返回耶拿,歌德在耶拿一直待到 2 月 28 日。
② 　即夏绿蒂·冯·席默曼伯爵夫人,她在 2 月 16 日写信给席勒的夫人。
③ 　所指何事不详。
④ 　指柏蒂格尔这位"无所不在"的人从演员夏尔那里借得剧本的手稿,让人秘密抄写,寄到哥本哈根交给弗里德里克·布隆。席默曼夫人就是从她那里得到此稿。在席默曼伯爵生日时并未上演此剧。歌德对此事进行过调查,为此与柏蒂格尔有书信往来。

里,因为倘若这些剧本在外面到处流传,简直是开了个恶劣的玩笑。我不会去怀疑伊夫兰。乌比库埃不久前在哥本哈根大学发牢骚,此人轻率成性,什么事都做得出来。

......

席勒

190　致席勒

　　　1799 年 3 月 3 日，魏玛

　　您的信昨天很晚才到我的手里，我今天提笔作复，使我们之间又恢复这种交流。

　　这个冬天对您非常有利，我很高兴，但它对我极为恶劣。我们在一起，无疑在某种意义上取得了进展。我希望，这明媚的春光将使我们情绪欢畅，把这种进展也实际表现出来。

　　刻尔纳的信我觉得非常奇妙，一切个人的东西都是这样奇妙。没有一个人能深入了解自己或者别人，他只为自己织个网，从网的中央向外产生影响。这一切都一再使我回顾我自己的诗意天性。一个人在文学创作中得到最大的满足，并且通过文学创作和别人建立最好的联系。

　　关于《华伦斯坦的军营》我要进行严格的调查。您的估计我觉得真是太有道理了。在这光荣的时代，理性在扩大它那崇高的统治，而我们天天都可以在最有尊严的人身上看到无耻的行为或者荒唐的行径。

　　我现在正在料理这里的各种事务，这样我在下个阶段就可以腾出身来。话说回来，我此刻情绪极为恶劣，大概也不会好转，除非某个重要的作品又取得了成功。

　　祝您身体健康，向尊夫人问好。祝勤奋笔耕。至于我自己，我已经预见，在我又回到您的身边以一种我所希望的方式工作之前，我将不会有满意的时候。今年夏天我得想出点什么事情来，以便重新获得某种开朗的心境。在天气恶劣的季节里，我可完全没有这种心绪。

歌德

191 致歌德

1799 年 3 月 5 日,耶拿

这个冬天我发现您不像平素那样心情开朗、勇气十足,这常常使我感到痛苦。正因为如此,我总希望我能有更多的精神自由,从而对您有更大的帮助。大自然委任您创造出类拔萃的东西。任何别的状况,只要持续一阵,就有违您的天性。您这次在文艺上停笔休息这样长久,这种情况不可再度发生。您必须痛下决心,振作起来。就因为这个,您想写一首教育诗的念头,我非常欢迎;这样一种写作活动把科学研究工作联系到文艺创造力上,将使您很容易地过渡到文学创作上去,您现在似乎只缺少这样一种过渡。

话说回来,我一想到您打算创作的诗歌里将有一大堆思想和形象需要去加工,这些思想和形象生机勃勃地存在于您的想象之中,只消一次谈话就能呼之而出,那我真不理解,您的活动怎么可能会有一时半刻的停顿。不过您的现实主义正好表现在这里,我们其他人装了一脑子想法,这事本身就成了一种活动,而您在您的思想获得生命之前,是不会满意的。

今年春天和夏天将把一切弥补回来。经过长时间的休息,您的创作力将更加旺盛,特别是如果您立即从《阿喀琉斯》这个题材着手写作诗歌的话,因为这样一来,就推动了整整一个世界。上次您把这第一首歌的内容告诉了我,那次简短的谈话①,我一直不能忘怀,谈话中您整个天性表现出来的欢快开朗的火焰和欣欣向荣的生气,我也同样不能忘怀。

这里又有一封乌比库埃②的信。这人老是不安分,总是干涉别人的事情。他那些关于华伦斯坦和剧中女性人物的连篇空话真是可怕。我可不会把我的剧本奉献出来,让施罗德施加在汉堡演员身上的勇气减退下来。

奥彼茨③想把这几个剧本在莱比锡的剧院里上演。劳驾,让送信的使女把剧院现在不用的《彼柯洛米尼父子》一剧带给我。我得让人把它抄写一遍。

关于伊夫兰的情况我还一无所闻,不过从别的途径听说,伊夫兰是根据没有删减过的版本第一次上演《彼柯洛米尼父子》一剧。据说演出持续到晚上十点半,他在第二次演出该剧时,被迫采用了删节本,在海报上也预告了这条消息。这事使我非常恼火。他在排演的时候,未能准确地估计剧本的长度,所以他把这事做得十分笨拙。据说他在剧中扮演了奥克塔维阿,就像柏蒂格尔信上写的,苔克拉这一角色由弗莱克夫人(Mad. Fleck)扮演。关于演出成功的消息我还一无所闻,也许格里斯④告诉我的消息,来自施莱格尔家。

---

① 也许指在 1798 年 3 月 22 日,或 1799 年 2 月 17 日进行的那次谈话。
② 指 3 月 3 日柏蒂格尔给席勒的信。
③ 奥彼茨(Opitz,1756—1810),德累斯顿剧院经理。
④ 格里斯(Gries,1775—1842),耶拿的翻译家、作家、诗人。

星期五我寄出《华伦斯坦》①的第一、二幕,伊夫兰那里我什么也不寄。

祝您健康,尽管冬天又回来了,而且似乎非常阴郁,但希望您依然心情开朗。我们两个都向您致以衷心的问候。

席勒

---

① 指《华伦斯坦之死》。

192 致席勒

1799 年 3 月 6 日，魏玛

我只好遵照您的忠告，把自己看成一个洋葱，深埋在大雪掩盖的地里，期待着几周之后长出茎叶，开出花朵。

《普罗庇累恩》的印刷工作正在进行之中。我按照我习惯的方式把其他事情撂在一边，以便尽快得到几周空闲的时间，我想最佳地利用它们。我的情况一般说来，不可能更有利了，可是和我的本性那样相悖，这真是非常奇怪。我们倒要看看，我们的"愿望"究竟能达到何等地步。

您现在收到了《彼柯洛米尼父子》和那封信①。在这份关于《华伦斯坦的军营》有违真实的信件里，您将看到无所不在的朋友的大手笔。他的全部生存就建立在不断抱怨之上，您最好不要和他沾边。谁若捏弄柏油，谁就会把自己的手指粘在一起。再也没有比跟这种混蛋有所牵连更要命的事了，他们竟然敢把奥克塔维阿叫作无赖。

冬天又来临了，在这样的日子里，"帕米拉"②真是我心里渴望得到的一件礼物。我真迫不及待地期望着这部歌剧重新上演，许多人和我心情相同。

---

① 指柏蒂格尔 3 月 3 日给席勒的信。
② 指安东尼奥·撒利哀里的歌剧《帕米拉·波斯公主》。

......

　　向尊夫人问好,请您无论是在顺利的时候还是恶劣的时候,都继续用您精神和心灵的力量来帮助我。

歌德

193　致歌德

1799 年 3 月 7 日，耶拿

　　像我答应过的那样，在此寄上《华伦斯坦之死》的开头两幕，希望您能喜欢它们。如果可能，请您明天一早就把您的看法略告一二，并请通过星期天晚上的驿车把手稿寄还给我，因为我手头没有誊清的抄件，我也不能让我的抄写员停工歇息。

　　同时附上伊夫兰关于《彼柯洛米尼父子》上演情况的消息，外加海报一份。演出的情况完全如我预料。暂时可以对此感到满意，第三部将像我希望的那样，会有一个突破。

　　幸运的是，我终于能够安排的此剧也由五幕组成，为了准备华伦斯坦被刺这一情节，剧中既安排了较大的广度，也赋予了戏剧的重要性。两位敢作敢为的军官完成了这一行动，剧中安排他俩一面行动一面谈论。这样一来巴特勒①的形象就显得更加高大，而谋杀场面的各种准备也就变得更加可怕。当然这样一来我的工作量也大大增加。

席勒

---

①　剧中刺杀华伦斯坦的两位军官之一。

194　致席勒

1799 年 3 月 9 日，魏玛

《华伦斯坦之死》的头两幕非常出色。读第一遍，就给我留下了生动的印象，不容我对它们的成功再有任何怀疑。

倘若观众在看《彼柯洛米尼父子》时陷于某种人为的、某些地方显得有些随心所欲的复杂局面里，不能马上弄清头绪，不能和自己及别人完全融为一体，那么这新写的两场戏的剧情就仿佛是顺乎自然，必不可少。世界已经创造出来，一切剧情就在其中发生，法则已经制定，根据这些法则人们进行判断，利益的洪流、激情的洪流发现它们的河床已经挖好，它们可以沿着这河床顺流而下，滚滚向前。我现在非常渴望读到其余部分，我觉得根据现在新的计划，它们一定会让我感到新奇。

今天早晨我怀着真正的关切和深沉的感情读了您的两幕剧之后，《雅典娜神庙》(*Athenoeum*)①的第三期又送到我这里，我仔细阅读了它，不知不觉时间就过去了。信使送信的时间已到，我这里只有好消息：在您的敦促及鼓励下，这些天我把我的思想全部集中在特洛伊战场上。我想写的这首诗，只缺少内在的形式，它的大部分直到细枝末节都已安排就绪，因为只有无限的有限之物才能引起我的兴趣，所以我设想，如果我集中全部精力写这首

---

① 施莱格尔兄弟在 1798—1800 年创办的杂志，为德国早期浪漫派的机关报。

诗,我可以在 9 月末完成全诗。我将设法使这种妄想尽可能长久地保持在我心里。

明天我把《华伦斯坦》寄还给您。

请向尊夫人致以问候,我祝她身体康复,愿您成功地日益接近您悲剧的结尾。

歌德

195　致席勒

1799 年 3 月 10 日，魏玛

　　只写三言两语，并转达迈耶的衷心问候，就寄出这封信。他的情况和我一样，一读书就不能停顿。戏剧的效果可以有把握。几天来我把全部注意力集中在特洛伊平原上。倘若我的准备工作进行得顺利，这美好的季节就可以大有收获。因此，倘若我有段时间保持沉默，直到我能给您看点什么为止，请您原谅。

　　请多保重，希望您成功地完成您的大作。

歌德

196 致歌德

1799 年 3 月 12 日,耶拿

我的头两幕这样受您欢迎,为此,我非常高兴。

虽然我还没有时间把最后三幕这样详尽地铺展开来,它们至少就整体效果而言,不至于比前两幕逊色。工作现在加速进展,倘若我能像最近几天一样利用好每一天,我在下星期一把《华伦斯坦》的全部剩余部分用快信寄给您,并不是不可能的。倘若您不反对,我可以用星期一晚上的邮班把手稿寄给伊夫兰。

……

席勒

197　致席勒

1799 年 3 月 13 日,魏玛

……

望多保重,别的我再也不说什么,因为我一说就要说我的希腊群神和各位英雄。我不愿冒昧行事。请向尊夫人致意,只是在星期六对我说一句话,告诉我工作进展如何。

歌德

198　致歌德

1799 年 3 月 15 日,耶拿

我只写一行字,以确认我最近允诺的事情。星期一您将得到《华伦斯坦》全剧。他①已经死去,也已安排就绪。我只需要推敲加工即可。

……

席勒

---

① 指华伦斯坦。由此说明,《华伦斯坦之死》已经完成。

199　致席勒

1799 年 3 月 16 日，魏玛

我衷心祝贺您剧中主人公死去！但愿我在入秋之前也能把我叙事诗中主人公的生命之灯吹灭①！我心情急迫地期待着星期一的邮件，并且做好安排，在绿色的星期四②到您处去。虽说我们到时候只能共度八天光阴，我们已经大大地进了一步。4 月份我们必须做好思想准备，要上演《华伦斯坦》，并且翁策尔曼夫人③也要来演出。因此，倘若我们尽快完成《华伦斯坦》，就能既通过这出悲剧，也通过这位俊俏的小妇人举行一系列有趣的演出，拴住那些可能会来访问的外国人。祝您安好！《阿喀琉斯》一诗的五首歌已经有了腹稿，第一首歌的一百八十个六韵脚已经写成。通过一种特别的决断和严格的饮食规定，我迫使自己完成了这些。既然开头成功，那么余下部分也就不必担心了。只要您在《普罗庇累恩》上助我们一臂之力，那么今年一定不会缺乏佳作。

歌德

---

① 指阿喀琉斯之死。
② 即复活节前的星期四。
③ 翁策尔曼夫人（Madam Unzelmann，1760—1815），柏林的女演员。

200 致歌德

1799 年 3 月 17 日，耶拿

现寄上那部作品，这是在目前情况下可能做到的程度。也许在个别地方，这个剧本展开得还显不足，但是为了达到悲剧性的戏剧效果，我看它已经展开得够了。倘若您做出判断，认为它现在的确是一出悲剧，感觉的主要要求已经达到，理智和好奇心的主要问题已经得到满足，各个人物的命运已经得到揭示，主要感觉的一致性得到保持，那我就心满意足了。

我想请您决定：第四幕是否以苔克拉的独白结束，这是我最喜欢不过的？还是说，把这个片段完全去掉，这样一来，接下来的两小场戏是否还有必要？劳驾，尽早寄出这份手稿，这样我至迟明天，星期一晚上七点钟又可以拿到它，请在信封上写明信使是什么时候派出的。

其余一切面谈。我衷心祝贺您在《阿喀琉斯》上取得进展，您在这过程中也获得了目标坚定便能大大控制情绪的经验。这样，您取得的进展就倍感值得了。

我妻子向您致以问候，我们怀着急切的心情恭候您假日来访。

席勒

星期天晚上

201　致席勒

1799 年 3 月 18 日，魏玛

我衷心祝贺您完成了大作，它使我特别满足，虽然我只是在一个情绪恶劣、心不在焉的早晨非常粗略地浏览了一遍。剧中戏剧效果已有足够的安排，我还不熟悉的新的契机非常之美而且符合剧情需要。

倘若您将来能稍稍压缩一下《彼柯洛米尼父子》的篇幅，那么这两个剧本对于德国舞台来说将是难以估量的馈赠，人们会连续多年演出它们。当然最后一剧有个巨大的优点：一切都失去政治色彩，仅仅彰显人性。连历史事件本身也只是一层薄薄的面纱，透过这层面纱闪现出纯粹的人性。对心灵的影响既不会受阻止也不会受骚扰。

倘若是我，无论如何一定要用公主①的独白来结束第四幕。她是如何走的，那就全凭观众自己的想象力了。倘若在第一出戏里就让司厩官出场，这样效果也许更好。

通过宣读诏书来结束全剧的确使人大吃一惊，特别因为观众当时都处于柔和的情绪之中。这样的状况大概也是绝无仅有的，一切能激起人们恐惧和同情的东西都已消耗殆尽，只能用惊吓来结尾了。

---

① 即华伦斯坦之女苔克拉。

我别的不再说了，只是为能共享此剧而感到高兴。我希望星期四就能出发。星期三晚上您就能获得确切消息，然后我们要一起读这个剧本，我要以合适的心情来享受此事。

……

从缪斯那里夺得的成果，我还不想扬扬得意，它是否有点价值，这还是个问题，反正它可以算作练笔。

歌德

202 致歌德

1799 年 3 月 19 日，耶拿

我早就在担心我如此盼望的摆脱我作品的这个时刻。事实上，我现在自由自在，这状况远比我先前的奴隶状态更为难熬。迄今为止一直吸引着我、束缚着我的这一堆材料，现在一下子失去了。我觉得，我仿佛虚悬在真空中，无依无靠。同时我又觉得，仿佛我绝不可能再创造什么别的东西。我非要看见我的心绪又集中在某个素材上，而且这个素材使我看到了希望和趋向，我才会平静下来。只有当我又有了一个使命，我才会摆脱这种不安，它现在也使我分心，不去写作较小的作品。等您到这儿之后，我将把几个凭空臆造的悲剧题材放在您的面前，从而不在初选阶段就选错对象。倾向和需要吸引我去处理一个自由想象出来的，并非历史性的题材，去处理一个只是激情洋溢、充满人性的题材，因为在这之前，士兵、英雄和统治者我实在已经受够了。

我多么羡慕您现在和最近的活动。您现在站在最纯净的最高的诗意土地上，置身于确定的人物形象组成的最美好的世界里，那里一切都完成了，一切又可重做。您简直就像居住在诗意之家，受到群神侍候。我这几天又把荷马拿了出来，怀着无穷的兴味，读了泰蒂斯拜访火神沃尔康那一段。这种每天都能经历的登门造访，描写得优美动人；一家手工业匠人的铺子，描绘得生动细致，题材和形式的无限就包含在这种描绘之中，素朴就拥有神性的全部内涵。

您希望在秋天就完成《阿喀琉斯》，至少认为有可能完成这部作品，我还是觉得有些难以置信，尽管我深信您成竹在胸，定能运笔如飞，我自己就曾目睹您的神速，可我还是觉得您的打算有些难以置信。特别因为您根本不打算在4月份从事这项工作。实际上我感到非常可惜的是您会失去这一个月的时光。说不定您会继续保持写作叙事诗的情绪，到时候您就不会让剧院的烦心事扰得心绪不宁。倘若我能在《华伦斯坦》上面减轻您的负担，我将欣然为您分忧。

这几天因荷夫小姐①把她那首诗的最后两个组曲寄来给我，我非常高兴。全诗写得极为娇柔纯净，词句朴实无华，神韵优雅无比，等您来时，我们可以一同讨论此诗。

现把《彼柯洛米尼父子》寄还给您，请您把《华伦斯坦的军营》寄来，我也要找人把它抄写一遍，然后把三个剧合在一起寄给刻尔纳。

……

席勒

---

① 因荷夫(Imhof, 1776—1831)，魏玛的女诗人，斯泰因夫人的侄女。

203　致席勒

我们这些日子还对《华伦斯坦》进行了许多讨论。迈耶教授也读了这个剧本，非常欣赏。

倘若您打算动笔开始一部新作，有兴趣处理一个自己凭空臆造的题材，我不能对此有所指责。经验教导我，您若自由自在地写作，情况会好得多。我非常希望知道，您目前的倾向是在哪个方面。

因荷夫的那首诗，迈耶向我大加赞扬。我们的女士们拥有如此卓越的才能，倘若她们也真的大步前进，我会非常高兴。

明天我将一早出发，中午时分就到您那儿。我将把我所有的控制饮食的绝技带上，这次露上一手。倘若您现在决心写作一部新的作品，它完全来自您的内心，因而也符合您的爱好和您的天才，那么我们这个夏天就有了保障。

……

歌德

204　致席勒

1799 年 4 月 2 日,耶拿

我现在把第一组曲寄去,我想小小地休息一下,为的是把我首先需要加工的各个契机,更加专门地证实一下。寄上手稿,以便您阅读,并加以深入研究。写作这个作品,我是信心百倍,请您不断给予支持。

歌德

我很想今天把《华伦斯坦的军营》寄到魏玛去。

205 致歌德

［1799 年 4 月 2 日，耶拿］

您的邮件①使我喜出望外，我要全神贯注地阅读和钻研这首组曲。

《华伦斯坦的军营》将在今晚寄出，我希望不久见到您，并把我的读后感告诉您。

席勒

---

① 指《阿喀琉斯》的第一首歌。

206 致歌德

1799 年 4 月 26 日,耶拿

我在魏玛得到的消遣,今天在我心里还未消散,我的心情还难以平静。在这期间我接触到伊丽莎白女王①执政的历史,开始研究玛利亚·斯图亚特②案件。几个悲剧的主要契机立即展现在我眼前,使我对这个题材充满信心,它无可争议地使我拥有许多一定能取得成功的条件。这个题材似乎非常适合于欧里庇得斯的方法,即把情况最充分地加以表现,因为看到一种可能性,可以把整个的案件审理过程连同一切政治内容全都搁置一边,从死刑判决来开始这出悲剧。可是这一切见面再谈吧,等我的这些想法变得更加明确时再说。

我们觉得这里并不比魏玛春意更浓,只是在磨坊看见迎接我们的醋栗灌木丛吐出了新绿。

劳驾,用我随信附上的票据把我指定的作品③从图书馆给我

---

① 伊丽莎白一世(1558—1603),英格兰女王。
② 玛利亚·斯图亚特(Mary Stuart,1542—1587),苏格兰女王,法国王后,以美貌著称。1567 年王位被废黜,次年起被伊丽莎白一世囚禁,达十八年之久。最后以企图谋杀伊丽莎白一世的罪名被处死。
③ 指乔治·布哈南的《苏格兰史》,安德烈·杜·切斯奈的《英吉利、苏格兰、爱尔兰史》。

借来，让送信的姑娘寄给我。康姆登①的书我已带走，可是忘了留下借条。倘若您能帮我从公爵的藏书中借来根茨的《历史日历》，里面含有玛利亚·斯图亚特的生平，我将感到非常高兴。

请原谅，我给您添了这些麻烦。

……

席勒

---

① 康姆登（Camden，1551—1623），英国历史学家，著有伊丽莎白女王统治时期的英国史。

207 致席勒

1799 年 4 月 27 日,魏玛

我眼下只忙于摆脱冗务,以便在星期三可以出发。

第二期《普洛庇累恩》已经开始印刷,我把《收藏家》①的前半部分寄去付印,而后半部分还处于"未完成状态"②。

我希望不久我们再相聚时,把这后半部分也予以发表,我想出了一个办法,用这种方法我们最容易也最有把握办妥这件事情。我很高兴您对玛利亚·斯图亚特这个题材充满信心。从总体看来,这个题材似乎包含许多可以产生悲剧效果的东西。您要的那些书随即寄上,我真想从您那儿听到进一步发展的消息。望多保重,向尊夫人问好⋯⋯

歌德

---

① 即《收藏家及其家人》。
② 原文为拉丁文"*limbo patrum*"。

208　致席勒

1799 年 5 月 11 日［耶拿］

……

这里附上第六封信①，现在寄上，就像它可能变成的样子。此信作为一幅速写也许这样就行了；若要把它像模像样地详加阐发，还需要大肆渲染，这不是我现在所能办到的。因此请从这方面来观察此信：看它是否包含着什么有违原来目标的东西，既然它不可能完全实现这个目标。

歌德

---

① 即《收藏家及其家人》一书的第六封信。

209 致歌德

[1799 年 5 月 11 日, 耶拿]

经过迁居①的混乱之后, 今天下午我将享受最初几小时的安静时光, 用来阅读您的手稿, 这会使我心情舒畅。昨天的天气当然对我们颇为不利, 今天的天气也并不使人愉快, 但是我们现在刚有一点熙和的瞬间, 我们就能在野外享受, 这还是使我非常高兴。

倘若您没有兴趣在我们的哲学家们②那里多作逗留, 那么今晚您就早些来。

席勒

---

① 席勒在 1799 年 5 月 10 日搬进他的花园房子。
② 指谢林和尼特哈默尔。

210 致席勒

1799 年 5 月 12 日［耶拿］

莱斯林先生①担任第一猎骑兵的角色。请您把手稿给我寄来，以便我能再把这一角色补上。

今天的盛会②对我并不是完全没有思想上的影响。第八封信③已经写完，这个忧虑我们总算克服了。

请您告诉我：您和尊夫人今天有何打算？ 今晚我怎么和您见面？

歌德

---

① 莱斯林(Leiszring，1777—1852)，魏玛的演员。
② 圣灵降临节。
③ 《收藏家及其家人》一书的第八封信。

211 致歌德

[1799 年 5 月 12 日，耶拿]

　　我祝贺您创造了精神产品①。现在这件事您也完成了，这是一大收获。我的灵感今天还不想露面，尽管我在花园的各条小径上寻觅，希望能有所获。

　　……

席勒

---

①　指前信提到的《收藏家及其家人》的第八封信。

212　致歌德

1799 年 5 月 29 日，耶拿

在您离开我们的这两天内，我把已经开始的工作①努力继续干下去，并且希望天气稳定一些，那会促使我全力以赴。在总结我们最近一次会晤时，我发现，我们虽说并不多产，但是做了有益的工作。特别是必须把自然和艺术区分开来这一思想，每次我们回到这个题目上来，这个思想对我来说就变得越来越重要，越来越有益。我劝您在撰写关于艺术爱好者的习惯这篇文章②时，也能对此详加阐述。

我希望不久能收到这篇文章的提纲的抄写版，并且有新的观点丰富了提纲。我希望曙光和金星③近在咫尺，能给您许多开启神智的光芒。

昨天我偶然读到一本关于克里斯蒂安·托玛西乌斯④生平的书，我读了非常解闷，他显示了一个有头脑有力量的人如何有趣地摆脱时代的拘谨，尽管他攻击时代的方式也是够拘谨的。可是和他的同时代人相比，他可以称作哲人，甚至可以说是个出类拔萃之士。他选用了您也认为最强有力的手段，通过一个劲儿地迅

---

① 指《玛利亚·斯图亚特》的准备工作。
② 他们两人在 5 月 26 日前，一直在共同拟定此文的提纲，但此文最终未能写成。
③ 曙光指赫尔德尔，金星指让·保尔。
④ 托玛西乌斯(Thomasius，1665—1724)，哈勒和莱比锡大学教授。

速重复的恶作剧使对手六神不安，他用《每月谈话》（*Monthly Discourses*）的标题编写了第一份刊物，在这份刊物上他以讽刺的方式，在每个剧本前面放上一张讽刺的铜版画，勇敢地打击了他的对手们、神学家们和亚里士多德派的哲学家们。他也敢于首先用德文来写学术论文；其中有一篇论述优美举止，以及德国人应该向法国模仿什么。这篇文章我颇想一读，我将在这里寻找。

您也许对因荷夫小姐和她的作品①有所了解。您打算把您不久前说的那番话向她暗示吗？

我的妻子向您致以衷心的问候。我们都非常想念您，消磨晚上的时光而不和您谈天，这我简直无法习惯。请向迈耶多多致意。顺祝安好。

席勒

---

① 指《莱斯波斯地方的姐妹们》。

213 致席勒

1799 年 5 月 29 日，魏玛

我们的离别也总是使我非常依依不舍。在离别时，我找到了羡慕您的原因。您待在您的圈子里，留在您的道路上，因而更加稳健地大步前进，而处在我的地位，向前迈进却是非常艰难的事情。晚上我大概知道发生了什么事情，可是这件事情如果没有我也会发生，也许会完全变成另外一个样子。

一般来说，我只想试图在这里最好地尽我的职责，并且设法使我在这里度过的时光对我们特殊的目的也能不无裨益。

诗歌的第一组曲①我已从我们的女友那里得到。可惜我之前跟您谈过的那些指责，在这首组曲里全部都有。全曲缺乏叙事诗的徐缓节奏，因而一切都挤在一起，重重叠叠。倘若读一下这首诗，会发现这诗完全缺乏静穆感。整个这首组诗里没有一节段落分明，的确各节都难以标明；极其冗长的句子只能使得事情纠缠不清，不能通过某种完美句型，赋予全诗以一种优雅的风韵。诗中又插入许多补充句子，弄得关系模糊不清，字句颠倒，往往毫无叙事诗的目的，分词的运用也总是不太理想。我想尽可能地帮些忙，正因为我对我在这里度过的时光期望不高，所以更想做到这件事情。

---

① 指因荷夫的诗作《莱斯波斯地方的姐妹们》。

反正我们关于艺术爱好者的习惯的文章，像我所预见的那样，将使我们处于一种独特的境地；因为要想清楚地看见这种人的恶劣行径，而自己不变得焦躁不安、态度生硬，那是不可能的。我是否能把文章的提纲大大修改之后寄给您或者带给您，那还很成问题。

　　我所知道的克里斯蒂安·托玛西乌斯的事，使我一直很感兴趣。他的开朗和才智十分令人愉快。我要去打听一下您在找的那些文章。

　　……

歌德

214 致歌德

1799 年 5 月 31 日,耶拿

我们这位爱好艺术的女士写的诗①,您越看越不喜欢,这点我很理解。因为爱好艺术的倾向从一个错误的原则出发,不可能创造出任何从整体上来看不是错误的东西,所以也不容许别人提供任何本质上的帮助。爱好艺术的倾向也特别表现在这点上。我感到欣慰的是,我们在这部作品上可以宣告爱好艺术倾向的根源,我们用对此表示宽容的方法,表现了一种人道主义的精神,并且没有使我们的判断受到连累。这当中最糟糕的乃是这事使您付出辛劳,引起了您的不满。与此同时,您得把这件工作当作为科学而进行的"尸体解剖"②,因为这种实际情况对于目前的理论工作,并不是完全不合时宜。

这几天一位大师③在艺术上截然相反的作品并没有给我许多快乐,不过我阅读时可以完全保持平静,因为没有人要求我做任何回应。我读了高乃依的《罗多古娜》《庞贝之死》《波利耶克特》,这些作品的确缺点累累,二十年来我却听见人们对它们赞不绝口,我对此惊讶不已。情节、戏剧的安排、人物性格、风俗、语言,剧中一切,甚至诗句,都暴露出严重的破绽,一种刚刚形成的艺术

① 指因荷夫的诗作。
② 原文为拉丁文"*sectionem cadaveris*"。
③ 指法国古典剧作家高乃依。

所具有的野蛮性，远远不足以为这些辩护。因为一个粗野的时代产生的作品，即使是最富有才智的那些，也往往会包含错误的艺术趣味。这并不是这些作品中唯一令人反感的东西，甚至也不是主要令人反感的东西。想象力的贫乏，人物性格中的干瘪和枯燥无味，激情中的冷漠，情节发展过程中的瘫痪和生硬，以及完全缺乏趣味，才真正令人反感。妇女形象全是可怜巴巴的鬼脸。我还没有发现真正的英雄行为在剧中得到出色的处理。可即便是这种本身内容并不非常丰富的组合物，也只得到了单调的处理。

拉辛无可比拟地更加接近艺术的完美境界，尽管他本人具有法兰西风格的一切不良方式，并且总的来说有些易受影响。现在我的确非常想谈伏尔泰的悲剧，因为从后者对高乃依的评论来看，他对高乃依的缺点是非常清楚的。

当然，指责总比褒扬容易，于是我又想到了我自己的作业[①]，它还一直搁在那儿，非常不像样子。但愿那些随时随地都能发表议论的评论家和轻率成性的艺术爱好者们都知道，创作一篇像样的作品，要付出多大的代价。

请让送信的女人把《彼柯洛米尼父子》和《华伦斯坦》寄给我，科策布向我要求这两个剧本，我答应了他，因为赏他这个面子比拜访他一次或者吃顿晚饭的代价要低得多。

请向迈耶多多问候。他的信我已寄给柏蒂格尔。在这使人心旷神怡的雨天，祝您身体健康，心情开朗。

席勒

---

① 指《玛利亚·斯图亚特》一剧的创作。

215　致席勒

1799 年 6 月 1 日，魏玛

……

昨天公爵出门旅行，前往埃森纳赫和卡塞尔（Cassel），这样我差不多就可闭门不出，幽居在我安静的住宅里。我期待着今后这八天将给我带来馈赠。哪怕我只能完成一些准备工作，我也心满意足了。但愿从您创作的更深的源泉里能有佳思向您进涌。

送上《华伦斯坦》的三个剧本。关于我的情况我只能说，我得整理文稿，补上欠缺，构思新作，调整加工，此外实在无可奉告。话说回来，其实就这样，一切也还都差强人意，倘若不是非常计较，也都符合既定目的。祝您健康，向尊夫人问好。

歌德

216 致歌德

1799 年 6 月 4 日，耶拿

······

　　《玛利亚·斯图亚特》前几幕的提纲已经就绪，最后几幕只有一点还未解决，我忍不住马上就想动笔，为了不浪费时间。在我动手写第二幕之前，我必须把后面几幕的细枝末节都想得清清楚楚，所以我今天①，6 月 4 日，怀着欢快和喜悦的心情，开始写这部作品，希望在这个月里就能把剧情的相当一部分完成。

　　您关于《莱斯波斯地方的姐妹们》一书写给我的那封信，给了我很大的安慰。我的大姨子也写信给我，谈到这次聚会②，她向我赞叹不已，说她在这次聚会时，不知学到了多少东西。

　　我现在在我们平时相聚的时间里读莱辛的剧评③。这部作品的确富有才智，思想活跃，使人心旷神怡。毫无疑问，在他同时代所有的德国人当中，莱辛对于艺术知道得最为清楚，对于艺术的思想最为尖锐犀利，同时也最为自由，并且最为坚定不移地注视着艺术的本质。只要读一读他的作品，就的确会感到，德国趣味的美好时光已经过去，因为现在发表的关于艺术的评判，能够和他的评论相提并论的，是多么稀少。

---

① 　席勒在他的日历上写着："今天 6 月 4 日，开始写作《玛利亚·斯图亚特》。"
② 　1799 年 5 月 31 日，在席勒的大姨子卡洛琳娜·冯·沃尔措根夫人家里聚会，讨论因荷夫的诗作《莱斯波斯地方的姐妹们》，歌德参加了这次聚会。
③ 　指莱辛的《汉堡剧评》。

普鲁士的王后①真的想先在魏玛观看《华伦斯坦》，不想看见此剧在柏林演出吗？

……

席勒

---

① 普鲁士国王腓特烈·威廉三世和王后露易丝于 1799 年 7 月 2 日观看了在魏玛演出的《华伦斯坦》。

217 致席勒

1799 年 6 月 5 日，魏玛

我祝贺您开始动笔写您的新剧①。全剧构思缜密，这样很好，同样，写作如和构思同时进行，也有巨大的不会被疏忽的优点。

……

国王和王后没有在柏林观看过《华伦斯坦》，从这事来看，他们的确是想抬举一下公爵。公爵为了选择剧目曾经问过他们，并且因为选了这出悲剧而得到了他们的赞同。

至于我呢，我只能采取全然无可奈何的态度来使我自己免于不快，因为想做一项连贯性的工作，简直无法想象。既然有些事情要做，时光也就这样流逝。我只好希望 7 月份能有更加幸运的时刻。

……

歌德

---

① 即《玛利亚·斯图亚特》。

218 致歌德

1799 年 6 月 7 日,耶拿

……

两天以来,我的工作毫无进展,昨天全天客人络绎不绝,今天寄出一大批信。

维兰德①对赫尔德尔的书②发出的大喊大叫,像我所担心的,将产生和他预期的完全相反的效果。我们可以极为从容不迫地静观后果。在这场将变得喧嚣不已、热闹非凡的喜剧里,我们要作为安静的观众就座。这出戏肯定会给我们解闷。不论维兰德说了些什么,我希望,科塔会把它放在《汇报》(*Allgemeine Zeitung*)上或者柏蒂格尔会把它寄到那儿去,因为这事还不可能变得尽人皆知。……

席勒

---

① 维兰德(1733—1813),德国诗人,当时为魏玛大师之一。
② 指赫尔德尔的作品《理智与经验,对纯粹理性批判的反批判》,维兰德在他的杂志《新德意志信使报》的 5 月号上撰文评论赫尔德尔的这一作品。

219　致歌德

1799 年 6 月 11 日，耶拿

　　几天前我们平安地回到家里，但是我体会到，八小时的马车颠簸，骚乱不宁的社交活动，这两件事情占据了一天四分之三的时间，对我来说，变动实在过于强烈；我花了两天的时间，才完全恢复过来。

　　若干天以来，天气这样晴朗，我待在我的花园小屋里始终欢快开朗，我真想和您分享这种情绪。写作的进度缓慢，因为我得为全剧打好基础，而在开始的时候，一切的关键在于，切不可有败笔，可是我很希望，路子是对头的。

　　倘若我不是已经浪费了许多时间的话，我会受到诱惑，去观看明天将在魏玛上演的戏①。在我着手现在这件事情的时候，观赏舞台上上演的一出新的历史剧，不论这出戏的性质如何，是会对我产生有益的影响的。用这样的素材编写一个剧本，这个想法我很喜欢，这个素材本身就具有重要的优点，情节集中在一个充满行动的瞬间，必然会在恐惧和希望之中迅速地向结尾推进。单单历史本身就给剧本提供了出色的戏剧人物。可是这个剧本也可能并不怎么特别，因为关于此剧您并没有向我谈起过

---

① 　1799 年 6 月 12 日上演弗朗茨·克拉特（Franz Kratter）的剧作《普鲁特河畔的和约》（*Der Friede am Pruth*），取材于 1711 年 7 月 11 日俄国沙皇彼得大帝与土耳其人签订的《普鲁特条约》。

什么。

……

愿您今天心情欢悦，我已经没有什么东西可写，因为这些天我对世事一无所闻，只埋头生活在我的作品里。我妻子向您热情问候。

席勒

220 致歌德

1799 年 6 月 14 日,耶拿

……

我希望您能比我这几天更为勤奋。星期三梅利施①,星期四冯·卡尔普夫人在我们家做客,因此这两天写作甚少。我还一直在写我那三场阐述剧情的戏,试图为未来的情节打下坚实的基础。

在英国,我似乎的确可以凭借我的剧本有所作为。我在八天之内接到从伦敦寄来的两项建议,要我把剧本的手稿寄去,虽说这仅是书商和译者的建议,还没有附上明确答应支付的稿酬数目,可是需求量如此之大,我真可以对此抱有希望了。

劳驾,把埃斯库罗斯的作品集寄给我,我又迫切希望读一读古希腊悲剧作品作为消遣。

祝您安好,请您不久抽空过来一天。我妻子向您热情问候。

席勒

---

① 梅利施(Mellish,1768—1823),英国外交家和作家。

221 致席勒

1799 年 6 月 15 日，罗斯拉

······

我迫切希望，不久能看见您。星期三我希望能从魏玛写信给您。我这期间在脑子里转过的念头，我要向您报告。

尽管我的"精神"①正忙着抄写财产什物清单，但我又在抓紧口授一些东西，对我的笔来说就算只开个头也嫌过于烦琐，因为我不得不从远处起步，而且其中也有一些无法诉之于笔墨的东西。祝您在半孤独的状况中身体健康，作品②有所进展，向尊夫人问好。

歌德

---

① "精神"乃歌德的抄写员盖斯特。盖斯特在德文里与"精神"发音相同。
② "作品"指《玛利亚·斯图亚特》。

222　致歌德

1799 年 6 月 18 日，耶拿

……

今年夏天有许多事情联合起来和我的勤奋作对。不出八天，我姐姐就要带着我的姐夫，那位图书馆管理员莱因瓦尔特[1]从迈宁根前来；我很愿意让我的姐姐好好消遣一下，可是我那位姐夫，我真不知道该怎么办才好。他大概将像一根大木桩一样捆在我身上达六天之久。

在这种情况下，我当然不可能像我原来所想的那样，在您到这儿来之前，写完第一幕。可是直到现在还是有所进展，"没有一天不写几行"[2]。我现在在写作的过程中，越来越坚信我的题材拥有真正的悲剧性，特别是在开头几场戏里立刻就看到全剧的结局，剧情似乎离结局越来越远，其实却越来越靠近结局，这正是真正的悲剧性所在。所以并不缺乏亚里士多德指的恐惧，而怜悯也会随之产生。

我的玛利亚[3]不会激起柔和的情绪，这不是我的意图，我始终只想把她当作一个具有肉体的生物看待，激昂的情绪与其说应是一种私人的、个人的同情，毋宁说应是一种普遍的、深刻的感动。

---

① 席勒的姐姐克利斯多菲娜嫁给迈宁根的图书馆管理员莱因瓦尔特（Reinwald，1757—1815）。
② 原文为拉丁文"*nulla dies sine Linee*"。
③ 指《玛利亚·斯图亚特》。

她感受到的、激起的并不是柔情蜜意，她的命运只是去经历，并且激发猛烈的激情，只有她的乳母①对她怀有柔情。

　　与其把我想做的事情预先向您大讲一通，不如先行动，先写出来。

　　……

席勒

_____

① 《玛利亚·斯图亚特》剧中的人物。

223　致席勒

1799 年 6 月 19 日,魏玛

　　我乐于承认,每次浪费时间,我都越来越觉得成问题。我脑子里装着几个奇妙的题材,至少想在今年挽救几个月的时间用来写诗作文,不过,这个想法恐怕难以实现。外界环境决定我们的生活,同时也剥夺了我们的生活。然而我们得想办法,如何适应这种情况,因为,完全像维兰德那样,彻底孤立自己,也并不可取。

　　我希望您的作品尽可能地取得进展。一开始,这些想法对我们自己也还是崭新的,一切会更加新鲜,进展也会更加顺利。

　　　　　　　　　　　　　　　　　　　　　　歌德

224 致歌德

1799 年 7 月 12 日,耶拿

······

　　我的作品虽然进展不算太快,但是近来时有进展,并未停滞不前。诉讼过程和审判形式①这类东西我不熟悉,此外,对这些东西做出必要的说明,也容易失之枯燥,我虽然希望已经克服了这种倾向,但是总不可能不浪费许多时间,要想回避这点是不可能的。自从开始写作此剧,我就在读拉宾·托伊拉斯的《英吉利史》②,此书给了我有利的影响,让我始终能够生动地想象英国本土和英国本身。

　　但愿您不久也能到这里来。甚至我那玫瑰百合盛开的花园也会使您着迷。

　　祝您健康,请向迈耶问好。我的妻子向您致以美好的问候。

席勒

---

① 《玛利亚·斯图亚特》一剧中有关于这位苏格兰女王的诉讼过程和有关的审判形式。
② 拉宾·托伊拉斯(Rapin Thoyras)的法文著作《英吉利史》的德译本。

225　致歌德

1799 年 7 月 19 日，耶拿

几小时前我阅读施莱格尔的《路清德》①，读得我头脑晕眩，到现在还昏昏然。如果您也想大吃一惊的话，您必须看一看这部作品。就像它描写的任何方面，这篇小说刻画了他的性格特征，而且比他以往创作的一切作品都刻画得更好，只不过这篇小说把他更丑化了而已。在这里也是那永远没有形体之物和残缺不全之物占主导地位，朦胧昏暗之物和性格鲜明之物极为罕见地结成一体，您永远也无法相信竟会有这等事情。既然他感到，他在诗艺方面处处碰壁，他就用爱情和机智为自己拼凑了一个理想。他误以为可以把一种炽热的、无限的爱的能力和一种可怕的机智结合起来。这样决定之后，他就为所欲为，甚至把放肆宣布为他的女神。

然而，这部作品也是不堪卒读的，空泛的连篇废话简直叫人恶心。施莱格尔曾经吹嘘自己精通希腊文艺，而且也花时间钻研过这些学问。我原来希望，他的作品会多少使我想起一些古希腊大师的单纯和质朴，可是这篇小说简直是现代混乱不堪和违背自然的顶峰之作，读者简直以为读到了一个由《沃尔德马》

---

① *Lucinda*，施莱格尔的长篇小说，发表于 1799 年。女主人公大胆、坦率地表露自己热恋时的内心感受，引起轩然大波，毁誉参半。

(*Woldemar*)①、《斯腾恩巴特》(*Sternbald*)②和一本放肆的法国长篇小说组合而成的杂烩。

……

您将发现,《玛利亚·斯图亚特》只完成了一幕,这一幕之所以花了我这么多时间,而且还将占去我八天时间,是因为我在这里不得不经历和历史题材展开的诗意的搏斗,我需要花些功夫,使想象力获得一种支配历史的自由,其方法是,设法把历史所拥有的可用的材料,同时全部占有。我希望这样一来,以下几幕就像我所希望的那样能进行得更为迅速,更何况这几幕的篇幅小得多。

……

席勒

---

① 雅各比的一部感伤主义的长篇小说。
② 路特维希·蒂克(Tieck)的一部长篇小说。

226　致席勒

1799 年 7 月 20 日,魏玛

　　我感谢您让我进一步了解施莱格尔的这部奇怪的作品,我已经听到对这部作品的许多议论。每个人都读它,每个人都骂它,可是不知道到底是怎么回事。倘若我得到这部作品,我要看个究竟。

　　……

歌德

227 致歌德

1799 年 7 月 24[23]日,耶拿

……

来自柏林的蒂克①拜访了您。我很想知道您对他满意到何等程度,因为您和他谈话的时间比和别人谈话的时间更长。他给我的印象不坏,他虽然谈吐不够有力,可是优雅、聪敏,颇为出众,既不卖弄才情,也不狂妄自大。既然他曾翻译过《堂吉诃德》,我就向他极力推荐西班牙文学,这种文学会向他提供富有才情的题材,似乎很合乎他的口味,因为他自己倾向于光怪陆离、罗曼蒂克的东西,这样这个令人惬意的天才一定会硕果累累,受人欢迎,得其所哉。

梅利施从他的城堡里给我寄来了他用抑扬格翻译的《彼柯洛米尼父子》的几个片段,以发表在《汇报》上的文字作为底本。倘若英语正确无误,那么这个译本就很好地表达了原文的思想,也出色地再现了原文风格的特色。他想要翻译全剧,如果此举对他和我都有适当的利益可图的话。为此他给谢里坦(Sheritan)写了信。

———————

① 蒂克(1773—1853),德国早期浪漫派的代表,小说《堂吉诃德》的德文译者。

我希望本周末①可以全部完成《玛利亚·斯图亚特》的第一幕。照理我完成的应该远远不止这些，但是这个月对我来说不像上个月那样顺手。能把第三幕带进城去，我就心满意足了。

······

席勒

---

① 席勒7月24日在他的日历上记了一笔：“《玛利亚·斯图亚特》的第一幕完成。”

228 致席勒

1799 年 7 月 24 日,魏玛

……

蒂克和哈尔登堡①、施莱格尔来看过我。初次见面给我的印象是此人②性格使人愉快。他话不多,但是说得精彩,总的来说给我留下了很好的印象。

……

歌德

---

① Hardenberg,即德国早期浪漫派的杰出诗人诺伐利斯,原名为冯·哈尔登堡男爵(1772—1801)。
② 指蒂克。

229　致席勒

1799 年 7 月 27 日，魏玛

今天我没收到您的信，大概是因为您以为我今天会来，可是我不得不重唱老调，向您报告，我在这儿脱身不得。事务冗杂犹如水蛭，就是把它切成千百块，每块又会活起来，我反正已经认命，设法尽可能有效地利用我的剩余时间……

……

相反，在我内心深处，情况并不太坏。我的研究和我的计划的各个方面都稍稍前进了一步，这样一来至少内部继续发生作用的生命得到表现，我们再见时您会发现我情绪良好并且很想有所行动。

……

为了这次不至于显得完全两手空空，附上两部奇怪的作品，其中之一也许会比另一件更使您解闷开心①。

顺祝安好，请惦记我并告诉我您的身体情况和您的工作情况。

歌德

---

① 奇怪的作品指的是《雅各比致费希特信札》(1799 年汉堡版)和埃·巴尔尼的《古代和现代天神之战·十首歌曲的长诗》，歌德认为前者会更让席勒满意。

230　致歌德

1799 年 7 月 30 日,耶拿

　　星期六我信心百倍地等着您来,因而拒绝了哲学家俱乐部①的邀请,以便能更加不受打扰地和您一起度过第一个晚上。所以,当我从您的信上看到我的希望破灭,又消失在虚幻不定之中时,我就更加抑郁难受。

　　于是我别无他法,只要还行,就一头栽到创作之中去,因为无人可以倾诉。我现在已经在认真创作我的第二幕,并写到了我那伪善的女王②。第一幕已抄写完稿,等您来的时候阅读。

席勒

---

① 哲学家俱乐部指席勒与尼特哈默尔、谢林一同打牌。尼特哈默尔和谢林两人当时均为耶拿大学的哲学教授。
② 《玛利亚·斯图亚特》第二幕中出场的英国女王伊丽莎白。

231　致歌德

1799 年 8 月 20 日，耶拿

这几天我找到了一个新的可能成为悲剧的题材，这个悲剧虽说还得整个地加以虚构，但是我觉得，可以从这个题材来进行虚构。在亨利七世统治下的英国有个名叫华尔贝克的骗子起事，自称是理查三世派人在伦敦塔里试图谋杀的爱德华五世。他善于列举虚假的理由，证明他如何获救，拉到一派人承认他，愿意拥他登上宝座。爱德华出身约克家族，同一个家族的一位公主，有意向亨利七世挑衅，她知道了这个骗局，并支持这个骗局。主要是这位公主把华尔贝克推上了舞台。他在布尔贡特公主的宫廷里作为君主生活了一阵，扮演了一段时间这个角色之后，事情败露，于是他被制服、揭露，并被处以死刑。

虽说这个故事本身并没有什么东西可资利用，但是总的说来情景还是非常有用的，骗子和约克家族的公主这两个人物形象可以用作一出悲剧的情节的基础，而这情节可以凭着完全的自由来臆想杜撰。我根本就认为，只要把一般的情景、时代和人物从历史中取出，其他一切则全凭诗意的自由虚构，从而产生一种中间类型的素材，把历史剧的优点和凭空虚构的剧本结合起来。

至于上述素材的处理，我觉得，必须和喜剧作家处理这一素材的方法正好相反。喜剧作家处理起来，一定是通过骗子和他扮演的他并不适合的伟大角色之间的对比，来突出其可笑。而在悲剧里，他必须显示出他是生来就扮演这个角色的，他必须把这角色完全据为己有，以至跟那些想把他当作工具来使用、想把他当作他们的创造物来对待的人展开有趣的斗争。必须看上去完全是这样，欺骗只不过给他指出了大自然自己为他决定的位置。灾难必须由他的追随者和保护人，而不是他的敌人引来，由爱情的争吵、妒忌等引来。

倘若您从这个素材的整体看到一些好的东西，认为这个素材可以用作一个悲剧的故事的基础，那我有时间就去琢磨琢磨这个素材，因为我写作一个剧本之时，必须在某些时刻考虑一出新戏。

席勒

232　致席勒

1799 年 8 月 24[23]日,耶拿

我在花园里过的宁静生活虽说没有结出累累果实,但是结出了美好的果实。

我在这段时间里悉心地研究了温克尔曼的生平和著作。我必须设法逐一弄清这位杰出人物的功绩和影响。

我在继续整理和修改我的那些小诗。在这里也看出了一切取决于创作的原则。此刻我承认一种更加严格的格律的原则,这样一来我与其说是受到了阻碍,毋宁说是受到了促进。当然还有若干问题需要弄清楚。福斯如果在他关于《农耕四歌》①的导言里对这一点写得不是那么故弄玄虚的话,那么在十年前他就帮了我们一个大忙了。

这个星期我一反惯例直到午夜还未上床,为了等待月亮。我用奥赫②望远镜饶有兴趣地观看月亮。不久前,我们对于这样重要的一个对象简直一无所知,现在能够对它进行接近得多、仔细得多的了解,这的确是非常愉快的。施罗特(Schröter)写的那本优美的著作《月貌学》③自然是个向导,大大缩短了我的道路。在这城外的花园里,夜间万籁俱寂,十分迷人,特别是清晨没有声响

---

① 即马罗的《农耕四歌》(Georgics),福斯译注。

② 奥赫(Auch,1765—1842),1798 年住在魏玛,他做的光学仪器质量优异。

③ 施罗特的《月貌学》,出版于 1791 年,歌德借阅了此书。

把我吵醒。如再增加一点习惯，我就有资格被吸收进颇有尊严的畏光怯人者①的集体里去了。

您的信刚刚送到。您谈到的这个新的悲剧题材,乍一看有许多可取之处,我要继续对它进行思考。倘若历史提供简单的事实和未加修饰的素材,诗人则对这素材进行加工、处理,这样做比更加仔细、更加详尽地使用史料还要好,而且更加方便,这是毫无疑问的,因为详尽地使用史料,总是被迫把情况的特别之处也一同加以接受,这就远离了纯粹的人性,诗意也就陷入了窘境。

······

歌德

---

① 这些人害怕文明,怯于和人交往。

1800

233 致席勒

1800 年 6 月 12 日，魏玛

把一个领圣体①的场面搬上舞台，这个大胆的思想，已经尽人皆知。有人②唆使我恳求您，回避这个任务。我现在可以承认，我自己想到这点心里也不舒服。既然人们事先已对此提出抗议，那么从双重的角度来看这是不合适的。是不是请您把第五幕告诉我？今天上午十点钟以后来看我，以便讨论这事？您或许也可以去观看一下王宫③！今天可是出游的大好日子。

歌德

---

① 5 月 11 日，席勒把《玛利亚·斯图亚特》的前四幕向演员们朗诵，接着便进行第五幕的写作。在第五幕第七场有玛利亚临刑时领圣体的场面。领圣体为神圣的宗教仪式，将其搬上舞台，是个大胆的想法。

② 魏玛公爵卡尔·奥古斯特在 6 月 10 日或 11 日写信给歌德，希望歌德说服席勒打消这一念头。

③ 歌德 6 月 12 日的日记上记载："早上在宫里……晚上宫廷顾问官席勒来访。"

234 致席勒

1800 年 7 月 25 日，耶拿

考虑到人生短促易逝（我开始写这封信犹如开始写一份遗嘱），而我自己又缺乏创作的情绪，星期一晚上，我一抵达这里，便去翻阅毕特纳的藏书①，取出一本伏尔泰的作品，动手翻译起《唐克雷特》(Tancred)。每天早上我都要翻译一段，而每天其余的时间就晃过去了。

这篇翻译又将在某种意义上促进我们。这个剧戏剧性强，写得非常出色，它的这种方式会产生很好的效果。我大概还将在这里待八天，倘若灵感不把我引到别的事情上去，我肯定可以译完三分之二。此外我还见到了许多人，有几次进行了非常愉快的交谈。

请您也写信告诉我，您的哪些写作计划完成了，您打算什么时候到劳赫施台特(Lauchsted)去。向尊夫人问好，请您惦记着我。

歌德

---

① 毕特纳(Büttner，1716—1801)，耶拿大学的哲学教授，1783 年，他把藏书让给魏玛公爵，换取一笔养老金和一幢住宅。1817 年，这批藏书和耶拿其他图书馆的藏书合并。

235　致歌德

1800 年 7 月 26 日，魏玛

不知是哪一个侍奉的精灵向我启示，您在翻译《唐克雷特》，因为在我收到您的信以前，我已经知道这件事情。对于我们想达到的戏剧目的，这件事情肯定很有好处，尽管我衷心希望，《浮士德》能把它挤掉。

话说回来，我羡慕您。终究看到有样东西真的产生了，我自己就不是这种情况，因为我的悲剧①的结构还一直没有安排妥帖，我还得排除巨大的困难。尽管每次新写一部作品，都必须经过这样一个阶段，可是始终难以摆脱这种仿佛一无进展的难堪的感觉。因为一天过去，到了晚上什么也拿不出来。

在我写这出新剧的时候，特别使我不舒服的是，全剧不能像我所希望的那样，分成很少的几大块，考虑到时间、地点，我不得不把全剧分割成许多部分，尽管情节本身保持着相应的连续性，但全剧过于分散，这总是违反了悲剧的要求。我在写作此剧时看到，不可被一般性的概念所束缚，而要敢于在处理新的题材时，使用新形式，要始终灵活地把握种类的概念。

附上一份人家给我寄来的报纸，您从这份报上可以十分惊讶地看出施莱格尔的思想对最新的艺术评论发生的影响。这个玩

---

① 指《奥里昂的女郎》。

意儿会变成什么,现在还无法预见,但无论是对于创作本身,还是对于艺术感觉,这种空洞、怪模怪样的玩意儿是不可能产生有益的结果的。报上写着,艺术中真正的创作必须是完全无意识的,而要完全无意识地行动,就特别要仰仗创造精神,读到这些,您将惊讶不已。像您迄今为止做的那样,不知疲倦地努力笔耕,尽可能深思熟虑地进行创作,并且弄清楚创作的过程,这么说来,这样做反而不对。自然主义是技艺超群的真正的标志。索福克勒斯就是这样创作的。

我什么时候到劳赫施台特去,取决于刻尔纳的信,我正在等这封信。倘若这个项目不成功,我将到埃特斯堡去,在那里试图养精蓄锐并开始我的写作。

但愿缪斯女神对您施加恩宠。我妻子向您问好。

席勒

236 致席勒

1800 年 7 月 29 日,耶拿

我的工作①按部就班地在进行,早上我用铅笔从事翻译,能写多少就写多少,等到安静的时刻我就口授,这样初稿就相当完整地出来了。到本周末最后三幕就可译完,开头两幕不再重译一遍。我对全剧什么也不说,它无论如何都有助于我们的目的,它其实是个舞台剧,因为剧中一切都是表演出来给人看的,剧本的这一性质我还可以更多地贯彻下去,因为我不像这位法国人那样缩手缩脚。戏剧效果不可能没有,因为一切都考虑到戏剧效果,也能考虑到它。由于事件都是公开发生的,剧本必然要求合唱队,我也准备安排合唱队,希望这样一来能达到剧本的本性和最初的高卢人的天赋允许的程度。它会帮助我们取得良好的新经验。

进行这项工作我大概需要四小时,下面的图表可以当作一个概貌,可见其余的时间利用得多么名目繁多,有时候是多么快活有趣。

在这个存放知识和科学的城市里,人们提供许多礼物给我消遣,用来怡养精神和肉体,现在列出简单的一览表。

---

① 指《唐克雷特》的翻译工作。

洛德①提供：

味道鲜美的虾，我希望您也能品尝一盘，

醇香味美的名酒，

一只需要截肢的脚，

一块鼻子上的息肉，

几篇解剖学和外科学的文章，

各种趣事逸闻，

一台显微镜和一些报纸。

弗罗曼②提供：

格里斯的塔索③，

蒂克的《报纸》④，第一份。

施莱格尔提供：

一首自己的诗，《雅典娜神庙》的广告。

伦茨⑤提供：

新的矿石，特别是结晶很美的玉髓。

矿物学协会提供：

几篇见识或高或低的文章，

进行各式各样观察的机会。

伊尔根⑥提供：

---

① 洛德(Loder，1753—1817)，耶拿医学教授。
② 弗罗曼(Fromann，1765—1837)，耶拿书商。
③ 格里斯翻译的塔索的《被解放的耶路撒冷》。
④ 蒂克的《诗意的报纸》。
⑤ 伦茨(Lenz，1748—1832)，耶拿矿物学教授。
⑥ 伊尔根(Ilgen，1763—1834)，耶拿东方语言教授。

《托比的历史》，

各种欢快的语言学。

植物学园丁提供：

分门别类在这儿的花园里并列开放的许多植物。

科塔提供：

菲利伯①的《植物学》。

巧遇：

布伦塔诺②的《古斯塔夫·瓦萨》。

文学争吵③：

读读施台芬④论矿物学的小文章，是件快事。

费尔特海姆⑤伯爵：

他的作品集，富有才智而且生动有趣；但可惜轻浮、外行，有时候胆小而且异想天开。

及其他事情：

提供机会使我开心，使我生气。

最后我不该忘记您的《梅姆侬》⑥，它也必须算在这时代奇特的现象和标志之内才算公正。

---

① 菲利伯(Philibert，1768—1811)，法国植物学家。
② 布伦塔诺(Brentano，1778—1842)，诗人，《古斯塔夫·瓦萨》是他的作品，发表于1800年。
③ 谢林的一篇哲学论文在《耶拿普通文学报》上引起的一切争论。
④ 施台芬(Steffen，1773—1845)，挪威人，哈勒大学矿物学教授。
⑤ 费尔特海姆(Veltheim，1741—1801)，作家，曾将一些有关历史、古董、矿物等方面内容的文章汇集成册。
⑥ 指克林格曼(1777—1831)主编的杂志《梅姆侬》(Memnon)，7月15日他把杂志连同一封信寄给席勒，特别提到他在杂志上发表的《论席勒的〈华伦斯坦〉的信札》。

倘若您让所有这些鬼魂都闹腾起来，那么您可以设想，无论在我的房间里，还是在我独自一人散步的时候，我都不是孤独的。人家告诉我以后几天会有花式繁多奇妙已极的节目，下次送信日将进一步跟您分享。同时我也将可以确定我的归期。顺祝安好，倘若气压一直很高的状况于您像于我一样舒适，愿您振笔疾书。

歌德

237　致歌德

1800 年 7 月 30 日，魏玛

　　您信上轻松的语气向我表明，您在耶拿过得很愉快，为此我祝贺您。我可不能说我的情况也是如此。高气压对您如此有利，却激起了我的痉挛，我睡眠不好。在这种情况下，得到刻尔纳的消息，他说无法前来，我非常高兴。所以我将不到劳赫施台特去，这样我就意外地赢得了时间，也有了钱，因为尽管我非常愿意和他再见，可是恰好现在我感到有些麻烦。

　　我祝贺您的工作①取得进展。您似乎对法文原著进行了自由处理，这一自由对我来说，是您创作情绪饱满的很好的标志。我从中也预卜我们将比在翻译《穆罕默德》②时更前进一步，我迫切地期待着见到您这部作品，我们再对此进行讨论。倘若您把关于合唱队的想法付诸实现，我们将在舞台上进行一次重要的实践。

　　关于我的剧本，我也希望在您回来的时候，能把完整的提纲给您过目，在我动笔之前，能确保您的赞同。前几天我的诗集的结尾还叫我忙了一气。关于《穆罕默德》的那几个诗节我也收在

① 　指《唐克雷特》的翻译工作。
② 　1799 年 10 月 11 日，歌德译完伏尔泰的剧本《穆罕默德》。

这个集子里了。倘若您想要读一读，格普菲尔特①可以等 R、S 这两个印张印出之后，立即寄给您。

......

席 勒

---

① 格普菲尔特(Göpferdt)，耶拿的印刷工人。

238　致席勒

1800 年 8 月 1 日,耶拿

昨天早上我已经把《唐克雷特》搁在一边,第六幕的结尾、第三幕和第四幕我都已经译就,有些地方还略有增补,第三幕和第四幕的结尾去掉。这样,我想,我已经把握住了剧本的更有价值的部分,我还得在这方面再增加一些起死回生的内容,使得剧本的开始和结尾比原作更加丰满。合唱队将非常适合;尽管如此,我也必须非常冷静从事,免得毁了全局。在我们目前正在前进的道路上,继续并且贯彻这件事情,我是永远不会后悔的。

昨天我处理了一些类似事务性的事情,今天解开了《浮士德》里的一个小疙瘩。倘若我能从现在起在这儿再待两个礼拜,这部作品必然会变成另一个模样;可惜我总以为魏玛需要我去,便让我最活跃的愿望都为这个想法做出了牺牲。

此外,这几天外界各种好事也不无裨益。我们久久思考着写一个《穿孝服的新娘》(*Bride in Sorrow*),蒂克在他的《诗意的报纸》上提醒我有一出古老的木偶剧,我在年轻时也曾看过此剧,名叫《地狱的新娘》(*Höllenbraut*)。这是和《浮士德》或者不如说是和《唐璜》相反的一出戏。一个极端虚荣、无情无义的姑娘把她所有的忠实的情人都一一毁掉,而她自己却去委身于一个古怪的陌生的新郎,最后天公有道,这位新郎,一个魔鬼,把她带走了。这里不是也可以找到《穿孝服的新娘》的思想吗？至少大体如此？

······

星期一我又将和您在一起，我将带些白纸黑字的东西给您，还有许多事要告诉您。愿您身体健康，勤奋笔耕，并且思念着我。

歌德

239　致歌德

1800 年 8 月 2 日，魏玛

从您的信上获悉，您不久就要回来，我很高兴，祝贺您这样好地使用了您的时间，也祝贺您想到了《浮士德》。我希望今年这方面还会有巨大的进展，这样看来，这个希望不会落空。

今天我只能向您致以简短的问候。格普菲尔特给我寄来了两份校样，必须尽快发出，我不得不到图书馆去，搜寻一大堆文献。我的剧本①把我带到行吟诗人的时代。为了用合适的语气讲话，我必须更加熟悉这些爱情诗人。制订这出悲剧的写作计划，还有许多事情要做，但是我对此兴趣很大。我希望，如果我在拟定提纲时花的时间长些，以后我在写作时就可以更自由地迈步了。

关于《地狱的新娘》的想法不坏，我将听您进一步跟我阐述。

……

席勒

---

① 指《奥里昂的女郎》。

240 致歌德

1800 年 9 月 5 日,魏玛

......

关于《华伦斯坦》,科塔给了我很好的消息。印的 4500 本,现在大部分已经卖掉,他正准备再印一次。尽管价格昂贵,但读者也买,并没有被吓退,这对您的《浮士德》是个很好的预兆;科塔可以马上大胆地一版印上 6000—8000 册。

......

9 月 6 日续

没有一封您的信寄来。我希望您的惊人的勤奋不至于阻止您写信给我。祝您健康,让我不久听到您的消息。

席勒

241　致席勒

1800 年 9 月 12 日，耶拿

　　经历各式各样的奇遇，直到今天早上我才重新获得耶拿的宁静，我立即试图写点什么，可是一事无成。幸亏过去这一个星期我能控制种种形势，这些您都知道。我的海伦娜①终于真的出场了。我的女主人公的处境的美丽如今这样吸引我，以至想到我以后不得不把它变成一个丑态，这使我心情阴郁。的确，我丝毫没有兴趣把一个严肃的悲剧建立在我刚开始的这个场面上；只是我将注意，不再增加责任，反正去尽这些责任的麻烦将把人生的乐趣全都剥夺殆尽。

　　……

歌德

---

①　指歌德写作《浮士德》第二部第三幕。

242　致歌德

1800 年 9 月 13 日,魏玛

　　我祝贺您在写作《浮士德》①上取得的进展。如果优美的人物形象和情景出现,把它们野蛮化就实在可惜,您可千万不要被这样的念头所困扰。在《浮士德》第二部中,这种状况还可能常常出现。如果让您的诗意良心对此保持沉默,想必倒是一劳永逸的好事。处理过程中出现的野蛮之处,是通过全诗的精神强加于您的,它不会破坏更高的内涵,也不会抵消固有的美,而只能以另外的方式来阐述美,为另一种心灵的能力做准备。恰好是契机中更崇高更典雅的东西赋予作品一种独特的魅力,这个剧中的海伦娜是一切将在这剧中出现的美丽形象的象征。有意识地从纯洁进入不纯洁,而不像在我们其他那些野蛮人那里发生的情况那样,从不纯洁试图一跃而进入纯洁,这是一个非常重要的优点。所以您必须在您的《浮士德》里到处用您的拳头坚持您的权利。

　　······

　　我的作品②进展还十分缓慢,可是也没有返工。由于我见识有限,阅历不足,我随时都需要用一种独特的方法,费去许多时

---

① 歌德当时正在写《浮士德》第二部中海伦娜那幕。

② 指《奥里昂的女郎》。

间,来使一个题材变得有血有肉。这个题材并不是一个容易处理的题材,我对它也并不熟悉。

······

祝您健康,愿您停留在您已经开始踏上的路上。

席 勒

243 致席勒

您在信里安慰我说,通过纯洁之物和怪诞之物相结合,会出现一个并不完全该受到唾弃的诗意怪物。这个安慰已有我的经验证实,从这种结合中涌现出一些奇特的现象,我自己对它们也有几分喜欢。我渴望知道,两星期后这个剧本将是什么模样。可惜这些现象拥有这样大的广度和深度,如果我能有半年清静的时间,其实这些现象是会使我高兴的。

⋯⋯

歌德

244　致歌德

1800 年 9 月 17 日,魏玛

关于到耶拿去的事,我当然已经下定决心,星期天和迈耶一起过去;然而我不允许自己在那儿过夜,因为我的工作中断两天又会使我过于分散心神。可是我希望上午九点以后能到耶拿,并且可以在那儿待到晚上九点左右。我不想苛求您的马儿进行这样艰苦的旅程,一天之内往返奔走。

我愉快地读到,您这期间在坚持写《浮士德》,而且想继续写下去。既然您还有几周宁静的时间,那么也终于应该有所收获吧。

……

席勒

245　致席勒

1800 年 9 月 23 日，耶拿

……

这段时间我的海伦娜也有一些进展。计划的主要因素都很妥当，既然我在总体上得到了您的赞同，我就可以更加勇气十足地放手去写。

这一次我很愿意集中精力，不眺望远处；但是我已看到，只有从这个山峰远眺，全局的真正的面貌才能显现。

我希望也能听到您的写作取得进展的消息。

为了不至于把夫人们的诅咒比现在更多地引到我的头上，我不想再鼓励您到这儿来。当然如果天气变化，您在花园里乐趣也会很少。

……

歌德

246　致歌德

1800 年 9 月 23 日，魏玛

　　您最近的朗读给我留下了宏伟高雅的印象。古代悲剧的高贵崇高的精神从独白中迎面吹来，它宁静而坚强有力地激动人的内心最深处，并产生了相应的效果。如果您从耶拿回来，您关于悲剧部分更遥远的计划已经安排妥当，除此之外，别无诗意的收获，那么您在耶拿居留的时间也就值得了。倘若您把高贵和野蛮成功结合，对此我毫不怀疑，那么开启全剧其余部分的钥匙也就找到了。这样，仿佛从这一点出发进行分析，决定并且分配其余的意义和精神，对您也就并不困难了。因为，就像您自己称为顶峰之处那样，这个顶峰必须为全剧各个点所看见，也必须俯瞰全剧各点。

　　昨天我动手写信，如果像我所希望的，在星期五能写完它，我会非常乐意亲自把它带到耶拿去。我在我的花园里，离群索居，即使天气对我不是特别有利，我也希望受到良好的影响。10 月肯定会有几天好天气。我的妻子已经适应过来，这里的一切只靠习惯。话说回来，您若更喜欢绝对的孤独，那么我们两个在工作中就不要互相干扰。

席勒

247 致歌德

1800 年 9 月 26[27]日，魏玛

我原来希望今天让送信的女人把我答应的信寄给您，可是我还没有完全誊清，最近几天对我不很有利，因为天气变坏又引发了我旧日的痉挛。可是利用明天的邮班，我将寄出这份手稿，因为我认为，暂时我还不适宜亲自前去。

我希望，您身体很好，虽然我今天没有听到您的任何消息。如果您能帮助我设法弄到赫尔曼①写的《论希腊音韵》一书，我将非常高兴。您最近的朗读使我非常注意三韵律诗，我想更深入地了解这种韵律。我也很有兴致，在空闲的时间里学点希腊文，只是为了达到对希腊的音律学有所了解的程度。我希望如果洪堡到这儿来，我能在这方面向他学到一点。我也想知道，哪一本希腊文语法书、哪一本字典最为有用。施莱格尔大概在这方面最了解情况。

我希望您的悲剧②大有进展，这个礼拜我的创作停滞不前。

席勒

---

① 赫尔曼(1772—1848)，莱比锡古典语言学教授。
② 指《浮士德》中的海伦娜一幕。

248　致席勒(附件)

1800 年 9 月 30 日,耶拿

关于《麦克白》的意见:

(1) 设法把几个女巫的声音弄得更加难以辨认;

(2) 给予她们对称的位置以细微的层次;

(3) 给她们一些动作;

(4) 必要的话,给她们较长的衣服,以遮盖她们的高底半筒靴;

(5) 道纳本①的宝剑看上去得更加新一些;

(6) 骏马和国王必须安排不同的退场;

(7) 麦克白跟女巫们说话的时候必须更加冲着舞台的最前部,女巫们走得更靠拢些;

(8) 麦克白夫人在展开第一个独白时不是向后面说话;

(9) 弗里恩斯②必须有另外一个蜡台;

(10) "请把我的宝剑给我。"对于班柯的这一段表示怀疑;

(11) "别这样摩硬";

(12) 设法弄一个声音更低沉的钟;

(13) 麦克白当上国王后,衣衫要显得更加富丽堂皇;

(14) 餐桌不能摆设得这样摩登;

---

① 邓肯王之子。
② 苏格兰军中大将班柯之子。

（15）桌子当中的餐具必须是镀金的，这样能和鬼魂形成更明显的对照；

（16）蜡烛必须直插，须弄些更粗的蜡烛来；

（17）班柯的脸必须抹得更苍白些；

（18）设法弄些不会倒的椅子；

（19）要做一个大头盔；

（20）孩子们必须从锅里再爬上来一些，他们必须戴上假面，装扮得更加引人注目。请注意，影子要移动得更加缓慢，人物在性格上要有更多的变化；

（21）在女巫这场戏之后，马尔康①和麦克德夫②进来之前要奏些音乐；

（22）提问：是否可以在前面先安排一段马尔康的独白，在这段独白里他表示担心遭人背叛？我不知道是怎么回事，可是这一段的效果对我来说是完全丧失了；

（23）麦克德夫听到家人的死讯，要有手势表示；

（24）艾伦施泰因③作为医生用不着这样弯腰坐着，也不必这样喃喃自语；

（25）这一场的安排和变化；

（26）斗剑一场的契机要花样繁多些；

（27）主要击剑手要配备更结实的宝剑；

（28）何不设法把年轻的西华德④的角色交给另一个人？卡斯泼斯⑤小姐，在此处也应被人视作道纳本。

---

① 邓肯王之子。
② 苏格兰贵族。
③ 艾伦施泰因，当时的魏玛演员。
④ 诺森伯兰伯爵，英军大将。
⑤ 卡斯泼斯，当时的魏玛女演员。

249　致歌德

1800 年 10 月 1 日，魏玛

······

您对我的文章①表示满意，认为此文符合您的目的，这使我倍感高兴，因为我撰写此文的确与其说是出于我自己的写作冲动，毋宁说是为了满足您的愿望。您将发现，一开头使我下定决心动笔的内容，即对纳尔②倾诉我的感受，并没有成为文章的主要部分。

······

演员们又都回到这里，大骂鲁道尔施塔特，他们似乎在那里并未得到很好的报酬。瞧这些先生如何取笑科策布，很是有趣，就仿佛他们的确艺术趣味很高。不过不可否认，他们的某些指责也的确有理，而且论据充分，只不过他们谈得不是非常连贯。您关于《麦克白》的意见，我们将设法尽可能多地予以利用。既然剧本演出需要另外安排演员，因为福斯不能演麦克白，施彭勒③已经离去，关于女巫的人选也许还可以另做决定。

······

席勒

---

① 指《致〈普罗庇累恩〉的主编们》一文。
② 纳尔（Nahl，1752—1825），卡塞尔大学美术教授。
③ 施彭勒（Spangler），当时的魏玛演员。

250　致席勒

1800 年 12 月 11 日，魏玛

　　您已经知道，我希望明天到耶拿去。可是格鲁克①的《伊菲盖妮娅》正在排演，倘若演出没有活力，也不巧妙，那就不能对它抱很大希望。因此我请求您，关心一下这件事情。或许您也想三点钟一同去看排演，了解一下大致情况。如果效果不错，它也可以作为世纪庆典②上演出的一出歌剧。

　　除此之外，要竭尽全力，把《宇宙创造》③排演成功。

歌德

---

① 格鲁克（Gluck，1714—1787），作曲家，《伊菲盖妮娅》为其所作歌剧。
② 原来决定放在 1801 年年初，以庆祝新世纪的开始。后因公爵指示未举办。
③ 《宇宙创造》（*The Creation*）是海顿（Haydn，1732—1819）的清唱剧，1801 年 1 月 1 日在魏玛演出。

251　致歌德

1800 年 12 月 11 日,魏玛

　　您也知道,我在音乐和歌剧这些事情上缺少判断力与识别力,尽管我有最好的愿望,并且竭尽所能,但在这件事情上我对您的用处不会很大,更何况在歌剧事务上,往往是跟非常难缠的人打交道。下午三点我将愉快地去观看排演,但是除了观看之外我不可能再做更多的贡献。今天下午将近四点,我去排演场找您,在这之前我走不开。

　　像您信上写的,您想给我们把海顿的《宇宙创造》弄来上演。前不久乐队长克朗茨①同我谈起这个歌剧,要我把它弄来,也就是通过助理神父先生②去想法子。他们想马上派出一名急件使把信寄去。我立刻写了这封信,此刻正等着急件使前来取信。

席勒

---

① 克朗茨(Kranz,1754—1807),魏玛乐队队长。

② 达尔贝尔格男爵(1744—1817),从 1772 年起任埃尔富特的行政长官,美因茨的助理神父,1802 年任美因茨的选帝侯大主教,1810 年任法兰克福大公爵,席勒的保护人。

252 致席勒

1800 年 12 月 16 日,耶拿

我到这里的最初几天通过吉尔姆斯①得到消息,伊夫兰想在
1 月 18 日的加冕典礼上上演我的《唐克雷特》。我给他寄去了两
幕,打算随后把其余部分寄去。倘若他早些时候让我知道他有这
样的打算,我就可以把合唱部分加上,这样全剧就会多一些生气,
多一些分量。

……

现在我必须迫切地请求您和迈耶一起——请代我向他热情
地问好——关心《伊菲盖妮娅》的演出。此剧的排演和上演都会
引起您足够的兴趣,因为此剧完全以抒情悲剧的面貌出现。

歌德

---

① 吉尔姆斯(Kirms,1750—1826),魏玛的宫廷财务官。

253 致歌德

1800 年 12 月 17 日，魏玛

您从柏林得到鼓舞，加速了《唐克雷特》的写作，这是颇为有利的，这样此剧肯定能及时完成，您将对此感到满意。您无疑将一幕一幕地把此剧寄走，因为要不然此剧就排演不成了。

迈耶和我能为《伊菲盖妮娅》做什么事，我都非常乐于去做，这样一来您的勤奋工作就不至于被打断。可是我听说，星期六晚上不演《伊菲盖妮娅》，而是上演《人皆如此》①。

……

我们非常愉快地听说，您在这期间单独和缪斯女神生活在一起，把哲学家们全都流放了。

我自己在这里也没有浪费时间，而是安安静静地留在家里干我的活。有几个之前遗留的艰难的部分，我完成得非常顺利。

祝您健康，愿您趁这机会知道，必要时对诗意的缪斯也是可以发号施令的。

席勒

---

① *Cosi fan tutte*，莫扎特的歌剧。

254 致席勒

1800 年 12 月 22 日,耶拿

......

我继续过着我孤独的生活,只在天气最晴朗的日子里散散步,施莱格尔、哈尔鲍尔①和尼特哈默尔来拜访过我。

星期五我将把谢林一起带来,以便在我们进行历史性的经验交流时有一个强有力的支持者。

话说回来,为了稍稍利用这漫漫长夜,我读了许多书。顺祝安好,我渴望着不久又能和您共度夜晚的时光。

歌德

---

① 哈尔鲍尔(Haarbauer),当时耶拿的医学家。

255　致歌德

1800 年 12 月 24 日,魏玛

我渴望着见到您和您的作品①,我祝贺您把这些忧愁都抛在了旧世纪里。在这逝去的一年,您在各式各样的戏剧里都硕果累累,您可以对自己感到满意。

这里,《伊菲盖妮娅》在期待着您,我希望这个剧本全面成功;昨天排演时我在场,只需要稍加改进就行了。音乐是那样地神奇美好,即使在排演时男女演员怪相不少,使人分心,我依然被感动得泪流满面。我觉得该剧的戏剧进程也完全可以理解;附带说一句,您最近说,姓名和人物必须跟古老的诗意的时代不可抵抗地协调一致,这话已得到证实。

……

您离开以后,我的悲剧也向前迈进了重要的几步,但是我面前仍然有许多路要走。我对现在已经安排妥帖的部分非常满意。我希望它能获得您的赞赏。史料部分已经克服,可是,据我判断,这部分已经最充分地得到了利用,所有的契机都诗意盎然,并且绝大部分都是素朴类型的诗意。

……

席勒

---

① 歌德 12 月 24 日的日记记载道:"完成了《唐克雷特》。"

1801

256 致歌德

[1801 年 2 月 9 日，魏玛]

我现在书面向您道晚安，因为我严重感冒，一夜不得安眠，感到不适，只好待在家里。我担心今天夜里会病倒，因为我觉得时冷时热，但是我一整天都没有发烧，希望不会有事。

但愿您逐渐恢复精力，不要让您桌上的《浮士德》手稿闲躺着一动不动！①

祝您安睡。希望明天能见到您。

席勒

① 这天歌德在日记中写道："晚上写作《浮士德》。"

257 致席勒

1801 年 2 月 9 日，魏玛

请您坚持住，等这阵风暴过去。我当然希望今天晚上孤独之中的我能见到您。我那支离破碎的状况差不多把我的全部希望都葬送了，还使我勇气丧尽。倘若不是如此，我是愿意工作，也能够工作的，特别是为了使您快乐。

您昨天告诉我的那些剧中契机，我又周密思考了一遍。我似乎觉得，即使按照我的方式来思考，我也全都可以赞同。我现在希望一开始就能知道这个剧本的安排①。

歌德

---

① 指《奥里昂的女郎》。

258　致歌德

［1801 年 2 月 11 日，魏玛］

　　我已经把我的《女郎》①的这么多零零散散的细节向您透露了，我认为最好还是让您知道全剧的整个计划。我现在也需要某种激励，使我振奋精神，投入写作，直至达到目的。三幕已经写成，您今天若有兴致听我朗读这三幕，我将在五点半到达府上。或者您想自己再一次走出您的房间，那就请您到寒舍来，并且留下吃晚饭。这将使我们非常高兴，我自己不大敢出门，因为朗读两小时之后浑身发热，不宜出来吹风。倘若您想来，那就劳驾也告诉迈耶一下，不过让他不要在八点之前来。

席勒

---

①　指《奥里昂的女郎》。

259 致席勒

1801 年 2 月 11 日,魏玛

倾听您的朗诵我非常愉快,不仅如此,还想请您至少把写作计划从头到尾亲自跟我讲述一下。只是我今天不能乘车出门,因为施塔克今天早上给我的眼睛动了一个手术,有些疼,我希望这是最后一次手术。由于天冷,他禁止我出门。因此我将在五点半钟派车去接您,这样您也可以吃完饭就乘车回家。我希望这次朗诵不论对您的剧本的进展还是对我自己的创作都大有好处。

歌德

260　致歌德

1801 年 3 月 10 日，耶拿

……

至于我自己的工作，我还没有多少佳音可以给您。我现在这项困难的任务①使我的头脑紧张不堪，而且我担心不能及时完成。我紧赶慢赶，担惊受怕，可写作就是不能顺利进行。倘若我不能很快克服这些，那我担心，我会丧失勇气。

您在魏玛有许多事情使您劳神分心，也许您比闭门索居的我创作更为丰硕，我衷心希望您多产佳作。

这几天天气晴朗，我在我的花园里享受这晴朗的天气。

……

席勒

---

① 指《奥里昂的女郎》的写作。

261 致席勒

1801 年 3 月 11 日,魏玛

　　我原希望在这天气晴和的日子里,您的创作会有很大的进展,您的来信夺走了我的这一希望。也许突然之间您会非常顺手,我平时在类似的情况下也是这样。

……

　　我的《浮士德》进展缓慢。虽说我每天只写一点,可是我总想着这个作品,并且设法保持对这个作品的关心。

……

歌德

262　致歌德

1801 年 3 月 13 日,耶拿

　　我工作①的情况有所好转,我又获得了更多的勇气,有些部分已经完成。

　　……

席勒

---

①　指《奥里昂的女郎》。

263 致席勒

1801 年 3 月 14 日，魏玛

首先我衷心祝贺您的创作顺利进行，我的《浮士德》也写了一些，这样，虽然进展缓慢，但始终在向前推进。

……

歌德

264　致歌德

1801 年 3 月 16 日,耶拿

我在这儿一直过得很好,每天都有所收获。只要我还能支配我的花园——这大概可以持续到复活节—— 我就会待在这里,在这段时间里把整个剧本的初步计划完全写出来,待我回到魏玛,就只剩下修改加工了。

这里的哲学系真是不顾自身利益,给人提供了取笑开心的材料。施莱格尔不得不参加辩论。为了压垮他,乌尔里希①、亨利希②、赫宁斯③等先生又找出来一条古老的、早已不再通行的法律,给他指定辩论对手,而很久以来,辩论对手都是由参加辩论的人自己选择的。施莱格尔接受了几位朋友的忠告,忍受了这一奸计,未表示任何异议,对正式指定的一位辩论对手的态度相当之好,这位对手也比较谦虚。另一位对手是奥古斯蒂教授④,根据各方面来判断是一个非常讨厌的家伙,他是从哥达(Gotha)推荐到这里来的,此人一开始辩论就连嘲带讽,肆意侮辱,同时又表现得恬不知耻,拙劣蠢笨,结果施莱格尔不得不回敬他一下。乌尔里希作为系主任当时在场,听任这位辩手发出所有这些粗暴的攻击,他说了一番庄严的言辞来缓和施莱格尔给那位对手的一些反

---

① 乌尔里希(Ulrich,1746—1813),耶拿大学哲学教授。
② 亨利希(1748—1810),耶拿大学历史学教授。
③ 赫宁斯(Hennings,1731—1815),耶拿大学哲学教授。
④ 奥古斯蒂(Augusti,1771—1841),耶拿大学哲学教授。

击。施莱格尔对他说的话逐条加以驳斥，听众都站在施莱格尔一边，讪笑对方，出现了一些令人愤慨的场面。据人们说，施莱格尔表现得很有节制，举止颇为正派。大家估计，这次争吵会使他作为讲师业已大大降低了的信誉又得到提高。

……

祝贺您的《浮士德》取得一些进展，这里的哲学家们对于这部作品都说不出地好奇。

……

席勒

265 致席勒

1801 年 3 月 18 日，魏玛

……

我希望，施莱格尔从这次斗争中能够得到一些好处，因为关于他作为讲师的天赋，即使从他最好的朋友那里，我也没有听到过赞美之词。

尽管我们因为您不在这里而深感遗憾，但我还是希望您尽可能地在那儿多待一阵。至少对我来说，最近一段时间老是离群索居，却是最有利的时间，我也衷心希望您能离群索居一些日子。

《浮士德》我还没有让它真正停顿下来，但有时只有微小的进展。既然哲学家们①对这部作品表示好奇，那我当然得振作起来。

……

歌德

---

① 指尼特哈默尔和谢林。

266　致席勒

1801 年 3 月 21 日,魏玛

……

祝您写作顺利,我很高兴,我们有时间又可以待在一起。《浮士德》还没有落到完全停笔的地步。

歌德

267 致歌德

1801 年 3 月 24 日,耶拿

……

作品①进展得非常顺利,可是我担心,温暖熙和的季节迟迟不来,寒风刮个不停,八天之内会把我从这里赶走。

我在这里开始写倒数第二幕,希望写完后把它带回来,这一幕是我待在这里的收获。

……

席勒

---

① 指《奥里昂的女郎》。

268 致席勒

1801 年 3 月 25 日,魏玛

……

就算您在耶拿待的时间并不完全像您所希望的那样硕果累累,这是写作诗歌的企图通常的命运,我们也必须怀着感激的心情来接受这些比较少的收获。

……

歌德

269　致歌德

1801 年 3 月 27 日，耶拿

　　我不久就要离开耶拿，虽说没有做出宏伟事业，完成洋洋巨著，可也并不是毫无收获。总算还是完成了一些东西，就像我在同样多的时间内在魏玛会完成的那样。我尽管没有在彩票上中奖，可是总的说来，我还是把本钱收回来了。

　　我从这里的社会得到的收益也比我原来设想的要少，我每次都是这样。跟谢林和尼特哈默尔进行了几次谈话，仅此而已。几天前我才向谢林宣战，由于他那先验哲学中的一种提法，说"在自然界是从无意识之物开始，然后再提高为有意识之物；而在艺术中则相反，是从意识出发走向无意识"。他在这里只是涉及自然之物和艺术品之间的差异，在这个范围内他是完全有道理的。可是我担心，这些主张唯心主义的先生，包括谢林自己，过于忽视经验；而在经验里诗人也只从无意识之物开始。倘若他能最清楚地意识到他的行动，从而在已经完成的工作中丝毫也不削弱地重新找到他作品最初的朦胧的整体思想，他就应该额手称庆了。没有这样一个朦胧但强有力的，比一切技巧都先行一步的整体思想，任何一个诗意作品都不可能产生；诗在我看来，正好就在于能够说出和传达出那种无意识之物，这就是说，把它转移到一个客体上去。普通人同样能够和诗人一样为一种诗意的思想所感动，但是他不可能把这思想放进任何客体里，他不可能以一种必然性的要求来表现这个思想。同样，一名普通人也能够和诗人一样有意识地、必然地创造出一个作品，但是这样一个作品并不是从无意识之物开始的，也不是以无意识之物终结的。这只是一部深思熟虑的作品。无意识之物和深思熟虑相结合，造就了诗意艺术家。

最近几年有人企图赋予诗以一个更高的等级，从而把诗的概念弄得混乱不堪。一个人，只要能把他的感觉置于一个客体之中，而这客体又迫使我转入那种状况，对我产生积极的影响，我就把他称为一位诗人，一个创作者。但并不是每一个诗人按照其等级来看便是一个出类拔萃的人。他的完美性的等级建立在他内心所有因而表现在外的财富和内涵之上，建立在他的作品所表现的必然性的等级之上。他的感觉越主观，这种感觉也就越偶然；客观力量就建立在思想成分之上。他向每一部诗意作品都要求表现的总体，因为每部作品都必须有性格，要不然它就什么也不是；但是完美的诗人说出了人性的整体。

现在生活着若干如此训练有素的人，只有非常出色的东西才能使他们满足，可是哪怕只是一些好的东西，他们也不能创造出来。他们什么东西也创造不出来，从主体通向客体的道路对他们来说是紧紧关闭的；而我认为恰好是这一步，造就了诗人。

同样，从前和现在都有足够多的诗人能够创造出好的和性格鲜明的东西，但是他们自己的作品并没有达到那些高度的要求，甚至也不向自己提出高度要求。我说，这些人只缺少等级，而那些人则缺少方式。而这点，我认为，现在区别太少。因此在这两类人之间便产生了毫无益处且永远无法平息的争吵，而艺术从中毫无收获。因为前面那种人停留在绝对之物的游移不定的领域里，总是只把最高之物的朦胧思想举在手上冲着他们的对手，后面那种人则相反,他们自己有行动,虽说有些局限,但实实在在。没有行动,是不可能从思想中产生任何东西的。

　　我不知道,我是否把我的观点表达清楚了;我想知道您对这个问题的看法,由于现在美学界的这一争吵,这个问题已经摆在眼前了。

　　……

席勒

270 致席勒

1801 年 4 月 3 日，奥伯罗斯拉

……

关于您上封信里提出的那些问题，我不仅赞同您的意见，而且走得更远。我想，凡是天才作为天才所做的一切事情，都是无意识地发生的。天才也可以很有理智地行动，根据周密思考，出于自己的信念，然而这一切只是稍带地发生的。没有一部天才的作品可以通过沉思回想，及其直接的后果来予以改进，并去掉它的错误；但是天才可以通过沉思回想和行动逐步地提高自己，终于创造出无与伦比的杰作。一个世纪拥有自己的天才越多，个别的天才就越发得到促进。

至于现在人们向诗人提出的那些巨大的要求，我也认为，它们不会轻易地创造出一个诗人。诗艺要求在应该行使诗艺的主体里，有某种善意的、钟情于真实之物的局限性，绝对之物就隐藏在这种局限性的后面。来自上面的要求破坏了那种无邪的创造性的状况，为了纯粹的诗，用一种东西取代诗，而这种东西永远也不是诗。就像我们当时惋惜地发觉的那样，那些相近的艺术的情况也是如此。

这是我的信条，话说回来，我这信条也不再提出进一步的要求。

对您最新的作品①我有许多非常良好的祝愿。这部作品结构很好，如果您有足够的闲暇，它会自然而然地获得圆满的成功。《浮士德》在这期间也略有进展。我希望不久在这巨大的空缺处只缺少学术争论的一幕②，当然这一幕应该被看成一个独立的作品，并非即刻就会产生。

......

歌德

---

① 指《奥里昂的女郎》。
② 歌德原计划在《浮士德》里安排一幕学术争论，后来这一设想未得到实现。

271 致歌德

1801 年 4 月 3 日,魏玛

星期三我又来到这里,没有看见您,深感遗憾。但愿这期间您在乡间的居留对您十分有利! 我想在您不在这里的时候,设法把我的作品加快进行,这样在您回来之后不久能把它完成并呈给您审阅。我希望大概不出两个礼拜,就能达到目的。我预卜我的最后一幕会相当成功,它为第一幕做出了解释,这样全剧就首尾衔接了。因为我的女主人公在这一幕全靠她自己,在灾祸临头时为众神所抛弃,所以她的独立性和她性格中扮演先知角色的要求就表现得更加明显。倒数第二幕的结尾的戏剧性非常强烈,那发出隆隆雷声的"通过机关突然出现的天神"①不会没有效果的。

......

席勒

---

① 原文为拉丁文"*Deus ex machina*"。

272 致歌德

[1801 年 4 月 15 日,魏玛]

我衷心欢迎您回到魏玛,非常高兴在您离开了这么长时间之后又和您相聚在一起。请告诉我,今晚是否在家,或者我是否能在剧院找到您。

今天我将完成我的剧本①,因而今天这个日子对我便是双重地珍贵。可是因为天气和我作对,最近几天我的作品又使我有些操劳过度,所以我现在感到身体有些不适。

我的妻子向您致以最好的问候。尼特哈默尔今天到达,他也向您问好。

席勒

---

① 指《奥里昂的女郎》,根据席勒自己的记载,完成于 1801 年 4 月 16 日。

273 致歌德

［1801 年 4 月 18 日，魏玛］

现在给您送上您要的那部作品①，以及关于角色分配的草案。给剧院的那个本子大概少六页。

我今天就着手研究《拿旦》(*Nathan*)②，晚上在歌剧院我将给您一个明确的答复。

席勒

---

① 指《奥里昂的女郎》。
② 席勒为魏玛剧院加工莱辛的剧本《智者拿旦》。该剧经席勒处理，于 1801 年 11 月 28 日在魏玛上演。

274 致席勒

1801 年 4 月 20 日, 魏玛

剧本①奉还, 非常感谢。这个剧本如此出色、完美和优秀, 我不知道有什么可以和它相提并论。

我们今晚一起散步, 待在一起吧。

明天我又要到乡下去了。

歌德

---

① 指《奥里昂的女郎》。

275　致歌德

1801 年 4 月 28 日，魏玛

......

　　八天前我不得不把《女郎》寄给公爵，至今还没有从他手里收回。可是据他对我妻子和我的大姨子所说，尽管此剧很不合他的口味，但仍对他产生了一种意想不到的效果。他认为，此剧不能上演，在这点上他可能有些道理。经过一番深思熟虑，我决定不把它搬上舞台，虽然它的一些优点我还是知道的。第一，我已把此剧的版权卖给翁格尔，他指望把此剧作为一部崭新的剧在今年秋季书展上抛出，他付给我的报酬颇为优厚，在这方面我不能违背他的意思。第二，台词练习，辅导帮助，这些可怕的经验，以及排演过程的时间浪费——更不用提会生气发火——也吓得我不敢对此问津。我现在脑子里装着两个新的戏剧主题①，等我把这两个主题彻底思考、认真研究之后，我将开始创作一部新作。祝您身体健康，请于星期六来舍下一叙。

席勒

---

① 估计是指《法兰德尔的伯爵夫人》和《梅西那的新娘》这两个主题。

276　致席勒

1801 年 4 月 28 日，奥伯罗斯拉

……

我不想完全放弃演出一次您的《女郎》。虽说困难很大，可是我们也克服过很大的困难。当然戏剧经验并不会增长信心、宽容和希望。您自己可以去做些别的更好的事情，不必去排练这样一出戏剧，这点我自己也相信。这就要看在我目前这种半忙半闲的情况下，是不是最适合做这件事。可是关于这个问题，等我们下次相聚时，可以讨论一下。

……

歌德

277 致席勒

1801 年 7 月 12 日，彼尔蒙特

……

您的《赫罗和莱昂德尔》①我很想一读，我真希望，您也捎带着把它给我寄来。至于您的剧本②，我不知道您是在谈《马尔他的骑士们》，还是在谈那位误登宝座的王子③，倘若您在这方面也有进展，我将倍感意外。

……

歌德

---

① 6 月 17 日，席勒完成了他的取材于古希腊传说的歌谣《赫罗和莱昂德尔》（*Hero und Leander*）。
② 席勒在 6 月 28 日的信里提到他在酝酿一个新的剧本，打算过八天就动笔。席勒在此大概指的是《法兰德尔的伯爵夫人》，因为他在日历的 7 月 4 日上记了一笔："开始写《法兰德尔的伯爵夫人》的提纲。"
③ 指《华尔贝克》的主人公华尔贝克。

278 致席勒

1801 年 12 月 15 日，魏玛

我想知道，您的家人近况可好，同时寄给您一篇关于艺术展览会的文章①，此文可惜篇幅过大，不过现代部分约占全文的四分之三。最后四分之一尚未完成，涉及下一次颁发奖金，以及未来的设备。

劳烦您在阅读我的文章时拿一支铅笔在手里，您有什么想法，请随时记在边上。您会看到，有一部分手稿我还没有润色，反正全文我还要通读一遍。

……

歌德

---

① 歌德和迈耶合写的文章《1801 年魏玛艺术展览会和 1802 年奖金的颁发》。

279 致歌德

[1801 年 12 月 18 日，魏玛]

我今天把您的手稿非常认真地从头至尾读了一遍，不知道有什么可以增删之处；至于您昨天谈到的画掉的那一小段，我同意您的意见。您会看到有几个地方用铅笔画了线，这只是指出表达方面的问题，就像我昨天提醒您的那样，我希望，如果可能，把文章里一切语言欠通俗的地方都改掉，因为这篇文章的对象全是不懂专业的普通读者。

……

席勒

1802

280　致歌德

［1802 年 1 月 1 日，魏玛］

让我们带着旧日的思想和崭新的希望开始这新的一年。

昨天晚上我不得不使你们扫兴，我非常抱歉。我不久前发烧、患霍乱，弄得元气大伤。病后身体虚弱，我的痉挛再次复发。不过现在情况已经大大好转，我希望明天的演出我能参加。劳驾把欧里庇得斯的集子寄给我，如果您现在不用的话，至少把包括《伊翁》(*Ion*)一剧的那一卷寄给我。我今天干不了什么别的事情，此书将使我有件愉快的事情可做，并且使我更熟悉明天的剧本。

席勒

281 致席勒

1802 年 1 月 1 日，魏玛

我们昨天非常想念您，我们不得不想到，您健康状况不佳，因而对您的缺席更加感到遗憾。

我希望您能出席明天的演出①。

现在我把您要的那本欧里庇得斯的集子寄上。您读原文，这样很好，这次我还没有看过此剧，两相比较一定能引起我们许多看法。

在这新的一年里，我不久能当面向您问好，并且选择一个美好的时辰，庆祝我们之间的关系的持续发展，对此我倍感愉悦。

……

歌德

---

① 演出的是施莱格尔根据欧里庇得斯的悲剧《伊翁》的题材新写的同名悲剧。

282 致歌德

1802 年 1 月 20 日，魏玛

我现在要从新的目的出发重新阅读《伊菲盖妮娅》，我要和观众一起听舞台上说出来的每一句台词。剧中您称为人性的东西，这次排演将特别精心地予以保留，我劝您对此不要有任何删减。下星期六我希望能汇报一下排演的成功。

许茨也给我送来了一篇评论我的《奥里昂的女郎》的文章①，此文完全出于另一个人的手笔，不是评论《玛利亚·斯图亚特》那位，此人更有才能；在这篇文章里我们清楚地看到他把谢林的哲学用到这部作品上。可是在阅读时我非常敏锐地感受到，从先验哲学到真正的事实还缺少一座桥梁。一种哲学的原则和某一特定事件的现实之物一比就显得格外奇特，不是把这事件毁掉，就是被这事件毁掉。整篇评论文章对于真正的作品什么也没说；在作者现在走的这条路上要说什么也不可能，因为从空洞的公式是没法过渡到一个特定的情况里去的。一个没有读过这部作品的读者，对它连最起码的看法也没有，人们居然说他在评论一部作品。然而人们据此可以看出，他对哲学和艺术压根儿就没有抓住，两者也没有互相渗透。人们比过去更加感到缺少一个辅助手段，使这两者互相沟通。在《普洛庇累恩》里导入这个辅助手段，

---

① 此文作者为阿佩尔（1771—1816），宫廷法院的律师。

是为了造型艺术；《普洛庇累恩》也是从观摩出发的，我们年轻的哲学家们却想从思想直接过渡到现实。这样除了使通常说的话变成泛泛之词，使特别的事变得粗俗平庸毫无意义之外，不可能有别的结果。

我想大概在星期二听人在舞台上朗读《图兰朵》①。只有听了以后我才能决定还能做些什么，看看在这份旧稿的基础上地点和时间还能做些什么改动。德都施②已经为此剧制作了一个进行曲，今天演奏给我听，听起来很悦耳。

我希望您在这间高产的旧屋里过得很好，能在窗柱上记下一些新的文思。

席勒

---

① 这是席勒根据中国的题材写的一个剧本。
② 德都施(Detouches，1772—1844)，作曲家，魏玛的音乐会总管。

283　致席勒

1802 年 1 月 22 日，耶拿

……

《图兰朵》的彩排大概在星期四举行，请写信告诉我，没有我帮忙，您能否定下来。若是这样，那我就星期五早上来。毕特纳①遗留下来的藏书乱成一堆。因为我得马上将它们整理好，以便给新的司令官②腾出地方，所以这事就逼得我更紧。我原想把房间都关上，有条不紊地清理这堆旧书，现在我只好快刀斩乱麻，给它们找个安置的地方。同时注意，别再增加混乱。星期一下午才依法开启封条，这样只给我留下很少的时间来搬运东西。我不得不想到房子如发生火灾，搬运工作会更加混乱不堪。

我还没有看见哲学家们。

歌德

---

① 参见 234 号信，此人于 1801 年 10 月 8 日去世。
② 亨利希，当时正前往耶拿担任城防司令。

284 致歌德

1802 年 1 月 22 日，魏玛

您将发现，我在您的手稿①上做的涂改远没有我自己预计的那样严重。一方面我觉得并不需要，另一方面我觉得难以下笔。全剧本身并不太长，只不过两千多行诗句。现在如果您同意把我标出的地方画去，那就连两千行也不到。可是也不容易删减，因为使全剧的剧情延宕的东西并不在于个别段落，而在于全剧的态势对戏剧要求来说过分耽于沉思。有些部分被挑选出来需要予以删除，而这些部分往往也是必要的情节联系的纽带，不能用别的部分代替，不然会改变这场戏整个的进程。凡是我有疑惑的地方，我都在边上做了一个记号；凡是我认为删去的理由十分充分的地方，我就删去；下面画了线的地方，我希望改变一下表达方法。

因为在整个剧情中含有的道德诡辩过多，所以把合于伦理的警句和这类对话加以适当的限制是适宜的。

历史成分和神话成分必须保留，不受侵害，它们可以对道德成分起到不可或缺的平衡作用。凡是诉诸想象力的东西尤其不可削弱。

俄瑞斯特是全剧最成问题的人物。没有复仇女神就没有俄

① 指歌德的《伊菲盖妮娅》。

瑞斯特,现在造成他的处境的原因并不明显,仅仅是在心灵之中,所以他的处境便是承受一种并无对象的极为漫长和单一的折磨,这便是新旧悲剧之间的许多界线之一。但愿您能想出妙法,克服这一缺陷。现在剧本的篇幅如此有限,我自然觉得几乎是不可能找到对策的。因为去掉天神和精灵之后所能够做到的,已经都做到了。反正无论如何我劝您压缩俄瑞斯特的戏。

另外我请您考虑,托阿斯和他的陶里斯人足足有两幕戏毫无动作,为了加强戏剧性,早一点想到他们,使得两股活动维持同样的火候,这样做不是很合适吗?其中一股活动停顿的时间过长。虽说人们在第二幕和第三幕里听到了俄瑞斯特与彼拉德斯处境危险的消息,但是对此不闻不问,使得这种危机四伏的处境具体且感性的表现,一点也感觉不到。根据我的感觉,现在单是处理伊菲盖妮娅和她弟弟的两幕戏里,就必须再额外加进一个契因,以便外部的情节也能保持连贯,为后来阿尔卡斯的出场做好铺垫。因为如果他像现在这样出来,大家几乎已经完全把他忘却了。

当然,属于此剧本身的特性的,乃是人们原来称为情节的东西,它都在幕后进行,而道德的东西,全都在心灵中进行。思想在剧中变成了情节,仿佛被带到了观众的眼前。剧本的这一精神必须保持,感性之物必须永远居于道德之物之下,不过为了完全表现道德之物,我只要求必要的感性之物。

话说回来,我现在在重读《伊菲盖妮娅》,还是深受感动,尽管我不想否认,在这过程中,有些关于情节的东西也可能起了重要作用。我想称之为灵魂,它成了此剧真正的优点。

此剧绝对不会不对观众起影响。先前发生的一切事情合起来使之获得这样的成功。在我们的行家圈子里，我们需要反对的那个东西，恰好被视为功绩。这点我们可以忍受，因为我们往往为了真正值得称赞的东西而受到指责。

顺祝安好，请让我不久听到，已经凝固的物品在您的手里又开始软化。

席勒

285 致席勒

1802 年 2 月 19 日，耶拿

……

　　和谢林一起，我度过了一个很好的晚上，思想如此深刻，而又如此清新，这总是非常使人愉快。倘若我不希望再获得诗意的契因，我会经常看到他的。可是哲学破坏我心里的诗意，大概是因为，它把我驱入了客体之中。……

歌德

286　致歌德

1802 年 2 月 20 日，魏玛

还要过较长时间才能看见您，我们大家，特别是我感到遗憾。可是既然您大忙特忙，而又如此心满意足，我们大家都想分享您的劳动的果实。也许书籍的灰尘，充满了诗意的精神，也会把您带回那个幽灵的博士①身边。若是这样，我们真要祝福毕特纳的亡魂了。在这些日子里我重读您的《哀歌》和《牧歌》，我真无法向您表达，真正的诗意的精神如何深深地打动我。这样的情况，即使在您自己的作品里我也没有见过。您从来没有更纯净、更丰满地表现过您个人和世界。

您的静观的天性和哲学这样融洽，它总在哲学中得到鼓舞和滋养，这是一个非常有趣的现象。反过来，我们朋友的推论的天性是否把您静观的天性也据为己有，对此我表示怀疑，而这已经表现在这事情里了。因为您从他的思想里只取走适合于您的观点的东西，余下的东西并不使您困扰不安，归根结底对您来说，客体是比推论更为坚固的权威，只要这个推论和那个客体并不相冲突。而对于哲学家来说，他无法安置的每一个观点，都会使他心烦意乱，因为他向他的思想提出一种绝对的要求。

……

席勒

---

① 歌德在整理毕特纳遗留的藏书，所以说"书籍的灰尘"，"幽灵的博士"指浮士德，歌德又继续写《浮士德》这部长诗。

287　致席勒

1802 年 3 月 9 日，耶拿

……

我开始阅读舒拉维①的《关于路易十六统治时期的历史、政治回忆录》，这本书叫人爱不释手，由于涉及各个方面而引人入胜，尽管作者有时显得有些可疑。总的说来这本书让人看到由诸多溪流汇成的骇人的景象，这些溪流根据自然规律，从许多山巅奔泻而下，从许多峡谷深处迸涌而出，互相撞击，终于造成大江横溢，泛滥成灾，结果预见这次洪水泛滥的人和对此毫无觉察的人全都丧生殒命。我们从这一事件得出的认识是一切都是自然使然，与我们这些哲学家喜欢称为自由的东西竟毫不沾边。我们等着瞧吧，看波拿巴是否会进一步让我们看到这一宏伟无比而又君临一切的现象。

我在短短几天之中就通读了此书的四卷，当然我除此之外也没有多少可说的。晴朗的天气好几次诱使我走到旷野中去，那里还相当潮湿呢。

顺祝安好，有空告诉我一些魏玛的情况，以及您的作品取得了多少进展。

歌德

---

① 舒拉维（Soulaire，1772—1813），法国历史学家。

288 致歌德

1802 年 3 月 10 日, 魏玛

您在耶拿置身于朋友之中, 心旷神怡, 乐享人生, 这样做很有道理, 而我则完全待在家里, 并不是无所事事, 尽管我就我做的事情还很难做详细的报告。六个星期以来, 我对另一个题材①比对《华尔贝克》更感兴趣, 它深深地、强烈地吸引了我, 这是我长久以来未曾经历过的。虽说现在还只是希望和朦胧预感的时刻, 但这个时刻富有成果、前途无量, 我知道, 我现在走在正确的道路上。

……

席勒

----

① 席勒开始为写作《威廉·退尔》做准备工作。

289 致席勒

1802 年 3 月 19 日，耶拿

……

我很高兴地听说，您也愿意为我们对您的约翰娜①进行加工，使之有可能上演。既然我们把这次演出拖延了如此之久，我们就得设法使我们的演出不同凡响。

《伊菲盖妮娅》我实在无法处理；倘若您都不敢去修改这几行模棱两可的诗句，指导全剧的排练工作，我真不相信这剧能够上演。不过在目前情况下这样也挺好，也许别的剧院就要求这样，上次《拿旦》就是这样上演的……

歌德

---

① 指《奥里昂的女郎》。剧中女主人公名叫约翰娜。

290　致歌德

1802 年 3 月 20 日，魏玛

……

我很乐于尽我所能使《伊菲盖妮娅》得以上演；做这种事情总有许多东西可以学习，只要我们的演员做出自己的贡献，我并不认为不会取得成功。最近甚至有人从德累斯顿写信告诉我，他们想在那里把《伊菲盖妮娅》搬上舞台，肯定还会有其他剧院也想这么干。

《唐·卡洛斯》进展顺利，希望在八天或十天之内把它修改完毕。剧中有一个坚实的戏剧基础，此剧包含许多可使此剧讨人喜欢的东西。当然不可能把它变成一个令人满意的整体，单单因为此剧铺展过开就不可能。不过我满足于把个别情节凑凑合合地排列起来。至于观众，整体只是他们最后注意的东西。

我们想先让《奥里昂的女郎》在劳赫施台特上演，然后才在这里演出。我必须请求允许这样安排，因为公爵曾经有一次明确地对此剧的上演表示反对，而我也丝毫不愿造成这样的印象，仿佛是我在促成此事，见面时详谈吧。还有一个原因：我去年把约翰娜的角色分配给了雅格曼小姐①，如果我现在想收回这个角色，就会显得非常奇怪。倘若此剧先在劳赫施台特上演，约翰娜这个角

---

① 雅格曼(Jagemann，1777—1848)，女演员、女歌手。

色由福斯小姐扮演,那么此剧在这里上演时雅格曼小姐也不能再提出什么要求。话说回来,我想在本地的戏剧季的最后几个礼拜排练这个剧,亲自指导几次排演,使此剧排得精彩,到劳赫施台特演出时能够大获成功。

今年我已不可能对我另外一些旧日的剧本再有任何安排了,也不必急于去做什么安排,因为只要《伊菲盖妮娅》排练完毕,剧团今年到劳赫施台特去时就比往年的剧目丰富得多,再说也不可能再排练若干剧。

我手头还有一个莫里哀的《太太学堂》的新译本,只要稍稍加工,就肯定可以采用。此外我听说还有另外一个剧本,有许多精彩的内容,不过这是从一部长篇小说改写的,因而从戏剧方面看,还存在不少毛病。

席勒

291 致歌德

1802 年 5 月 5 日，魏玛

我此刻刚从政府回来，他们让我在那儿等的时间比我预想的更长。送信的使女马上就要走，我只好把最要紧的事情写在这里。

《伊菲盖妮娅》无论如何也不可能赶在下星期六上演，因为主角的戏很多，很难把台词念熟。的确需要给福斯小姐以念熟台词的时间。话说回来，我希望这剧获得最佳效果，我想不应有任何可能损坏此剧效果的事情。我高兴的是，真正诗意、优美的段落，特别是抒情的段落，对我们的演员能产生最佳的效果。讲述提哀斯特斯的暴行那场戏，以及后来俄瑞斯特在独白里讲到他在极乐园里又看到这同样的一些人物和睦地相处那场戏，这两场戏必须被当作相互关联的两部分，被当作一个业已得到解决的不协调音出色地凸显。特别要竭尽全力念好这段独白，因为它直接关乎成败，倘若它不能使观众极受感动，就很容易破坏情绪，而我则想，它应该产生最佳效果。

席勒

292　致席勒

……

您告诉我的关于《伊菲盖妮娅》的话，我非常高兴。倘若您能够，并且愿意把这个剧本一直排到能够上演的程度，而我却不去看排演，直到 15 日星期六让它上演，那么我就在这儿再待一个礼拜，并且办成几件事情。

据说，劳赫施台特的剧院建造得非常迅速，我非常好奇，真想知道这蘑菇是怎么从地里长出来的。

倘若您对过一次《阿拉尔柯斯》（*Alarkos*）的台词，请您来信时提一句。

歌德

293 致歌德

1802 年 5 月 8 日，魏玛

为了《阿拉尔柯斯》一剧，我们愿意竭尽所能。可是重读一遍剧本，我不禁产生忧虑。此剧极为罕见，熔古典与时髦于一炉，可惜既得不到人们的青睐，也得不到人们的尊重。只要不遭到彻底失败，我就心满意足了，可我几乎担心会遭到这样的失败。如果我们反对的那帮卑劣之徒得到胜利，我将深感遗憾。我的意见是，使此剧的演出变得尽可能地典雅严肃，凡是法国悲剧中恰当的、可用的，我们全都用上。倘若我们能使此剧给观众以强烈印象，看上去更为崇高、更为严峻，这样观众就算不满意，也不知道究竟是怎么回事。通过这次演出我们并不能向目标挺进一步，不然就是我完全判断错误。

《伊菲盖妮娅》要在 15 日排练完毕。下星期一我们要把此剧搬上舞台。

爱丽丝·毕尔格①不会去拜访您。听说她现在还在这里；是什么使她在此停留，我就不得而知了。

......

席勒

---

① 爱丽丝·毕尔格(Elise Bürger，1769—1833)，诗人毕尔格的前妻，本人是演员、作家。

294　致席勒

1802 年 5 月 9 日，耶拿

　　您对《伊菲盖妮娅》这样谨慎细心，为此我对您感激不尽，下星期六我将驱车前往剧院，就跟别的耶拿人一样，希望能在您的包厢里遇见您。

　　关于《阿拉尔柯斯》一剧，我完全同意您的意见。不过我认为，我们必须大胆地孤注一掷，因为对外界而言，成功与否完全无所谓。而我们能够得到的收获，据我看来，主要在于我们让演员朗诵这些极为精致的音节，并且听他们朗诵这些音节。再说我们也能够指望观众对这个主题有一些兴趣。

　　……

歌德

295　致席勒

1802 年 5 月 11 日，耶拿

我希望明天通过您的好意可以获悉，15 日星期六是否还能上演《伊菲盖妮娅》。然后我将前来，待在您身边，期待产生我一生中曾见过的一些最美好的效果，这便是直接体验一种对我来说早已成为往事的东西。

……

歌德

296 致歌德

1802 年 5 月 12 日，魏玛

星期六上演《伊菲盖妮娅》不会有什么困难，尽管《提图斯》①的上演占去了我们昨天和今天两天剧院。可是明后两天将认真进行排演，我希望您对您的这部作品不至于大吃一惊。我相信，这个剧本的感官的映现会在您心里唤起某些过去的东西，无论是您自己心灵的表现形式和内在情绪，还是您当时感到与您一致的客观世界的表现形式和内在情绪。关于后者，此剧会使这里的若干男女朋友感到奇怪。

至于《阿拉尔柯斯》一剧，我们一定得冒冒风险，至少我们自己可以通过此剧得到一些收益。我将尽可能地嘱咐演员们使出浑身解数。我把此剧给了冯·卡尔普去读，出于一种好奇心，我想看看这样一个剧本对这样一种思想会产生什么样的效果。结果出现了一些可笑的现象。我注意到不应再进行这样的试验了。某些动物会从某些植物吸进去什么样的汁液，这可真难以预料。冯·卡尔普夫人也在有些读者之列，我认为，一部诗意的作品，放在他们面前，不是被观看，而是供他们食用。她认为，对于《路清德》的作者来说，《阿拉尔柯斯》②是一部非常具有宗教气息的作品，她似乎非常喜欢《路清德》一书。剧中最为热情奔放的人

---

① 莫扎特的歌剧《提图斯的仁慈》。
② 《路清德》和《阿拉尔柯斯》均为施莱格尔的作品，然而风格殊异。

物——公主，她认为极为可憎，很不道德，正好和我的期望相反。不过对应的两极似乎到处都必然会发生冲突。

……

我在这里居住的最初时间里，某些事情使我极为苦恼，特别是听到我母亲在施瓦本身染重病、后来去世的消息。我从几天前收到的一封信里获悉，正好在我迁入新居的那一天，我母亲与世长辞。命运的这种阴差阳错的安排，使我不由自主地感到痛苦。

……

席勒

297　致席勒

1802 年 6 月 8 日,耶拿

信使将走,我不能错过机会,现用三言两语向您报告,我的工作①至今为止都很顺利。我把全部作品从头到尾口授了一遍,现在正在设法使它在演出时更为平衡。我只好完全采用散文的形式,尽管这个题材用散文和格律的不断更换会有很大的好处;我希望星期六带着我的稿件赶到,星期日试读台词。表演无论如何要带有即兴演出的特点,这只会有好处。话说回来,我诅咒并且憎恶这整个事情的一切新旧部分和各个环节,倘若有人在我的作品里看出了有意识的和让我感到快意的愤怒,我将引以为荣。祝您健康,创作不停,心情欢畅。

歌德

---

① 为劳赫施台特新剧院开幕,歌德在 6 月 6 日至 11 日赶写一个序幕,题为《我们的奉献》。

298 致歌德

1802 年 6 月 9 日,魏玛

祝贺您顺利地完成您的大作,我很高兴您将带来这一作品。您趁此机会可以看到,一旦形势需要,您可以挖掘多大的潜力。倘若这个手段也能用于别的作品,肯定会同样发生良好的作用。

我这里这几天并没有多少进展,我自己身体不适,现在还没有复原,我的孩子们也都感到不舒服。我现在常常停笔,真是心有余而力不足。

……

席勒

299　致席勒

1802 年 6 月 11 日，耶拿

我的作品①进展顺利，虽然它比我原来设想的篇幅大多了。

结尾处的几个契因还有待展开，话说回来，全剧已经誊清并且分好了角色。

我希望在星期天晚上能念给您听，请勿拒绝，因为星期一我必须举行一次朗读。当然，如果可以把这个作品搁置两个礼拜，还能对它进行一些加工。我当然没能把所有的契因同样加以展开。我将写出二十几场戏，其中有几场戏当然非常短小；可是观众至少看到了众多人物跑来跑去，也看到契因五花八门。祝您健康；我可以说，我之所以比较自由地进行这样的工作，是因为您似乎赞同此剧的思想和布局。

歌德

---

① 指《我们的奉献》。

300　致歌德

1802 年 6 月 12 日，魏玛

　　我收到了您的一封信，而我今天却是信心十足地等您亲自光临，打算今天晚上愉快地听您朗读您的作品。明天晚上六点我不会缺席，并且为这个从许多方面来看都是顺利完成的作品而感到由衷的高兴。

　　……

席 勒

301 致歌德

1802 年 6 月 24 日,魏玛

　　既然我自己动身前往劳赫施台特不合适,我只好通过信件向您致以最好的祝愿。我希望尽快听您跟我分享成功的消息和演出的过程。但愿您不在的时候阿波罗能对我仁慈,让我在这新的戏剧季也能提供一些新作品。现在该是我写出一些作品的时候了,因为自从我到德累斯顿旅行以来,我一直未能集中心神,老是精力分散,难以控制。虽说收集到一些素材,但一直还在等待着能够很好地消化它们。

　　……

席勒

302 致席勒

1802 年 6 月 28 日，劳赫施台特

宫廷财务官吉尔姆斯明天一早动身，我不能不让他带些话给您。我要他详细地告诉您，首次公演的经过情形。老天作美，天气晴朗，序幕①演出成功。结尾虽说还可以写得更好一些，但时间紧迫，我在不得不仓促动笔的情况下，还是相当成功的。倘若我能预见这一切，我决不会让您得到安宁，非吵得您把最后一个契因给我写出来不可。

现在只好将就这样了。

……

所有的年轻人都希望见到您，可是我老实承认，我没有足够的勇气邀请您来；自从我自己无事可干以来，我真不知道，我该怎么动手去干些什么。

您将拿到一把我花园和花园小舍的钥匙，把您在那儿的居留安排得稍稍舒适一点，享受山谷里的宁静。估计我不久就会回到魏玛，因为对于我们来说，在这外部世界里是找不到特别的幸福的。人们已经完全占有的东西，在那里到处都不全。我也想花几天时间观察一下哈勒的情况。顺祝安好，愿您想到我。我希望听到，您又成功地写了一些什么东西。

歌德

---

① 即《我们的奉献》。

303　致席勒

1802 年 7 月 5 日，劳赫施台特

......

昨天晚上，我经历了第九场演出。共收入 1500 帝国金币，人人都对这剧院感到满意。坐起来舒服，看得清，听得真，花钱总能找到一个座位。一共五六百名观众，谁也没有抱怨不舒服。

我们演出的节目是：

《我们的奉献》和《提图斯》	672 位观众
《我们的奉献》和《兄弟们》①	467 位观众
《华伦斯坦》	241 位观众
《米勒琳》②	226 位观众
《两个克林斯贝尔格》③	96 位观众
《唐克雷特》	148 位观众
《华伦斯坦》（应观众要求加演）	149 位观众
《奥伯龙》④	531 位观众
《陌生人》⑤	476 位观众

① 爱因西德尔(1750—1828)的喜剧。
② 即《阴谋与爱情》。
③ 科策布的喜剧。
④ 保罗·符拉尼茨基(1756—1808)的歌剧。
⑤ 伊夫兰的喜剧。

一切都取决于在不同的日子巧妙地挑选剧本，这样即使在将来也有望得到可观的收入。我是一点也不担心，可以把这个地区可能用于享受的钱多吸收一点到票房去。大学生是帮傻小子，您没法对他们怀有敌意，只要稍微巧妙一点就能很好地驾驭。头两天他们很安静，堪称模范，后来他们干了几件可以原谅的调皮事，说句公道话，在某种程度上都是外界的情况激起的。我主要是注意，别让这些事情像滚雪球一样越滚越烈，而是要瞬息即止。他们当中比较有教养的一部分人为了我愿意赴汤蹈火，他们因而有些战战兢兢地赔礼道歉。无论是在口头上还是实际上，总的来说，我对这件事不予计较，因为对我来说，我在这方面只想探一下他们的反应而已。

我对我们的剧团本身进行了一次考察，我也作为众多的陌生人当中的一个陌生人坐到剧院里去。我觉得无论是剧院的整体还是某个局部我都从来没有这样看过。

我旧日关于进行诗意生产的愿望，在这里又油然而生：使您有可能一开始就更加集中精神地工作，以便您能提供更多的作品，我甚至可以说，提供更富戏剧效果的作品。把一部诗意作品就大致轮廓先做安排，这种做法就是在粗略勾勒草图和具体写作计划之间摇摆不定，而这种具体写作计划对于非常使人满意的效果是完全有害的。我们这些知道自己所处地位的人，在这过程中感到某种不舒服，观众则陷入某种摇摆的状况，这样一来，只有很少的作品获益。请您把我现在随口说的这番话，变成我们将来进行谈话的一篇文章。

……

人们希望在这里见到您，这种以前激起的希望在青年人当中十分强大，可是我真不知道，我该怎么邀请您，是否该邀请您。请让信使回来时捎信给我，您对此是否多少有些兴趣。当然对您来说不会有任何收获，可它总是使人们解闷散心，否则只要准备一个舒适的住处和可口的饭菜就行了。倘若我们三人以后能在一起谈论我们直接观看到的事物，那就妙不可言了。

　　……

歌德

304 致歌德

1802 年 7 月 6 日，魏玛

……

你们已经连续演出了九天，这就说明了很多问题，而且演员方面肯定费了很大的劲。但是一周来演出时剧场空荡荡的，我从这点上看出，您不该把这份厚礼长时间地继续馈赠下去。

就是在劳赫施台特，如您的剧目单所表明的，也是歌剧使剧院满座。到处都是题材起决定作用，谁要是把自己卖给剧院这魔鬼，就必须懂得剧院这样的机构。

您认为，我在剧本里应该更加集中精力于戏剧效果，我认为您说的完全正确。这本身就是一个诗意的要求，根本不用顾虑剧院和观众。可是也只因为它是这样一种要求，我才能努力争取到。倘若我成功地写出一出好戏，那也只能通过诗意的途径达到，因为一种向外的效果，有时候一个才气平庸之徒或者玩弄技巧之徒也能成功地做到，而我永远也不会把这种效果作为我的目标，即使我想获得它，也不可能达到。所以这里只可能谈到最高任务本身，只有已经实现的艺术才能克服我个人内向的倾向，如果它需要克服的话。

我个人相信，我们的剧本只应该成为充满力量、描绘确切的速写，另外当然还要有丰富的想象力，以不断地刺激和挑动感官的力量。这个问题对我比对别人更难解决，因为没有某种内在的热忱我什么也写不出来，这种热忱通常使我牢固地依附在我的题材上，超过应有的程度。

……

席勒

305　致席勒

1802 年 8 月 17 日，耶拿

……

我很想知道，缪斯对您是否更加宠爱，她在这几天是否也还会给我一些恩赐。

一支军队和平地占领城池①，这个现象将给您提供几天的消遣。至于我呢，只要可能，我想静静地等待这次远征，事后听听这事是如何了结的。

顺祝安好。请跟我说说话，安慰安慰我，和您相距如此遥远，这只有通过极大的收获才能多少得到宽恕和补偿。

歌德

---

① 指埃尔富特城为普鲁士所占领。

306　致歌德

1802 年 8 月 18 日，魏玛

　　您永远也不可能无所事事，您称为一种没有创作力的情绪，其他大多数人都会把它算作安排得非常充实的时间。只希望有一个比您稍逊一筹的人才，即刚好是一个在大学里生活和工作的人，能对您的科学思想进行最后加工，把它们收集起来，并一定程度地编纂一下，为全世界把它们保存下来。可惜您自己总会把这件事往后推，因为我觉得，这种教学方法并不存在于您的天性之中。您其实是正好够格，在有生之年就被别人继承了您的财产，遭到别人的掠夺，您已多次碰到这样的事情。如果人们更好地懂得他们的利益所在，您还会更多地碰到这样的事情。

　　……

　　我这几天写我的剧本①写得非常用功，而且不能说不成功。我从前从事任何工作也不像干这个工作学到这么多的东西，我能更好地综观全局，也能更好地掌握全局；使一个简单的题材内容丰富，是比限制一个有趣、广泛的题材，更加令人愉快、更加讨人喜欢的任务。

---

①　指《梅西那的新娘》。

此外现在有些事情使我分心。既然政治事件①也会对我的状况产生影响，那么我看到决定我命运的日子临近，不能不心情紧张。也有另外一些东西，会把我从旧的状况中拉出，因而并不使我高兴。

　　……

                                                               席 勒

1803

307　致歌德

［1803 年 1 月 26 日，魏玛］

您的活动富于变化，与之相比，我那集中在一点上的活动就显得贫乏，而我也只能通过事实向您说明我的孤寂产生的结果。我现在终于完成了一件并不令人感到快意而且相当麻烦的工作，就是修补前四幕①中许多残留的漏洞。这样我至少看到全剧的六分之五已经干净利索地完成，而最后的那六分之一总是悲剧诗人真正的节日盛宴，也在顺利地进展。我现在把哥哥的葬礼和弟弟的自杀完全分割开，弟弟事先把那个仪式当作一件公事来办，他完全静候事态的发展，等到仪式结束，他才在哥哥的坟前采取这个最后的行动，也就是说，合唱队、母亲和妹妹都试图保住唐·凯撒，但是他们的努力全都白费了。这样一来，一切混乱得以避免，主要是戏剧性的仪式不至于和情节的严肃气氛搅在一起，引起麻烦。

话说回来，在我迄今为止的写作过程中，我还突出了一些不同的、重要的契因，它们对全剧非常有用。

可是我很难在两周之内完成我的作品，尽管我很希望，在 2 月 8 日宫廷大臣的生日之前完成这一作品，以向他表示我的敬意，从而回报他那份很好的新年礼物②。

---

①　即《梅西那的新娘》。
②　席勒 1 月 7 日在日历上记了一笔："从法兰克福收到 650 帝国金币，未具名。"

此外，我正忙着读最新出版的法国剧作，公爵要我把它们读一遍。我在这套丛书里还没有找到什么叫我愉快的作品，或者可以利用的东西。我开始阅读阿尔菲埃里①的一部作品的法译本，对它我现在还无可奉告。不过，这部作品值得重视。等我把这二十一个剧本通读一遍之后，我将和您商谈此事。我必须承认他是有一定功劳的，但功劳中自然也有可訾之处。他善于带给别人具有诗意用途的题材，并且激起别人对这一题材进行加工的兴趣；虽然他自己并不能满足别人的要求，但这表明，他成功地从散文和历史中提炼出了这一题材。

……

席勒

---

① 阿尔菲埃里(Alfieri，1749—1803)，意大利剧作家。

308　致歌德

1803 年 2 月 4 日，魏玛

　　我的剧本①业已完成，前几天我谈起过此事。于是迈宁根公爵便表示想听听此剧。既然他是我的主人②，我理应对他表示敬意，事情也凑巧，我正好以此向他祝寿，所以我将于今日下午五点在一群朋友、熟人和敌人面前朗读这个剧本。我不想邀请您，因为您不大喜欢出门。我认为，您宁可独自一人阅读此剧或听人朗读此剧。出于许多原因，我把朗读大大加以压缩，比我原来设想的简短得多。

　　所以我们虽然不能接受您今天的邀请，可是之后不论您确定哪一天，我们都会出席。我迫切希望把中断了的联系重新恢复起来。

　　……

席勒

---

①　席勒在 2 月 1 日的日历上记下："今天完成《新娘》。"

②　迈宁根公爵也是耶拿大学的四个赞助者之一。席勒从耶拿大学得到副教授的席位。他为了结婚，需要宫廷顾问官的称号，为此他曾写信给迈宁根公爵，请求公爵给予他这一称号。

309 致席勒

1803 年 2 月 5 日,魏玛

请简要地告诉我,昨天朗诵①的情况如何。因为一个训练有素的作者是知道把真正的关切和惊喜加以区分的,也知道什么是客气、什么是装假。我首先请您把剧本寄给我,这样就等于在这几天晚上为我准备了一个盛大的节日。

……

歌德

---

① 2 月 4 日在席勒家里举行《梅西那的新娘》的朗诵会。

310　致歌德

1803 年 2 月 5 日，魏玛

我对昨天的朗诵期望并不太高，因为我无法选择参加朗诵会的听众，可是结果听众非常关注。听众中各色人都有，他们的确在一种共同的状况下联合起来。恐惧和惊吓之情都表现得很强烈，内心的柔情也表现得很优美。合唱队以其质朴的风格得到普遍的欢迎，并以其抒情的昂扬情绪使听众热情洋溢，所以我想，在舞台上经过适当的安排，合唱队也会产生可观的效果。

我也请贝克尔①参加了昨天的朗诵会。您如果遇见他，也可以从他那里听到，这个新的现象在他那戏剧脑瓜里是如何呈现的。他很着迷，对合唱队的戏剧效果坚信不疑。

我昨天朗读的那个本子，考虑到关系，我只好寄给公爵②，因为他希望自己是最先读到这个剧本的人之一，而且是他让我举行昨天的朗诵会的。也许在傍晚之前我还能给您弄到另外一个本子。这样，如果对您合适的话，大约在明天中午的时候，我们聚一下，商量一下这个剧本，因为这个剧本如果要搬上舞台，我就想尽快地修改一下，以便也能把它寄到柏林、汉堡和莱比锡去。

……

席勒

---

① 　贝克尔（Becker，1764—1822），魏玛演员、导演。
② 　公爵卡尔·奥古斯特在 1803 年 2 月 11 日给歌德的信里评论了《梅西那的新娘》。

311 致歌德

1803 年 2 月 28 日,魏玛

昨天第一次排练台词进行得颇为顺利。如我所预料的,合唱部分读得不错,效果良好。有几件事我请您和我保持一致,密切注意,详情面谈。

三天前我的连襟①就已经请埃斯(Reuss)②一家明天到他家喝茶,所以如果您的晚会在明天举行,他将深表遗憾。因为《新娘》③第二次排练台词不得不尽快进行,所以您也许会决定把您的晚会放在八天之后举行或者推迟到星期四。我请您为这件事,也为了排练台词一事,写几句回答我。今天晚上我得熬夜,因为我还得把寄到柏林和汉堡去的《新娘》本子从头到尾校阅一遍。顺祝安好。

席勒

---

① 他夫人夏绿蒂的姐姐的丈夫。
② 即魏玛贵族洛埃斯-刻斯特里茨伯爵。
③ 即《梅西那的新娘》。

312 致席勒

1803 年 2 月 28 日,魏玛

这样我就放弃我明天的晚会,只是试演一些乐曲,因为我迫切希望听一听新来的男高音①以及为《骑士之歌》(*Reiterlied*)新配的曲子②。

我希望不久能和您谈谈昨天的朗读排练,以及星期四或者星期五如何在我家里举行一次朗读排练的事。也许您家里的太太们③也能来参加,另外还可再邀请一个朋友,以便在举行排练的同时,能进行一次社交娱乐活动,我们这里正好有时缺乏这种活动。

如果您今晚的工作结束得不太晚,还愿意到我这儿来谈那么一个小时,我将非常欢迎。

歌德

---

① 即勒朗特。
② 出自彻尔特(1758—1832)之手,他是柏林音乐学院院长,为歌德和席勒的诗歌配曲甚多。
③ 指席勒的夫人夏绿蒂和她姐姐卡洛琳娜·冯·沃尔措根。

313 致歌德

1803 年 3 月 8 日，魏玛

为了谨慎起见，我请您让人家把《梅西那的新娘》的剧院演出本交给您。我知道，这儿人们正在寻找这个本子，那些做广告的人①也可能需要这个本子。

我又把我的《马尔他的骑士们》旧稿取了出来，我心里油然升起一股强烈的欲望，想马上着手处理这个题材。铁已烧红，可以趁热打铁。

席勒

---

① 席勒可能想到柏蒂格尔。

314 致歌德

1803 年 5 月 20 日，魏玛

……

《赫尔曼的战役》（*Hermannsschlacht*）①我已读完，我非常难过地确信，这个剧本完全不符合我们的目的。这是一部冷漠无情的、怪模怪样的作品，并未观察人的心灵，既无生活，亦不真实，剧中所包含的几个动人的场景，也是以一种毫无感情、极为冷漠的方式处理的，简直使人愤慨。

我的小喜剧②使观众非常快活，演出也的确相当优美。演员们在演出时情绪饱满，虽然台词念得不是最好。我们的演员，您是知道的，喜欢敷衍了事，如果诗句没有使他们肃然起敬的话。既然计划和思想并不属于我，词句又是即席一挥而就，那我对这次演出的成功毫无功劳可言。

……

席勒

---

① 即克洛卜施托克的剧本。
② 即《外甥当舅舅》。

315 致歌德

1803 年 5 月 24 日，魏玛

祝贺您如此漂亮地驾驭了您的题材①。但愿您能彻底地把所有这些渣滓从您那纯净的太阳中扔出去，即使因而产生一个卫星，永远围绕着您运转。

现在另外一种类型的题材也使我极为烦恼，我正在写一篇关于悲剧中的合唱队的文章②，放在我的《梅西那的新娘》的前面，于是整个剧院连同整个时代都向我压来，我真不知道，如何处理它们。话说回来，我对这项工作深感兴趣，我想设法说些真知灼见，从而使我们共同认为重要的事业得到好处。

······

席勒

---

① 指《色彩学》。
② 指席勒的文章《论悲剧中合唱队的使用》。

316 致歌德

1803 年 11 月 9 日，魏玛

　　既然看不见您本人，又听不到您的消息，我只好写信问您身体可好。有几位耶拿的朋友在这里，我从他们那里听说，他们没有看见您，这可是个好迹象，说明您在从事更好的活动。我在这里也很勤奋，因为没有什么事情使我分心，连看戏也不去。倘若我老是待在这暖和的环境里，到三月份我的作品①就能完成。

　　……

席勒

---

①　指《威廉·退尔》。

317 致席勒

1803 年 11 月 27 日，耶拿

……

我和谢尔弗①、黑格尔和费尔诺②一起度过了愉快的时光。第一位在植物学方面干得如此出色，以至连我都不再相信我的耳朵和眼睛，因为我习惯于每一个人，由于愚蠢的标新立异的强烈欲望，喜欢怪模怪样地搞些旁门左道，背离原来逐步上升的平凡道路。

碰到黑格尔我就产生了一个念头：是否可以通过演说艺术的技巧，使他得到巨大的好处？他是一个非常出类拔萃的人；可是他说出来的话引起了许多非议。

费尔诺以他的方式显得非常忠厚，对于艺术现象有一种诚恳的、正直的看法。我和他谈话，总仿佛我刚从罗马回来，自觉比在北方环境——人们已多多少少为这种北方环境所同化——里忍受多年的贫乏状况后要高贵得多，感到有些羞愧。

……

歌德

---

① 谢尔弗(1778—1832)，耶拿大学植物学教授。
② 费尔诺(1763—1808)，美学教授。

318 致歌德

1803 年 11 月 30 日，魏玛

......

您的来信表明，您情绪开朗，我愉快地看到，您和黑格尔更加熟悉了，他所缺少的东西，也很难再给予他，但是这种缺乏表达能力的弱点总的说来是德意志民族的通病，这种弱点至少在一位德国听众面前，是靠彻底性和认真这一德意志的美德来予以补偿的。

请设法使黑格尔和费尔诺彼此更加接近，我想，他们两人可以互相帮助。在和费尔诺交往的过程中，黑格尔就不得不想出一种教学方法来使费尔诺明白他的唯心主义，而费尔诺也不得不从他的平庸肤浅中摆脱出来。倘若您把他们俩请到您那里去谈四五次话，他们一定会找到共同的兴趣点。

......

斯达尔夫人的确在法兰克福，我们等待着她不久来到这里。倘若她只懂得德文，那我就不怀疑，我们将控制她；但是要用法语的词句向她阐述我们的宗教，并且和她那法兰西的伶牙俐齿抗衡，可是个过于艰巨的任务。我们不可能像谢林对付加米耶·约尔当①那样

---

① 约尔当（Camille Jourdan，1771—1821），法国政治家，流亡到魏玛，从 1797 年起在魏玛的法国学校教书。

容易对付她。约尔当披着洛克①的外衣去见谢林,谢林说"我看不起洛克"②,这样,对手当然就哑口无言了。顺祝安好。

席勒

---

①　洛克(1632—1704),英国哲学家。
②　原文为法语"Je méprise Locke"。

319　致席勒

1803 年 12 月 13 日，耶拿

可以预见，如果斯达尔夫人来到魏玛，人家会把我叫到那里去。我思忖再三，以免到时措手不及，我已预先做出决定，留在这里。我自己，特别是在这气候恶劣的月份里，恰好只有这么多体力，能够勉强维持生活所需，而现在却要让我去做这样一个繁重、麻烦的事情。从殚精竭虑地纵览全局到机械性的地形学问题，我至少都要面临。日程项目的印刷，由于波吕格诺特表格①，麻烦事很多，要求我常常修正。要花多少天的时间啊！等这一切全都结束，若有人激烈反对，还得巧妙地让它出版？您，亲爱的朋友，您肯定惊恐万分地看到了我的处境，迈耶给了我有力的支持，别人谁也不可能看到我的这种处境；因为稍稍可能的事情，定会被看成普遍可能的事情。因此我要恳请您，代表我；因为碰到这种机会，除了我谁也不会想到潜水者②，而且谁也不会像您那样理解我。因此请您把一切都领导得尽善尽美，只要可能的话。倘若斯达尔夫人要见我，她会受到很好的接待。倘若我提前二十四小时知道，洛德家就会布置妥当，供她使用，她还可以吃到家常菜，我

---

① 波吕格诺特（Polygnotic，公元前 500 年—公元前 447 年），开一代画风的古希腊画家。他把希腊的四彩画推向顶峰。他的画主要是留在德尔菲和雅典的壁画，许多面已散失，只有文字记载流传下来，此处可能指歌德对他的画所做的表格。

② 指席勒的歌谣《潜水者》，实指席勒本人。

们的确应该见一面，一起谈谈。她可以在这里爱待多久就待多久。我在这儿要干的事情，只需一刻钟就能办完。其余的时间全都可以属于她；可是在这样的天气要我穿戴整齐，驱车前来，在宫廷和社交场合露面，简直是不可能的，您处在类似的情况下，也会斩钉截铁地做出同样的决定。

将这个当作给您的行动的友好引导吧。因为我别无所求，只想真的见一见这位引人注目的、如此受人尊敬的夫人，认识她一下，我的确别无所求，只是强烈地希望她能赶几小时路来看我。她一路上早已习惯了比她在这里将要受到的更糟的招待。请您以您轻柔友好的手来引导和处理这些状况。一有重要事情发生，就请您给我送封快信来。

祝福您的孤独根据您自己的愿望和要求，所创造出来的一切作品！我在陌生的河流中驶着小舟来回划行，我想说，我只是在河里涉水而行，对外蒙受损失，内心一点也不满意，或者对外也不使人满意。我现在越来越明显地向波吕格诺特和荷马学习，既然我们其实得在人间设想地狱，那么就让这也算是一种生活吧。千百次的珍重再见，按照天国的含义。

歌德

320 致歌德

1803 年 12 月 14 日,魏玛

您现在不愿前来的各种理由,都无可反驳,我已设法在公爵
面前尽可能地使这些理由说得过去。看见您没和这些消遣解闷
的事情连在一起,这对斯达尔夫人来说将是,也必然是愉快得多
的事情。这样安排一下,认识这位夫人对您来说也的确是件快
事,因为不然,这只会是一个难以忍受的负担。

......

席勒

321　致歌德

1803 年 12 月 21 日，魏玛

从创造性的孤独迅速转变为种类繁多的社交消遣活动，的确非常紧张，上个礼拜我如此疲劳，以至我根本没有时间写信，只好请我的夫人代劳，告诉您我们对自己状况的看法。

斯达尔夫人将会像您先验性地设想的那样，她的周身上下浑然一体，没有一丝一毫陌生的、虚假的和病态的成分。这就使得别人尽管就本质和思想方法而言与她大相径庭，但和她在一起依然感到舒适，愿意听她诉说一切，也愿意把一切都告诉她。她把法兰西的精神教养表达得分毫不差，使之显得极为有趣。在我们称为哲学的东西里，因而也就是在一切最终的、最高的境界里，大家总是和她发生争执，并且无论怎样解释都始终有争执。但是她的本性和感情比她的形而上学要好得多，她的理智被提高为一种天才的才能。她想解释一切、理解一切、估量一切。朦胧不清、不能接近的东西她一概不予承认。凡是她未能以她的火炬烛照之处，对她来说，那里就无物存在。因此她对唯心主义哲学极为畏惧，根据她的观点，这种哲学会导致神秘主义和迷信，这是一股污浊的空气，使她窒息而死。她对我们称为诗艺的东西，毫无感受，她从这些作品里只能吸收激情的、雄辩的和普遍性的东西，但是她不会赞扬假货，可要是真货她也未必就一下认得出来。您从我这寥寥数语中就可以看出，她本性的明朗、果断和思维的活跃必然只会产生良好的影响。唯一讨厌的是她异乎寻常地长于辞令。您必须完全把自己变成一架收听的机器，才跟得上她的话语。既然像我这样的人，法语说得很差，也能和她进行一般交谈，您的法语更加训练有素，您一定可以很容易和她交流思想。

我的建议是，您星期六过来，先和她结识一下，然后星期天再回去，办完您在耶拿该办的事情。斯达尔夫人如果在这儿待到新年以后，您会在这里找到她；倘若她提前走，那么她可以在新年之前去耶拿拜访您。现在一切都在于您得赶快对她有一个看法，消除某种紧张心情。您若能在星期六之前来，那当然更好。

顺祝安好，我的工作在这一星期当然没有取得什么进展，但是也并未完全停顿。真可惜，这样有趣的一个人物恰好在这么不合适的时候到我们这儿来，紧迫的事务、天气恶劣的季节和悲惨的事件①都会一起向我们头上压来，我们难以完全从这悲惨的事件中恢复过来。

席勒

---

① 指 1803 年 12 月 18 日赫尔德尔去世。

1804

322 致歌德

[1804 年 1 月 5 日至 7 日之间，魏玛]

••••••

　　盖斯特昨天说在市政厅举行的音乐会和晚宴又被取消了。我没有听到任何有关此事的正式消息，请您告诉我，究竟情况如何。我把《奥古斯特神庙》①送给迈耶了。关于斯达尔夫人我什么消息也没听到，我希望她正和本雅明·贡斯当先生②打交道。在今后四个礼拜里，为了得到安宁、自由和健康，我愿付出一切代价，然后我想向远处前进。

席勒

---

① 贝克尔作品。
② 本雅明·贡斯当（Benjamin Constant，1767—1830），斯达尔夫人的旅行陪同人。

323 致歌德

[1804 年 1 月 13 日，魏玛]

我想了解一下您的健康状况。与此同时，我想问一下，您是否有兴致和时间关注一点诗意的作品？因为我想把《退尔》一剧宏伟的第一幕寄给您，我急于把这一幕寄给伊夫兰，可是没有看到您的评论我不愿把它脱手。这一个月里不顺心的情况层出不穷，尽管如此，工作的进展还算顺利。我希望在下月底完全结束这项工作。

……

昨天在我家里见到了斯达尔夫人，今天在老公爵夫人①那里又见到她——她的情况依然如故。谁见到她若没想到俄克诺斯和他的驴②，就会想起达纳伊德斯（Danaïdes）③的水缸。

席勒

---

① 即安·娴玛丽娅，公爵卡尔·奥古斯特的母亲。
② 均为波吕格诺特画中的人物和形象。
③ 希腊神话中达纳俄斯的 50 个女儿在新婚之夜杀死了自己的新郎，在阴间受到惩罚，用漏桶打水，叫她们永远白费力气。

324 致席勒

1804 年 1 月 13 日,魏玛

我看到的当然不是第一幕①,而是整个一出戏,而且是极为出色的一出戏,为此我衷心祝贺,并且希望不久能读到以下多幕。根据我最初的印象,一切都是如此妥帖,凡是指望获得某些效果的作品,大概主要都取决于此。只有两处我勾出来了,一处我画了一条线的地方,我希望再加一句诗,因为转折过快。

另一处,我提出了这么一条意见:瑞士人在别的地方听见牧童的轮舞曲,不会感到多愁。据我所知,这种曲调不会在别的地方吹奏,正因为他听不见这轮舞曲,正因为他的耳朵缺乏一种青年人的需要,他不会感到多愁。可是我不愿把这说得完全肯定。祝您身体健康,请您继续以您优美的创作活动再次给我们带来一种新的生活乐趣,在社交界这一阴曹地府里望您也保持健壮,请把芦苇和苇竿②精致地编织成粗绳,以便也有可供咀嚼的东西。谨致问候和祝福。

歌德

---

① 指《威廉·退尔》。
② 影射波吕格诺特画中的俄克诺斯和他的母驴,把这些内容编成谈话的主题进行交谈。

325 致歌德

[1804 年 1 月 14 日,魏玛]

您对我写的《退尔》的序幕表示满意,使我深感欣慰。目前空气令人窒息,特别需要这种安慰。星期一我要把"吕特利之盟"这场戏①寄给您,现在手稿正在誊清,可以把它当作一个完整的作品来读。

我渴望着和您见面,什么时候您会敞开家门?

经过四个礼拜,今天我心里又产生了看戏的欲望。在整个这段时间里,我都没有感觉到这种冲动,特别因为在大多数情况下上演的都是我自己的作品②。

斯达尔夫人还要在这儿待三个礼拜。尽管法国人都很有活力——我怕她从自己身上得出这样的经验,但我们在魏玛的德国人是一群会变的人,人们必须知道,得及时离去。

请让我在上床前还能听到您的一句话。

席勒

---

① 《威廉·退尔》第二幕第二场。
② 1 月 2 日上演《玛利亚·斯图亚特》,1 月 9 日上演《梅西那的新娘》,1 月 11 日上演《图兰朵》。

326　致席勒

［1804 年 1 月 14 日，魏玛］

⋯⋯

　　吕特利之盟这场戏将使我非常高兴。既然这出戏个别场面的开头开得这样好，我渴望着现在能看到全剧合在一起的全貌。

歌德

327　致歌德

［1804 年 1 月 17 日，魏玛］

　　一种我不能疏忽的病痛，它特别妨碍我走路。这病痛使我从昨天起被困在家里，拴在沙发上，害得我无法参加斯达尔夫人家的午宴，也无法参加晚上举行的音乐会，可惜我并没有因而赢得时间去干我自己的事情，因为我的脑袋非常晕眩。我的妻子也因为咳嗽厉害无法出门，因此只好劳您的大驾，必要时，为我们未能参加音乐会，向公爵殿下代为致歉。

　　……

　　斯达尔夫人今天写了一份短笺给我妻子，谈到她不久就要动身离去，可是也谈到她很可能重新途经魏玛。

　　请告诉我，您身体可好？我今天下午将在我家举行一次《米特里达特》(*Mithridates*)①的朗读会，因为我没有疏忽过任何重要的事情。

席勒

---

①　法国古典大师拉辛的作品。

328 致席勒

[1804 年 1 月 17 日，魏玛]

您身上也有病痛，这可不好。一个人如果自己身体并不特别好，则应该分担朋友们的痛苦，在目前情况下我也很乐于为您分忧。

……

您愿意负责举行《米特里达特》的朗读会，我很感谢；请您写信告诉我朗读会的过程如何，您预料会有什么结果。

祝您有个最为美好的夜晚。

歌德

329　致歌德

[1804 年 1 月 17 日，魏玛]

《米特里达特》一剧演出时还得靠服装和有声有色的朗诵帮忙。倘若上演这些陈旧的剧根本学不到什么东西，而他旧日的信念还会通过这些演出而越来越得到加强，那么根本就不该在这种事情上面浪费时间和精力。在诗意台词的排练中，这种类型的空洞贫乏、僵硬呆板、半生不熟就会明显地表现出来。

您对吕特利之盟这场戏还没有发表意见。倘若有什么可以提醒之处，请您明天上午把您的意见寄给我，因为星期五我就得把稿子寄走。

但愿您很快恢复健康！

席勒

330　致席勒

[1804 年 1 月 18 日，魏玛]

现把吕特利之盟这场戏寄回，值得大赞特赞。立即结成一个乡村团体①的想法颇为出色，无论是它享有的尊严，还是它在剧中所占的篇幅，都是如此。我渴望着读到其余部分。祝您顺利完成这部佳作。

歌德

---

①　指瑞士各乡各村通过吕特利之盟团结起来。

331 致席勒

1804 年 1 月 23 日，魏玛

……

今天我第一次在我家里见到斯达尔夫人，我始终有这同样的感觉，她尽管彬彬有礼，可对极北净土之人始终是够粗鲁的。这些人强壮得像古老的松树橡树，他们的铁和琥珀完全可以大派用场并且用来修饰，而她却强迫他们，把旧地毯拿出来当礼物，把生锈的武器拿出来自卫①。

昨天我见到了米勒②，他可能今天会再来，我将转达您的问候。他对魏玛的野战医院当然深感震惊，因为倘若公爵本人待在那里，情况一定相当糟糕。尽管令人不快的事如此之多，但您的工作并未完全中断，我感到甚为欣慰，因为在我视野所及，这是唯一无法取代的事情。我现在所能干的少量工作，也可能还会中止，请您保持缄默，直到您又开始公开活动为止。明天您会及时听到一些关于米勒的情况。致以最良好的问候。

歌德

---

① 指斯达尔夫人并没有找到德国人的真正的价值，也没有肯定德国人的优秀传统。
② 米勒（Müller，1752—1809），历史学家。

332 致歌德

1804 年 1 月 26 日，魏玛

......

　　今明两天您有何公干？德·斯达尔夫人计划已久的法文演讲，听说明天将要举行。倘若您明晚在家，并且心情愉快，我将前往府上，因为我渴望着见您一面。

席勒

333　致席勒

1804 年 1 月 26 日，魏玛

斯达尔夫人今天和米勒一起在我家，不久，公爵也来了，大家聊得兴致勃勃，原想把《渔夫》(Fischer)①一诗的译文通读一遍，这个打算终于落空。

您那首诗②对登临哥特哈特山③进行了一番颇为优美的描写，对此人家还可以附上各式各样的解释，那首诗对《退尔》一剧十分合适。

明天下午五点贡斯当要来看我，您若晚一点来，我将感到十分愉快。祝您今晚睡得安稳。

歌德

---

① 歌德的诗。
② 席勒的《山之歌》。
③ 哥特哈特山(Gotthardt)在阿尔卑斯山脉，那里有著名的山间隧道。

334 致席勒

1804 年 1 月 25[28]日，魏玛

您身体可好？我告诉您，我的身体还过得去，条件是我得待在家里。与此同时我要告诉您，有两件艺术品送到我这里来了。

第一件是幅油画①，是十七世纪一位年老的矫饰主义画家的手笔，表现的是一群妇女脱光衣服来阻止飞奔逃命的军队，并且把他们驱赶回去抗击敌人，画得那样聪明机智、富有幽默感并且出神入化，叫人看了真的感到心旷神怡。

第二件是卡尔德隆的一个剧本②。葡萄牙王子费尔南多在费茨城死于奴役之中，因为人家向他索取刻乌塔城作为赎身的代价，而他不愿交出此城。就像读他先前的剧本那样，读此剧时，出于种种原因，在欣赏个别场景时，尤其在读第一遍的时候，总有点别扭。可是等到读完全剧，剧本的主题思想在您的脑海中升起，犹如凤凰涅槃。这时您就觉得，再也没有读过比这更为出色的作品了。此剧肯定值得和《献身给十字架》③一剧并列，甚至把它的位置拔得更高。也许是因为人们最后读到此剧，因为此剧的题材及处理方法在最高的意义上都是可贵的。我真想说，如果诗艺完全从世界上消失，我们也可以从这个剧本里把诗艺恢复起来。

---

① 不详。
② 指西班牙剧作家卡尔德隆（Calderon）的剧本《坚贞的王子》。
③ *The Devotion at the Cross*，卡尔德隆的剧本。

请您在这些有利的方面再加上《退尔》的任何一幕，这样最近一段时间内我就会感到十分愉快了。

　　衷心祝您夜里睡得香甜，白天情绪欢快。

歌德

335 致歌德

1804 年 1 月 28 日，魏玛

　　我现在整天都在离群索居的状况下度过，这种时候收到一封向我道晚安的亲切的信札，真使我感到神清气爽。您要把我娇惯坏了。我非常渴望一睹您的这两个新鲜物件。油画的题材我觉得非常出色，完全适合于创造一件一流的艺术品，因为它形象生动地把两个截然相反的状况统一了起来。

　　我没有类似的消息向您报告。我的作品正在缓慢地进展，至少没有停顿下来，除了每天的写作计划之外，我还读了一位十分能干的海员写的回忆录①，它们带着我环游地中海和印度洋。在这类作品里，这些回忆录是够重要的。祝您睡得安稳，我希望不久能再寄些东西给您。

席勒

---

① 　这部作品至今尚未查明。

336　致歌德

[1804 年 2 月 16 日,魏玛]

　　我现在已接近我的作品①的目标,不得不十分仔细地防止接触到一切可能会夺去或者破坏我必需的写作情绪的东西。所以亲爱的朋友,请您以福音派基督之爱原谅我,我在类似的情况下也愿为您准备好这样的爱。

席勒

---

① 指《威廉·退尔》。

337 致歌德

[1804 年 2 月 19 日，魏玛]

现把我的作品①寄上，在目前情况下我已无法对它再进行加工。您读完后，请把它寄还给我，因为分角色剧本的抄写员正等着它呢。

……

席勒

---

① 2 月 18 日，席勒在日历上记下："《退尔》完成。"

338 致席勒

1804 年 2 月 19 日,魏玛

我正想打听您的近况和您作品的进展情况,因为一点也看不到、听不到您的情况使我实在太难受了。看到这个剧本和角色分配的名单,我非常高兴。我想,得在复活节前排好此剧,虽然时间非常紧迫。⋯⋯

歌德

339　致席勒

1804 年 2 月 21 日，魏玛

这个作品①写得十分杰出，使我度过了一个美好的夜晚。关于复活节前上演此剧一事，我有一些顾虑。倘若您想十二点钟出门，我就来接您。

歌德

---

① 指《威廉·退尔》。

340 致歌德

[1804 年 3 月 5 日或 6 日，魏玛]

您愿意亲自关心《退尔》，我深感欣慰。我只要觉得身体还舒服，就一定前来。自从上次排练台词见到您以来，我一直身体不好，因为我难以忍受天气，而我们的女友①离去后，我仿佛大病了一场。

席勒

---

① 指斯达尔夫人，她于 2 月 29 日离开魏玛去柏林。

341　致席勒

1804 年 3 月 12 日，魏玛

您想不想把前两幕①再仔细看一遍？夹着白纸的地方缺少魏斯林根和阿德海特②之间的一场戏。倘若您没有什么再要嘱咐的话，我至少让人从一开头就把各个角色的台词分别抄写一遍。

歌德

---

① 歌德正在忙着加工他自己青年时代的剧作《铁手骑士葛兹·冯·贝利欣根》的舞台演出本。
② 歌德指的是第三幕第四场剧中人物魏斯林根和阿德海特之间的一场戏。

342 致歌德

[1804 年 3 月 15 日,魏玛]

劳驾把有问题的地方①仔细看一遍,看看这样是否可以通过。现在当然不能再试图进行重要的改动,可是我希望,现在已经没有不被允许的跳跃。

倘若您觉得没什么可提醒的了,请您把这张纸寄回来,这样我可以马上为今天的排演在分角色的剧本里做必要的改动。

席勒

---

① 这是指《威廉·退尔》一剧中射苹果的一场戏,即第三幕第三场。这里的问题是把射苹果一事的动机做更详尽的交代。

343 致歌德

［1804 年 6 月 6 日，魏玛］

　　昨天晚上我把我在我们君主那里采取的步骤①告诉了您，今天早上我收到了下面这张他写的便条②，里面包含了对我极为有利的思想。这张便条的语气使我有权利产生这样的希望，公爵当真想要好好地帮助我，使我能够维持我那日益增长的家庭开销。

　　我每年需要 2000 塔勒，才能在这儿体面地生活，迄今为止我写作所得只占这个数目的三分之二，约 1400—1500 塔勒。所以，我很希望每年能从我的钱里支付 1000 塔勒，如果我能指望每年有 1000 塔勒固定收入的话。倘若客观情况不允许把我迄今为止的薪俸从 400 塔勒立即提高到 1000 塔勒，那我就寄希望于公爵的仁慈，现在先批准给我 800 塔勒③，并且让我心存希望，几年之内使我得到 1000 塔勒的整数。我最好的朋友，您了解我的处境

---

① 席勒于 4 月 26 日起程去柏林，5 月 21 日返回魏玛。在柏林和波茨坦有人劝他移居柏林。席勒有所保留，表示到魏玛后再做决定。6 月 4 日，席勒写信给魏玛公爵卡尔·奥古斯特，告诉公爵柏林方面希望他离开魏玛，迁往柏林，而他自己则愿意留在魏玛，如果他的物质待遇能得到根本改善的话。

② 6 月 6 日，卡尔·奥古斯特公爵回信给席勒，表示他的待遇可以得到调整。

③ 6 月 8 日，公爵批准把席勒的年俸从 400 塔勒增加一倍到 800 塔勒，并且答应下一次就增加到 1000 塔勒。

和这里的情况。请告诉我您对此事的想法，您是否认为，我能用
这样的词句向公爵解释清楚我的看法，而不至于被人责备为
放肆。

　　　　　　　　　　　　　　　　　　　　　席勒

344 致歌德

[1804 年 8 月 3 日,耶拿]

　　我当然熬过了一场重病①,病势很容易恶化,可是危险终于很幸运地度过,现在一切又都已好转,要是那难以忍受的炎热能让我恢复体力就好了。在这样的季节里突然神经严重虚弱,简直可以说是致命的。八天以来,我觉得我的病势已经平复,可是体力并未增长,尽管头脑已感到相当清爽,胃口也已完全恢复。

　　……

席勒

---

① 7 月 14 日席勒感冒,引起下身剧烈疼痛,医生担心死期不远。7 月 27 日,病情好转。

345　致席勒

1804 年 8 月 5 日,魏玛

又读到您的手书,对我是极其快乐的事情。您发病的事,我后来才听说。我为您生病,抱怨再三,极为烦恼,就像我自己遭遇痛苦一样。您现在病情好转,我由衷地感到快乐。在这酷暑季节请保持平静。

……

歌德

1805

346 致席勒

1805 年 1 月 9 日[魏玛]

　　我最好的朋友,请您简单扼要地告诉我,您的身体和工作的情况。我试图接近高贵美丽的世界①,可是并不太成功。我又回到自己家里,想在家至少待几天。我想从您那儿听到一些使人欢快的事情。同时我想问一下,您的夫人明天即星期四早上是否愿意和女友们一起来我家欢聚一次。祝您身体健康,情绪欢畅!

歌德

　　刚才我听说,两位殿下②明天驾临舍下。倘若您也决定参加这次聚会,那就好极了。

---

① 歌德的日记里记载,1 月 3 日、4 日、6 日、8 日四天晚上先后访问公爵的儿媳妇、公爵夫人和侯爵。"高贵美丽的世界"即指他们。
② 指公爵的儿子和儿媳妇。

347　致歌德

1805 年 1 月 14 日［魏玛］

听说，您待在家里①并非出于自愿，我深感遗憾。可惜我们大家都境况不佳。② 那迫于窘境，渐渐学会了忍受疾病之苦的人，还算是处境最佳的人呢。我现在下定决心从事一份翻译工作③，并把决心付诸实践，为此感到相当快活。这样在这苦难的日子里至少还能略有收获。我终究还是挺过了这段时间并且行动过了。在今后八天我将冒险试试，看我能否进入合适的情绪，写作我的《狄米特里乌斯》（*Demetrius*），对此我当然还有怀疑。倘若不行，我将不得不找出新的半机械性的工作来做。

现在把已经抄好的部分寄上。明天我的鲁多尔夫④将抄完全部。

请通读一下这开头几张稿纸，有些地方请和原文对照一下，倘若您发现不合适的地方，请用铅笔标出。我很想尽快地，在角色分配之前，把这一切安排就绪。倘若后天可以把角色分配妥当，那么下星期天就可以对台词，从这往后，直到 30 日还有十天时间。

……

　　　　　　　　　　　　　　　　　　　　　　　席勒

---

① 1 月 11、12 日两天，歌德生病卧床。
② 席勒患流感，他的几个孩子也生病了。
③ 指拉辛的《费德尔》。
④ Rudolph，席勒的抄写员。

348 致席勒

1805 年 1 月 14 日，魏玛

我祝贺您很好地利用了这段危险的时间。我津津有味地阅读了这三幕剧①。此剧表现得简洁明快，结构良好。凝聚的激情赋予此剧生机活力。我对它抱有极大的希望。另外，剧中几个主要段落，只要承认其契机，必然具有出色的效果。在这些段落里，台词的文体也很优美。话说回来，我在有些地方做了修改。改动的地方只是一些多次出现的场合，诸如两字之间的元音发生冲突，或者应该一抑一扬的两个音节变成了两个短促的（无关紧要的）音节。以上两种情况使得原来已经很简短的诗句变得更为简短。我在演出时注意到，演员碰到这些段落，特别是在他们慷慨激昂的时候，仿佛绊了一跤，手足无措。您费不了多少功夫，就能把这些段落修改妥帖。劳您的驾，尽快把分角色的脚本让人抄好，因为演员还得朗读台词，进行排练。

歌德

---

① 指席勒翻译的《费德尔》。

349 致歌德

［1805 年 1 月 20 日前，魏玛］

……我刚穿戴整齐，想到您那儿去；可是突然痉挛发作①，我不敢出去吹风。也许气压上升；因为前几天我还毫无感觉。请让送信人带来口信，让我知道，您身体如何。另外，您原来打算待在家里，请仍坚持原来的决定……

席勒

---

① 从新年开始，席勒经常患病，不是流感、痉挛，便是高烧。

350 致歌德

1805 年 2 月 22 日,魏玛

又接读您的几行手书,我感到快活,这又恢复了我的信念,相信旧日的时光可以重新回来,我有时对此完全失去信心。我在七个月内受到的两次严酷的打击①,使我元气大伤,我将很难得到恢复。

表面看来,我这次发病似乎只是由一般的流行病所引起的,可是这次发烧如此厉害,在我原来已经如此虚弱的状况下再加高烧,使我产生这样的心情,就仿佛我刚刚生了一场最严重的疾病。我觉得特别费劲的是要克服一种丧失勇气的情绪,在我目前的状况下这是最恶劣的病症。

……

席勒

---

① 1804 年 7 月 24 日席勒在耶拿突然肚腹绞痛,到 8 月 10 日才慢慢恢复健康;1805 年 2 月 8 日突发高烧,每逢夜里便特别严重,有时使他昏厥。

351　致歌德

1805 年 2 月 28 日，魏玛

……

　　感谢您给我的温克尔曼的信札①。这些读物正好促进我恢复健康。我现在情况越来越趋向好转，我想不久就尝试着出门吹吹风。

　　请您给我寻一本施累彻的《奈斯托》②，或者告诉我哪里可以得到这本书。

　　请您继续使自己日益欢快，日益强壮。也许等风停了以后，我明天会大胆出门，去看望您。

席勒

---

① 指的是歌德撰写的文章《未付印的温克尔曼的信札》，发表在知识分子报纸《耶拿普通文学报》第二十六期上。

② 《奈斯托》(*Nestor*)，俄罗斯年鉴，由施累彻(Schlözer)根据斯拉夫语进行翻译和解释，共两卷，1802 年，哥丁根版。席勒借此书是为了创作《狄米特里乌斯》。

352　致席勒

1805 年 2 月 28 日，魏玛

······

我很想再见到您。可是请您不要过早冒险出门，在这样天气恶劣的情况下，尤其不可如此。

今天我没有什么新闻相告，只是衷心希望您早日康复。

歌德

353 致歌德

1805 年 3 月 27[25]日[魏玛]

请让我知道,您这几天身体可好。我终于十分认真地着手我的工作了①,我想现在不至于这样容易分心了。停顿了这么长时间,又发生了这些不幸的事件,现在重整旗鼓,十分艰难。我不得不强迫自己。不过现在我已经写得顺手了。

我担心凛冽的东北风也会使您像我一样难以复原,不过这次我比平时气压相同的情况下要觉得容易忍受一些,好过一些。

……

席勒

---

① 指席勒的未完成的杰作——悲剧《狄米特里乌斯》。

354 致席勒

您仔细审阅了这些文件,我非常感谢。关于那些责任,我们意见一致,对此我很高兴。当然,回顾刚刚过去的,在有些方面如此毫不相同的时日,真是奇妙。让我们有机会把这事进一步讨论一下,好好安排一下,准备进一步加工。

……

我祝您写作成功,希望不久能看到新作。

歌德

355　致歌德

[1805 年 4 月 25 日，魏玛]

……

　　虽说您在否认伏尔泰的作品具有深度的同时，指出了他的一个主要缺点，但我希望能把人们称为心灵的东西，无论是他还是总的说来所有法国人都如此缺乏的东西，也清楚地说出来。心灵和心，您没有连在一起提出来；当然它们已部分地包含在其他的谓语之中，但是并不含有人们与之相连的全部含义。

　　最后我请您考虑路易十四是不是比亨利四世更能体现法兰西国王的性格。归根结底，路易十四性格非常软弱，从来没有作为英雄，通过他的能力在战争中有许多建树，他引以为傲的法国代议制政府，如果我们说句公道话，归功于在他之前，为他扫清了道路的两个非常能干的政府。

　　我在读书时，这个"相反的意见"①突然在我脑海里闪现，我不想据为己有，不予吐露。

席勒

---

①　原文为拉丁文"*heteros logos*"。

356　致席勒

［1805 年 4 月 26 日或 27 日，魏玛］

　　劳驾把我附上的简短的注释寄到莱比锡去，有机会的话，请把我附上的处理色彩史的论文通读一遍。请把手稿留在您的身边，等我把这一章的结尾寄给您。前面有个简短的图表可以总览全文。

　　　　　　　　　　　　　　　　　　　　　　　歌德

十年友谊，十年合作

1787年7月21日，德国狂飙突进时期的最后一个代表，也是最大胆的代表席勒从莱比锡来到魏玛。法国大革命前夕风起云涌的革命形势和德国知识界亢奋激烈的精神状态，使得席勒在当时还慷慨激昂、热情奔放。席勒到魏玛时，歌德正在意大利。不久，歌德从意大利回来。这位年长的诗人经过几年宦海浮沉，阅世更深，因而变得消沉冷漠。难怪席勒对歌德怀有强烈的反感，而歌德也对其报以极大的怀疑。

1788年9月7日，伦格菲尔特家的两位小姐，席勒日后的妻子夏绿蒂和她的姐姐卡洛琳娜在鲁道尔施塔特举行一次晚会，特地为这两位诗人安排一次会晤，想使他们结识，成为朋友。可惜这两个姑娘的一片苦心，并未收到预期的效果。9月12日，席勒写信给他在德累斯顿的朋友刻尔纳，谈到他在五天前和歌德的这次会晤："我终于能向您谈谈歌德，据我所知，您正心情迫切地在等我汇报……他皮肤黝黑，看上去比实际年龄苍老。他的声音极为悦耳，语言流畅，机智聪明，生动活泼。大家都兴高采烈地听他说话。他若情绪很好——这次差不多就是这样——就颇为健谈，说得津津有味。我们很快就结识了，毫不勉强。当天晚会上客人太多，大家都争先恐后地和他交谈，我不可能有很多时间和他单独相处，或者除了和他泛泛交谈几句之外再说一些别的……总的说来，我们这次面对面结识之后，我对他的高度评价实际上并没有削弱。但是我怀疑我们两人不会非常接近。许多事情现在对我来说还很有趣，我还想要获得它们，并且希望真的获得它们，而对他来说，他早已亲身经历。他（与其说是在年龄上，毋宁说是在生活经历和自我发展上）远远地超过我，以至我们在前进途中永远不会再走到一起。他从一开始就和我本质相异，禀赋不同，我们想象的方式似乎也根本两样。话说回来，从这样一种聚会中也很难得出彻底的准确的结论。时间将告诉我们下一步如何发展。"

几个月内，他们并没有走到一起，思想感情也并没有更加接近。歌德的居高临下、冷漠矜持，以及拒人于千里之外的神气使席勒深受伤害。可是歌德的卓越才能又强烈地吸引着席勒，使他心里又恨又爱，矛盾异常。1789 年 2 月 2 日，席勒给刻尔纳的信里表现出了这种矛盾心情："常在歌德身边会使我心里不快：即使对他最亲近的朋友，他也从不吐露心曲。在任何事情上都抓不住他。我的确认为，他是一个极不寻常的利己主义者。他拥有吸引人，并且以或大或小的关注取悦于人的天才。可是他善于使自己永远处于不受拘束的地位。他表现他的存在，仿佛施恩于人，但是只像一个天神，从不把自己奉献出去——我觉得这是一种彻头彻尾的有计划的行动方式，处心积虑，完全是为了在更大程度上享受对自己的钟爱。不该让这样一种人在我们身边生长发展……他在我心里引起的是一种又恨又爱的奇怪的混合感情。这种感情跟布鲁图斯和卡西乌斯曾经对凯撒所怀的感情颇为相似。我恨不得把他的精神杀死而又从心眼里爱他。"

歌德当时对席勒也无好感。只不过这位年长的诗人比较内敛含蓄，谈起席勒时不是那么冲动，感情色彩不是那么强烈。歌德在《初识席勒》一文中这样回忆当时的情景："……我避免和席勒相遇。他待在魏玛，住在我附近。《唐·卡洛斯》这部作品不适宜于使我和他接近。一些既接近他同样也接近我的人士所做的一切尝试，我都予以拒绝。这样我们两人彼此互不沾边地共同生活了一段时间……无法设想，我们会联合起来。"

可是法国大革命爆发后，形势急转直下，欧洲的反动势力联合起来，想把巴黎夷为平地，把革命淹没在血泊之中，对本国人民则加强镇压。紧接着雅各宾党人滥杀无辜的恐怖行动，使得先前对法国革命热情洋溢、欢呼雀跃的德国知识界灰心丧气，法国革命派的过火行动和德国的鄙陋状况，把歌德和席勒这两位诗人全都逼到美学的领域中去，于是无法想象的事情竟然变成了事实。这两位天才诗人终于联合了起来。是席勒首先采取主动，他在1794 年 6 月 13 日从耶拿写信给歌德，邀请歌德参加《季节女神》这一刊物的编辑工作。十天后，歌德回信欣然表示同意。席勒的那封信和歌德的那封热情的回信便是我们呈现给读者们的这本《歌德席勒文学书简》的最初两封。它们标志着两人正式谈话、合作的开始，揭开了两人友谊的序幕。

自古知音难求。难怪刘勰在《文心雕龙·知音》篇里一开始就叹道："知音其难哉！音实难知，知实难逢，逢其知音，千载其一乎！"歌德当时在魏玛这座德国的帕纳斯山上，也因为缺乏知音而感到痛苦。席勒在给歌德的信里提出："天才对自己总是个谜。"他对歌德的深刻分析，表明他对歌德的了解的确胜于歌德自己。

于是歌德感受到了得一知己的快乐,同时席勒自身的价值、他的正直诚恳的性格和他深邃精湛的思想,也给歌德留下了深刻的印象,使得歌德捐弃对席勒的成见和两人的隔阂,把他视为知己、引为挚友,因而两人结交不过两个月,歌德便写信向席勒表示:"如今,经过那样一次意外会晤①之后,似乎我们将一起继续沿着这条道路走下去……既然我们相互弄清楚了我们目前已达到的境界,那么我们就更可以不间断地共同工作了。"四天之后席勒写信对歌德说:"我开诚布公,倾吐肺腑之言,没有使您感到不快。我们相识虽晚,却在我心中唤起了某些美好的希望……您和我所走过的道路迥然不同,不早不晚,只有现在相会,我们才会有收获。但是现在我可以指望,不管剩下的道路有多么漫长,我们将共同在这条道路上前进,并且会获益更多,因为一次长途旅行中的最后的旅伴总是最能互诉衷曲的。"

就这样,两位诗人肩并肩、手携手地向着共同的目标前进。他们互相鼓励、互相启发,酝酿和创作了一系列辉煌巨著,把德国古典文学推向顶峰。他们的十年合作带来的丰硕成果,成为德国文学乃至世界文学的丰富宝藏,形成了德国文学难以逾越的巍巍高峰。席勒的几部巨著,从《华伦斯坦》,到未完成的杰作《狄米特里乌斯》,都是这一时期的产物。而歌德的许多作品,尤其是他的毕生巨著《浮士德》,在长期辍笔之后由于席勒的一再敦促,他也是在这一时期又重新拾起,继续进行创作的。

尽管这两位诗人的文艺观点并不相同,美学的追求也大异其趣,但是他们进行了密切的合作,不仅交换思想,交换观点,而且

---

① 1794 年 7 月 20 日,歌德和席勒在耶拿席勒家里的一次长谈。

在创作中做到了你中有我,我中有你。1795 年 12 月 26 日,歌德告诉席勒:"人们混淆我们的作品,我感到不胜荣幸;这表明,我们正日益摆脱窠臼,逐渐渗入共同的精神财富。这样就可以考虑,如果我们用一只手牵着对方,用另一只手伸向大自然允许我们达到的远方,那么我们就能跨越巨大的鸿沟,有所作为。"

关于他们合作的情形,歌德在 1828 年 12 月 16 日与爱克曼谈话时这样说道:"像席勒和我这样两个朋友,多年结合在一起,兴趣相同,朝夕晤谈,互相切磋,互相影响,两人如同一人,所以关于某些个别思想很难说其中哪些是他的,哪些是我的,有许多诗句是咱们在一起合作的,有时意思是我想出的,而诗是他写的,有时情况正相反,有时他作头一句,我作第二句,这里怎么能有你我之分呢?"

没有友谊,他们不可能创作这些杰出的作品,而没有这些杰出的作品,他们的友谊也就失去了内容。值得注意的是,在这段友谊发展的过程当中,歌德往往是向席勒要求帮助、要求支持的人,尽管他比席勒更加著名,而且地位更高,但是他们在精神上是平起平坐、地位相当的两位诗人。

在歌德创作《威廉·迈斯特》这部长篇小说时,席勒对歌德的这部力作做了长篇的论述,歌德在 1796 年 7 月 5 日写信要求席勒:"您继续振奋我,激励我吧!"又说:"请您不吝赐教,把您的意见告诉我吧。"最后他说:"读您的来信现在是我唯一的赏心乐事,对于您这样一下就帮助我解决了这么多的问题我内心多么感激,这您会感觉到的。"

席勒对歌德的最大帮助是不断地提醒歌德摆脱冗杂事务的干扰,不要过于分散精力,而要集中力量进行文学创作,特别是不要忘记继续写作《浮士德》，把这部巨著予以完成。席勒在 1797 年 1 月 27 日劝歌德："我希望，您不久便能摆脱一切繁杂的公务，返回缪斯的怀抱。"他觉得歌德的行政工作大大影响了他的文学创作，歌德进行的光学、植物学、颜色学的研究，更使歌德的精力极为分散。1797 年 6 月 22 日，歌德告诉席勒，他想继续写作《浮士德》："由于在我现在内心不平静的情况下，我很有必要给自己找点事做做，所以我决心动笔写我的《浮士德》。"看来歌德对这件事情的决心还不是太大，所以他请求席勒的帮助："不过我希望，您能费神在不眠的夜晚把这件事仔细考虑一下，向我提出您对整体的要求，并用这种方式，以一个真正的预言者的身份，给我讲述并解释我自己的梦。"席勒马上就对歌德的这个决定做出反应，在第二天他写信对歌德说："您决定着手写《浮士德》，这确实使我感到意外，尤其是现在您正准备去意大利旅行呢。不过我已经一劳永逸地放弃用常规逻辑来衡量您了，所以事先就深信，您的天才会让您马到成功的。"根据歌德的愿望，席勒立即对《浮士德》的写作提出他个人的意见："简言之，对《浮士德》的要求既是哲学方面的，同时又是文学方面的，不管您愿不愿意，题材的性质决定您必须用哲学的方法去处理它，而想象力则只好勉强同意为一个合理的思想效劳。"出于种种原因，歌德对《浮士德》的创作总是时断时续。席勒像关心自己的创作一样地关心歌德的工作。1799 年 3 月 3 日，歌德在给席勒的信里写道："我此刻情绪极为恶劣，大概也不会好转，除非某个重要的作品又取得了成功。"席勒收到这封信后感到极为不安。两天后他就写信对歌德说："这个冬天我发现您不像平素那样心情开朗、勇气十足，这常常使我感到痛苦。正因为如此，我总希望我能有更多的精神自由，从而对您有更大的帮助。"接下来他就对歌德进行鼓励:"大自然委任您创造出类拔萃的东西。任何别的状况,只要持续一阵,就有违您的天性。您这次在文艺上停笔休息这样长久,这种情况不可再度发生。您必须痛下决心,振作起来。"

而席勒在创作过程中也不断地得到歌德的忠告和支持,以写作《华伦斯坦》为例。1796年10月23日,席勒告诉歌德:"虽然我已经着手写作《华伦斯坦》,但是我还在徘徊,在等待一只强有力的手推我一把,让我全身心地投入创作。"这封信标志着席勒的主要著作《华伦斯坦》三部曲进入了席勒的写作计划。三天以后歌德便写信给席勒,对这个消息做出积极的回答:"我希望能听到《华伦斯坦》将您攫住的消息,这对您、对德国戏剧都将大有裨益。"1796年11月13日,席勒告诉歌德,他正在研究《华伦斯坦》的原始资料,并且取得了相当可观的进展。然而他认识到任务还相当艰巨,"没有某种对我自己的大胆的信念,我是很难继续写下去的"。两天后歌德便回信给席勒:"您向我报告的消息当中最令人愉快的,是您坚持写作《华伦斯坦》的锲而不舍的精神以及您对能够完成这部作品的坚定信念。"这番话对席勒自然是极大的鼓励,歌德接着说,在他们共同撰写讽刺短诗这一惊人之举之后,"我们就必须尽力写出大部头的有价值的作品来……以使我们的所有的对手羞惭"。就这样,在歌德的鼓励下,席勒闭门谢客,深居简出,在孤寂之中思考《华伦斯坦》的写作计划,每前进一步都向歌德报告自己取得的进展,征求歌德的意见。1798年8月21日,席勒写信给歌德说:"我给您朗读了《华伦斯坦》的最后两幕并确信会受到您的欢迎,这使我感到莫大的欣慰,将给我勇气,并且我将保持这种勇气,而这种勇气正是我完成这个剧本所迫切需要的。"就这样,席勒在他和歌德的友谊之中,吸取了勇气,获得了力量,终于在歌德的鼓励和帮助下,完成了历史悲剧《华伦斯坦》三部曲。

这部书简的内容还包括两位大师就文学、艺术、哲学、政治等方面互相交流的各种思想,他们对古代和当代一些作家及其作品的评价,他们不同的学习方法和创作方法,以及关于生活细节和家庭琐事的叙述和描写。这些记载,使我们窥见席勒和歌德当时的处境和心情,看到歌德如何为交际应酬、行政事务所困扰,因不能专心从事写作而苦恼万分,又因醉心科学研究而分散精力。我们还看到席勒被疾病折磨,为生活所逼迫,殚精竭虑、呕心沥血地创作出一个又一个悲剧,直到他自己的悲剧——壮年早逝——阻止了他最后一个悲剧的完成。因此,这部书简不仅是文艺理论的丰富宝库,也是研究歌德和席勒这两位诗人的创作与思想的重要文献。

这部忠实记载了两位诗人十年友谊、十年合作的书简,始于1794年6月13日席勒写信邀请歌德参加《季节女神》的编辑工作。1805年4月26日或27日,歌德最后一次写信给席勒,没有收到回信,因为席勒当时已经病重。这两位诗人持续十年的通信便以这封书信告终。5月1日,席勒在他妻子的姐姐卡洛琳娜·冯·沃尔措根夫人的陪同下,最后一次上剧院。在前往剧院的途中,席勒最后一次和歌德相遇,歌德在1805年的《岁月笔记》中写道:"我们个人之间的会晤已经中断,我们交换短笺,他(席勒)在二三月间写的几封短信,还证明他疾病缠身,带病活动,听天由命,越来越不抱希望。5月初我壮起胆子出门,遇到他正打算上剧院去，我不想阻止他去，我自己身体不适，使我没有陪他上剧院。于是我们在他家门口分手，从此再也没有见面。一周之后，1805年5月9日，席勒病逝。"

对亡友的怀念促使歌德在1823年二三月间一场重病之后，开始整理席勒给他的信件。11月份歌德又得一次重病，整理信件的计划到1824年春天方才完成。1824年4月10日，席勒的夫人夏绿蒂把歌德写给席勒的信寄给歌德。到12月底，《书简》的编辑工作初步完成。四年之后，1828年11月，《书简》的第一卷和第二卷，即1794年至1796年间的通信在科达出版社出版。1829年11月，其他四卷也全部出齐。我们在翻译时，使用了联邦德国慕尼黑爱弥儿·福尔默出版社的版本和民主德国莱比锡海岛出版社的版本，两个版本分别搜集了1011封和1013封信。海岛出版社的版本多收进两封信，即1798年5月18日歌德和福格特一同署名写给席勒的信以及1798年11月11—29日席勒写给歌德的信。由于译本篇幅有限，我们只能选译其中部分信件和某些信件的部分段落。选择难免失当，尚祈读者见谅。谬误在所难免，恳请读者指正。

张玉书

图书在版编目(CIP)数据

歌德席勒文学书简 /（德）歌德,（德）席勒著; 张荣昌, 张玉书译. —南京: 南京大学出版社, 2021.9
ISBN 978 - 7 - 305 - 23715 - 7

Ⅰ.①歌··· Ⅱ.①歌··· ②席··· ③张··· ④张··· Ⅲ.①书信集－德国－近代 Ⅳ.①I516.64

中国版本图书馆 CIP 数据核字(2020)第 155165 号

出 版 者　南京大学出版社
社　　　址　南京市汉口路 22 号　　　　　邮　编　210093
出 版 人　金鑫荣

书　　　名　歌德席勒文学书简
著　　　者　[德]歌德　席勒
译　　　者　张荣昌　张玉书
责任编辑　甘欢欢

照　　　排　南京紫藤制版印务中心
印　　　刷　南京爱德印刷有限公司
开　　　本　635×965　1/16　印张 37.5　字数 405 千
版　　　次　2021 年 9 月第 1 版　2021 年 9 月第 1 次印刷
ISBN　978 - 7 - 305 - 23715 - 7
定　　　价　118.00 元

网　　　址:http://www.njupco.com
官方微博:http://weibo.com/njupco
官方微信:njupress
销售咨询热线:(025)83594756